Bibliothèque Sociologique Internationale

publiée sous la direction de M. René Worms

Scipio Sighele

Psychologie

des

Sectes

V. Giard & E. Brière

LIBRAIRES ÉDITEURS PARIS

PSYCHOLOGIE

DES SECTES

AUTRES OUVRAGES DE M. SCIPIO SIGHELE

Traduits en français

La Foule criminelle. — Paris, Alcan, 1892. — (Bibliothèque de philosophie contemporaine).

Le Crime à deux. — Paris et Lyon, Storck et Masson, 1893. — (Bibliothèque de criminologie).

Un pays de criminels-nés. — Paris et Lyon, Storck et Masson, 1896. — (Bibliothèque de criminologie).

BIBLIOTHÈQUE SOCIOLOGIQUE INTERNATIONALE
Publiée sous la direction de M. RENÉ WORMS
Secrétaire-Général de l'Institut International de Sociologie
XIII

PSYCHOLOGIE

DES SECTES

PAR

SCIPIO SIGHELE

Agrégé à l'Université de Pise
Associé de l'Institut International de Sociologie

Traduction française par LOUIS BRANDIN

PARIS

V. GIARD & E. BRIÈRE
LIBRAIRES-ÉDITEURS
16, rue Soufflot, 16

1898

A LA MÉMOIRE SACRÉE

DE MON PÈRE

MON ORGUEIL SUPRÊME

AVANT-PROPOS .

La *Psychologie des Sectes* se présente au public après mes deux autres ouvrages : *La Foule criminelle* et *Le Crime à deux,* qui eurent également l'honneur d'être traduits en français. Ce n'est donc pas ici le lieu de dire à mes lecteurs (si tant est qu'il s'en trouve) que cette étude est en corrélation intime avec mes volumes précédents et s'attaque par un nouveau côté au problème, si intéressant, de la *psychologie collective*.

En France, ce problème depuis mon premier essai a donné à quelques savants l'occasion d'écrire des pages pleines d'éloquence. J'en ai été heureux, parce que cela démontrait que le sujet que j'avais choisi était du plus haut intérêt ; et je me plais à reconnaître que j'ai fait le plus grand cas des observations si neuves et si justes qui me sont venues des savants français.

Je ne me dissimule pas que ce livre suscitera bien des critiques et que l'on traitera de paradoxes quelques-unes des opinions y exposées. Tant que nos études de psychologie collective se bornaient au monde des criminels, il demeurait bien improbable qu'on élevât contre nous beaucoup de protestations. Maintenant que nous avons passé de la foule criminelle à la secte... plus ou moins criminelle, et que nous avons voulu discuter la moralité et l'immoralité des hommes et des milieux politiques, les protestations ne peuvent manquer. Nous touchons à un sujet trop délicat pour ne pas voir surgir une réaction naturelle et spontanée. Mais ne nous plaignons pas des critiques : nous autres positivistes, si nous disons ce que nous pensons à haute et intelligible voix, c'est que nous ne prétendons pas tenir la vérité renfermée dans notre main. Que dis-je? La polémique nous plaît parce que c'est dans la science le moyen d'approcher de la vérité, de même qu'en politique la lutte des partis est un moyen de parvenir à la liberté.

Je désire seulement indiquer ici que l'appendice *Contre le parlementarisme* a été écrit il y a trois ou quatre ans; il a eu pour point de départ l'étude des conditions particulières où se trouvait, et où se trouve encore malheureusement, le Parlement italien. J'ignore si les observations qu'il renferme peuvent s'appliquer à la vie parlementaire française. Mais, en tout cas, la plupart des remarques, étant basées sur des données objectives de la psychologie générale, peuvent avoir autant de valeur pour le Parlement de Paris que pour celui de Rome. Aux lecteurs impartiaux d'en juger.

Rome, 14 décembre 1897.

SCIPIO SIGHELE.

La direction de la *Bibliothèque Sociologique Internationale* se croit tenue de rappeler ici, comme elle l'a fait pour d'autres travaux, que la *Bibliothèque* n'entend suivre aucune ligne politique particulière. Elle accueille les ouvrages scientifiques, tels que celui de M. Sighele, en raison de leur mérite et du talent de leurs auteurs, sans prendre à son compte ni leurs théories sociales, morales ou politiques, ni leurs jugements sur les individus, en particulier sur les hommes d'Etat contemporains. La *Bibliothèque* est neutre et elle s'ouvre à l'expression de toutes les convictions sincères et de toutes les doctrines cohérentes et raisonnées.

R. W.

———

LES CRIMINELS MODERNES
ET LES DEUX FORMES DE LA CRIMINALITÉ
SECTAIRE

I

Rica, un des personnages sympathiques des *Lettres Persanes* de Montesquieu, à son arrivée à Paris, définit les petites maisons de la manière suivante : « Maisons où les Français enferment quelques fous pour persuader que ceux qui sont dehors ne le sont pas (1) ». La phrase est peut-être aussi vraie que spirituelle, et pourrait s'appliquer aux prisons — ces autres maisons où l'on enferme des coquins pour donner à entendre que ceux qui vivent en liberté sont honnêtes.

En réalité quand on songe au nombre des fautes dont les auteurs restent inconnus (2), au nombre des fautes dont les auteurs sont connus, mais qu'on ne peut, qu'on ne sait ou qu'on ne veut accuser et finalement au nombre de ces actions perfides et immorales qui ne trouvent pas dans le code pénal un article qui les vise, on est bien

1. Montesquieu. *Œuvres complètes*, tome II, l. 78, Rica à Usbech. — Paris, 1856, édition de Ch. Lahure.

2. Voir pour les chiffres précis de ce phénomène douloureux et humiliant la *Statistica giudiziaria penale* de 1894 et pour ce qui concerne la France l'article de G. Tarde, *Délits impoursuivis* dans son volume. *Essais et mélanges sociologiques*, Lyon, Paris, Storck, Masson, 1895. — Quant à l'augmentation des fous, surtout des fous non renfermés, et qui dès lors échappent à la statistique officielle voir E. Morselli. *L'eredità materiale, intellettuale e morale del secolo XIX*. Genova, 1895. — Et Lombroso. *La follia nei tempi antichi e nei moderni.* — *Archivio di psichiatria*, ecc., far. V. 1895.

contraint de reconnaître que les condamnés ne sont qu'une petite section, dépourvue de toute chance, de cette nombreuse armée de délinquants qui pour la grande majorité réussissent à ne pas lier connaissance avec les galères de la patrie.

Un pessimiste pourrait aussi soutenir que les coquins sont plus nombreux que les gens honnêtes, et pour la période que nous traversons, ce ne serait pas là une grande hérésie. Elle ferait le pendant de ce paradoxe énoncé il y a des années à un congrès d'anthropologie criminelle par le professeur Albrechts : il affirmait que l'homme, bien plutôt qu'il ne représente un développement ultérieur à celui du singe, n'en est qu'un descendant dégénéré (1). Certes au point de vue de la morale, on pourrait douter que l'humanité fût pour soutenir avec avantage la comparaison à une tribu d'anthropoïdes.

Une des causes principales qui expliquent l'incapacité de la police à découvrir et de la justice à punir les délinquants, consiste, suivant moi, dans le fait que la criminalité a changé de forme. De sauvage et brutale, elle est devenue raffinée et policée ; la cruauté l'a cédé au dol, la violence à l'astuce, le délinquant moderne combat avec le cerveau bien plus qu'avec les muscles. Et cela constitue pour lui un avantage immense.

Nous avons encore sur les malfaiteurs des préjugés analogues à ceux que nous avons sur les fous. Le public

1. Voir *Actes du premier congrès d'anthropologie criminelle.* Rome, 1886.

en général ne sait se représenter que deux seuls types
de folie : la folie du délire et la folie de l'idiotie. L'idée
qu'un homme raisonnant avec logique et sans commettre
aucune erreur puisse être fou, est une idée qui n'a pas
encore germé dans l'esprit du vulgaire. On a eu de ce
que je dis une preuve éclatante dans le sourire d'incrédulité qui a accueilli il y a quelques années la fameuse
folie raisonnante de Verga (1). Et voici une vieille anecdote, mais qu'il est encore permis de raconter (parce que
sans doute on la reproduira encore bien souvent). Un
lord anglais en venant de visiter un hôpital de fous demandait au médecin qui l'accompagnait : Mais où sont
donc les fous? Tant les hommes qu'il avait vu lui avaient
paru sains d'esprit à cause de leur calme et du bon sens
de leurs réponses.

Aussi bien il est notoire non seulement que les formes
du délire et de l'idiotie sont les plus rares, mais aussi
que les maladies mentales ont des manifestations si
nombreuses, si diverses et si obscures qu'il est plus difficile de décider si un homme est fou que de résoudre
le problème de mathématiques le plus compliqué. Et
aujourd'hui on ne fait plus que sourire de l'affirmation
présomptueuse de Kant que, la folie étant une maladie
de l'esprit, les philosophes peuvent seuls juger de la
folie ou du bon sens d'un individu quelconque. Or il se
passe pour les criminels quelque chose d'analogue. Le
public a ses deux types du voleur et de l'assassin ; et il

1. A propos du célèbre procès Agnoletti. La *folie raisonnante*,
appellation vraiment peu heureuse, est devenue depuis la *folie morale*.

ne saurait sortir de là. Voler avec violence, tuer matériellement : voilà les deux actes où paraissent se résumer tous les délits : et nous nous imaginons en outre
qu'ils doivent être toujours perpétrés par un homme mal
vêtu et avec une « trogne » qui inspire de la défiance
et de l'antipathie,

Mais on dira, et cela est vrai, que tous savent que, à
côté de ces criminels, il y en a d'autres qui vivent dans
le monde élégant, qui s'habillent bien, et qui emploient
pour voler d'autres moyens que l'agression à main armée,
que le vol adroitement pratiqué, ou que l'escalade noc-
turne. Mais c'est là une chose que nous savons théoriquement et que nous ne nous rappelons quasiment jamais dans la pratique. L'individu bien vêtu ne nous fait
pàs peur parce que nous sommes inconsciemment habi-
tués à penser que l'homme riche et cultivé doit être
honnête (1).

---

1. Au contraire, les classes riches et cultivées donnent pour le crime
un pour cent bien plus élevé que les classes pauvres, abstraction faite,
dans ces dernières des vagabonds et des individus sans profession connue. En France, par exemple, sur 100.000 individus de la même classe et
du sexe masculin, les professions libérales donnent 28 accusés et le com
merce 38, les paysans ne donnent que 13. Voir JOLY. *La France
criminelle.* Paris L. Cerf, 1889, chap. VIII. — LORIA. (*Problemi so-
ciali contemporanei,* Milano, Kantorowicz 1895, p. 33) exprime une
opinion opposée : suivant lui « les 88 %/0 des condamnés annuels appartiennent aux classes pauvres, et 12 %/0 aux classes riches et partout
les pauvres sont loin de former les 88 %/0 de la population totale ». —
Mais à l'illustre économiste on peut répondre encore que dans les
classes riches il y a bien des criminels déguisés qui échappent au
Code ou que le Code respecte, et en second lieu qu'il tient compte —
dans les classes pauvres — de cette population de vagabonds et d'inconnus que nous avons laissés hors de notre comparaison, et où,

Cependant nous croyons trop, malgré le proverbe, que l'habit fait le moine. Et cela est si vrai que lorsqu'il nous arrive de voir sur le banc des accusés un « monsieur », l'étonnement est grand et l'intérêt très grand comme pour tout ce qui est rare et inattendu.

Un tel état de choses facilite — comme bien on pense — l'impunité de ces criminels modernes, puisque dans l'atmosphère confiante qui entoure ces individus, les soupçons sont plus tardifs et plus lents à tomber sur eux. Joignez à cela que leurs crimes — perpétrés plutôt par l'esprit que par le bras — sont dérobés par des artifices difficiles à mettre à nu.

C'est chose connue que le brigand Tiburzi, en obligeant les propriétaires de terres à lui payer une redevance annuelle pour garantie de leur vie et de leurs biens, avait réussi à transformer le crime en un contrat, le vol en une taxe — merveilleuse métamorphose où on ne sait s'il faut admirer l'astuce de celui qui sait l'accomplir, ou s'il ne faut pas plutôt déplorer l'immorale poltronnerie de qui s'y prête (1) Eh bien! les brigands... en gants jaunes n'en font-ils donc pas autant ? Le député ou le journaliste qui va chez un directeur de banque et qui reçoit de l'argent pour garder le silence sur

comme on le comprend aisément, il y a un nombre énorme de criminels.

1. Voir mon étude : *Brigantaggio moribondo*, dans le premier volume du *Mondo criminale italiano* de A. G. BIANCHI, G. FERRERO e S. SIGHELE (Milan, Zorini, 1893) ; mon opuscule : *Un pays de criminels-nés* (Lyon, Storck, 1896) ; l'enquête de A. ROSSI : *Nel regno di Tiburzi* et l'article de C. LOMBROSO : *Il cervello di Tiburzi* dans la *Nuova Antologia* du 16 déc. 1896.

quelque fait peu délicat ou pour soutenir une entreprise immorale (ah ! c'est ici — ou jamais — le cas d'appliquer le proverbe : la parole est d'argent et le silence est d'or) ne reproduisent-ils pas dans un autre milieu et sous d'autres formes l'action identique à celle que dans la solitude de son maquis commettait Tiburzi ?

Au fond, tous les crimes de la société banquière et bourgeoise qui abondent maintenant, ne sont que des transformations du brigandage. Et le brigandage lui aussi comme tout autre mode de l'activité humaine a ressenti et a subi la loi de l'évolution. Les anciens moyens sont en train de disparaître, et voici les nouveaux qui surgissent. Les vétérans sont à deux doigts de la tombe, mais les recrues serrent les rangs avec une tactique nouvelle et une ardeur égale. Là-bas en Sicile les bandes de Caccamo et de San Mauro ont encore la naïveté de mettre leur vie en danger pour gagner quelques milliers de francs au moyen d'une rançon — à Rome on est plus raffiné : on vole, par exemple, quelques lettres compromettantes d'une dame du grand monde et on menace de les vendre à celui qui peut avoir intérêt à les acheter, si celui-ci verse pour leur restitution une somme très élevée. De même l'escroquerie au lieu de se produire brutalement sur la voie publique s'accomplit avec plus de facilité et moins de danger en envoyant, par exemple, une fausse nouvelle de bourse. Hé quoi ! ce n'est pas pour rien que nous sommes des modernes, et le télégraphe doit bien servir à quelque chose !

Ce qui surprend bien des gens, ou, tout au moins, ce qui paraît les surprendre, c'est que l'immoralité et le crime ainsi modernisés (qu'on me passe ce néologisme) sont tout spécialement répandus dans les hautes classes de la société et dans le monde politique. Maudsley et Buckle souriraient de cette opinion — eux qui ont écrit que l'intelligence est souvent en rapport inverse de la moralité et qu'il est impossible qu'un véritable homme politique puisse ne pas être en même temps un criminel (1).

Regardez les condamnés et les accusés.... absous du Panama français et du Panama italien : parmi eux pas une médiocrité : ce sont des gens fort intelligents et quelques-uns sont des esprits de premier ordre, depuis de Lesseps qui fut la plus illustre victime des scandales français jusqu'au député qui fut la première victime — et la plus tragique de nos scandales.

Devant ces faits on pense involontairement à la phrase du Christ : « Bienheureux les pauvres d'esprit car le royaume des cieux leur appartient ! ». Assurément il est probable que ces derniers vont plutôt au paradis que les hommes de talent.

Du reste dans notre histoire parlementaire toute récente, nous aussi nous avons des faits qui pourraient prouver combien, en politique, il est difficile d'être habile en restant honnête. Il y a, par aventure, quelques exceptions à cette vérité désolante, mais le malheur est

1. Voir les paroles de Maudsley : « L'expérience prouve que beaucoup d'intelligence peut se trouver uni à peu de moralité et beaucoup de moralité à peu d'intelligence. » (*Le crime et la folie*, Paris, 1874, p. 32) — et voir aussi à ce propos et surtout pour l'immoralité des hommes politiques. Buckle, *Histoire de la civilisation en Angleterre*, v. I, introd. générale.

que la plupart se complaisent à prendre l'exception pour
la règle et tombent d'étonnement quand un événement
quelconque fait rejaillir les impuretés jusque sur le Parlement.

Dans cet optimisme il y a un reste des illusions qu'on
nourrissait il y a quelques années quand on combattait
les gouvernements absolus. Lord Brougham écrivait :
« La modération, l'honnêteté, l'amour du bien public,
le désintéressement, qui sont vertus étrangères à une
cour, s'épanouissent naturellement sur le sol démocratique (1) ». Et en même temps que lui et longtemps
après lui, tous croyaient qu'avec la liberté politique l'ère
de la moralité politique aurait également surgi. On ne
peut le nier, il y a eu progrès. Mais pour être exact, il
y a eu plutôt transformation que progrès (2). Sans doute
maintenant les citoyens n'ont pas à craindre pour leur
vie comme à l'époque où la direction de l'Etat était confiée à la favorite du Prince ou à son confesseur ; sans
doute aujourd'hui il n'y a plus de ministres, simples
courtisans, qui gouvernent au moyen d'arrêts arbitrai-
res, de l'exil, de la peine de mort ; mais est-ce que l'ère
des faveurs, des injustices, des crimes est terminée ?

---

1. Lord Brougham : *De la démocratie et des gouvernements
mixtes*, p. 143.

2. Pas de malentendu. Je crois, moi aussi, qu'un gouvernement
parlementaire est plus moral qu'un gouvernement absolu, car, suivant
la phrase si juste de Cavour, « la pire des chambres vaut mieux que
la meilleure des antichambres ». Mais je soutiens que même la meilleure des Chambres aujourd'hui est devenue, par une série de raisons
qu'il serait hors de propos d'analyser ici, une chose fort mauvaise au
point de vue de la morale.

Les hommes qui peuvent être nuisibles, on ne les relègue plus, je l'avoue, dans une forteresse quelconque, mais ne dépense-t-on pas de l'argent — l'argent du peuple — pour les empêcher d'arriver à la députation? Le peuple, on ne le contraint pas au silence ou à l'obéissance par la terreur et par les menaces — mais ne le trompe-t-on pas au moyen d'une certaine presse composée de mercenaires de la plume, qui veulent, semble-t-il, faire revivre les anciennes compagnies d'aventuriers, et qui, comme elles, se mettent à la solde du capitaine qui a le plus d'argent, et qui, comme elles, se révoltent, s'ils sont mal payés ou en sentant sur le chef l'odeur du cadavre?

Voilà donc le progrès : au lieu du sang, l'or ; au lieu des supplices, la corruption. Assurément nous sommes devenus plus généreux et plus humains.

II

Les types de civilisation que l'homme a créés jusqu'ici — écrivait Guglielmo Ferrero — sont au nombre de deux : la civilisation reposant sur la violence et la civilisation reposant sur le dol. L'une et l'autre diffèrent fondamentalement par la forme que prend la lutte pour la vie dans chacune d'elles. Dans la civilisation reposant sur la violence, la lutte pour la vie a lieu essentiellement par la force : le pouvoir politique et la richesse sont conquis les armes à la main, soit au détriment des peuples étrangers, soit au détriment des concitoyens plus faibles; la concurrence commerciale entre un peuple et un autre a lieu surtout par les armées et les vais-

seaux, c'est-à-dire en expulsant par la violence les ennemis des marchés dont on veut être maître ; les procès
judiciaires sont résolus par le duel. Dans la civilisation
reposant sur le dol, le « struggle for life » a lieu au
contraire par l'astuce et la tromperie ; aux duels judiciaires se substitue la guerre de chicanes et de ruses des
avocats ; le pouvoir politique est conquis non plus à
l'aide des *balles* de fer mais avec les *balles* d'argent;
l'argent est soulevé des poches d'autrui par des fraudes
et des maléfices mystérieux comme le jeu de la bourse ;
la guerre commerciale a lieu par le perfectionnement
des moyens de production et plus encore des moyens de
tromperie, cela revient à dire par d'habiles falsifications
qui donnent à l'acheteur l'illusion du bon marché (1).

A la civilisation du premier type appartiennent ou ont
appartenu la Corse, une partie de la Sardaigne, le Mon-
ténégro, les villes italiennes du Moyen-âge et en général presque toutes les civilisations primitives. A la seconde, au contraire, appartiennent tous les peuples civilisés modernes, c'est-à-dire ceux dont le régime capita-
liste bourgeois a entièrement envahi toutes les parties de
l'organisme.

La distinction entre les deux types, cependant, n'est
pas aussi absolue en réalité qu'en théorie : parfois en
effet dans le sein de la même Société on trouve mêlés
certains caractères d'un type et certains de l'autre, tels
deux cours d'eau provenant de directions opposées ; et
ils se mêlent surtout dans cette fin de siècle qui —

1. Guglielmo Ferrero : *Violenti e frodolenti in Romagna,* dans
le volume déjà cité : *Il mondo criminale italiano.*

comme toutes les époques de transition — recueille et rapproche mille contrastes.

Aujourd'hui on lutte par la violence et par le dol; plus avec celui-ci qu'avec celle-là ; car en général, on combat par la violence les sociétés étrangères et par le dol les membres de sa propre société. La distinction entre les deux types idéaux demeure toutefois assez évidente pour qu'on puisse les reconnaître, et pour qu'on puisse affirmer qu'ils représentent deux périodes successives dans l'histoire des peuples. D'abord la violence, puis le dol. Tel est l'ordre chronologique, qui légitime cette définition, inexacte parce qu'incomplète, mais qui, en ce qui concerne notre sujet, sert à mettre ma pensée en relief : la caractéristique de la barbarie est la violence, la caractéristique de la civilisation, c'est le dol.

Et puisque — comme le disait Virchow — la pathologie suit, même dans le corps social, un procédé identique à celui de la physiologie, nous retrouvons ces deux moyens de lutte — violence et dol — aussi dans la criminalité qui peut précisément, en étant fondée sur l'un ou l'autre de ces types, se distinguer en deux formes bien définies.

Le crime — suivant la belle expression d'un philosophe français (1) — a été comparé à l'ombre projetée par la Société. Il est bien naturel que l'ombre reproduise le profil du corps dont elle émane et qu'on puisse juger de celui-ci par celle-là.

Nous assistons en réalité, et peut-être sans avoir la

1. GABRIEL TARDE, dans la préface de : *Etudes pénales et sociales.* — Lyon, Storck, 1892.

claire conscience de ce que nous voyons — à la manifestation parallèle de deux formes de criminalité : *la criminalité atavique*, retour de certains individus, dont la constitution physiologique et psychologique est maladive, à des moyens violents dans la lutte pour la vie, et supprimés désormais par la civilisation : l'homicide, le vol et le viol ; et la *criminalité évolutive*, qui est également perverse et qui l'est peut-être davantage en intention, mais qui est beaucoup plus civile dans ses moyens, puisqu'elle a substitué à la force et à la violence l'astuce et le dol.

Quant au premier type de criminalité, il n'y a que peu d'individus fatalement prédisposés au crime pour y figurer ; dans le second on peut en trouver beaucoup : tous ceux qui ne possèdent pas un caractère adamantin, capable de résister aux influences malsaines du milieu extérieur.

La première est un relief héréditaire des époques qui ont précédé la nôtre ; la seconde est un produit de la civilisation. Et à notre époque elles coexistent toutes deux : la criminalité du passé et celle de l'avenir.

Aujourd'hui, en face de l'assassin-né qui tue avec indifférence et qui n'a pas horreur du sang, en face du voleur-né qui force les caisses, en face du violateur de fillettes innocentes — nous avons les types plus aristocratiques, plus jésuites, plus civilisés qui tuent moralement, qui volent des milliers ou des millions sans remuer un meuble, ou sans ouvrir une porte, qui séduisent et abandonnent des jeunes filles sans avoir recours à la violence matérielle ; des individus qui, comme je le

disais tout à l'heure, ont changé la lutte par les muscles en une lutte par le cerveau et qui n'ayant pas naturellement le triste courage de la férocité et de la brutalité ont néanmoins la triste prérogative de la fourberie
et de l'astuce.

Cette différence entre les deux formes de criminalité
avait été entrevue et incidemment remarquée par quelques écrivains dès les premiers essais de statistique judiciaire et d'application de la méthode expérimentale à
la sociologie.

Messedaglia dès 1879 écrivait que « la civilisation a
une criminalité propre et caractéristique tout comme la
barbarie (1), » et Maury, bien avant lui, avait dit que
« les tendances criminelles se transforment et ne se sup-
priment pas, en suivant purement et simplement la loi
universelle de l'adaptation (2) ». Cette observation a été
récemment renouvelée d'une façon plus claire et plus
précise par Ferrero (3), et elle se présente spontanément à quiconque veut comparer les crimes par exemple d'un Cartouche ou d'un Verzeni (*criminels ataviques*) à ceux d'un Chambige ou d'un Herz (*criminels
modernes*).

La littérature — qui en ces derniers temps suit de près
la vie et la science — nous offre de son côté deux types
très connus qui résument et personnifient les deux cri-

1. Messedaglia, *La statistica della criminalità*, Rome, 1879.
2. Maury. *Du mouvement moral de la Société*, dans la *Revue
des Deux-Mondes*, septembre 1860.
3. Dans un article publié par la *Revue des Revues*, 1893, vol. I,
p. 241.

minalités : l'exemple de la criminalité atavique, ce peut
être celui de Jacques Lantier (1), *la bête humaine*, pour
qui le sang a un attrait irrésistible et pour qui le crime
est un besoin ; l'exemple de la criminalité évolutive et
moderne, ce peut être Tullio Hermil (2), le misérable
qui a horreur du sang et peur du crime, mais qui rend
complice de l'assassinat de son fils l'air glacial de la
nuit.

Nul cependant — autant que je sache — n'avait jusqu'ici appliqué l'observation faite à propos du crime
individuel au crime collectif, nul n'avait dit que ces deux
formes de criminalité, qu'on peut noter dans les crimes
commis par des délinquants isolés, existent aussi dans
les crimes collectifs et spécifiques des diverses classes
sociales. Et pourtant l'observateur le plus myope en
jetant un regard sur l'état actuel de la Société ne peut
pas ne pas s'apercevoir que, à côté des délits isolés et
personnels de tel ou tel criminel, il y a deux formes de
criminalité collective qui s'élèvent et qui s'accroissent, à
savoir la criminalité de la classe élevée, et celle de la
basse classe sociale. D'une part, nous avons les riches,
les bourgeois, les hommes cultivés, qui, dans la politique et dans les affaires, vendent leur vote, leur influence,
et, en usant de l'intrigue, de la ruse et du mensonge,
volent l'argent du public, d'autre part nous avons les
pauvres, les roturiers, les ignorants qui, par les complots
d'anarchistes, par les manifestations et les émeutes, ten-
tent de se révolter contre la condition qui leur est impo-

1. Emile Zola, *La Bête humaine.*
2. Gabriel d'Annunzio, *L'Innocente.*

sée et protestent contre l'immoralité qui vient d'en haut.

La première de ces deux formes de criminalité est essentiellement *évolutive* et moderne ; la seconde est *atavique*, brutale, violente. La première est toute de cerveau et son procédé c'est l'astuce, sous ses diverses manifestations, telles que les appropriations illégitimes, le faux, la fraude ; la deuxième est en grande partie accomplie par les muscles et ses procédés sont purement féroces : la révolte, l'homicide, la dynamite.

L'Italie durant ces dernières années a cependant trop souvent offert le spectacle attristant de l'éclat simultané de ces deux criminalités. Dans le même temps nous avons eu en Sicile la révolte de la famine, à qui un mensonge pitoyable ou intéressé a donné d'autres noms et d'autres motifs — et à Rome, avec le scandale de la banque, les grossières immoralités des repus qui après le festin paraissaient avoir, comme la louve de Dante, plus faim qu'avant.

Les crimes violents des bas-fonds de la Société, les crimes frauduleux des classes riches et cultivées, ces deux séries de manifestations criminelles sont des phénomènes dus à cette complexité obscure de causes que les Français définissent par ces mots : *fin de siècle*, Nordau par *fin de race* (1), et qu'on pourrait, ce me semble, définir au contraire — d'une façon moins poétique, mais plus vraie — *la fin du régime bourgeois*.

Ici encore l'art avait, comme toujours, prévenu par sa synthèse intuitive la minutieuse analyse de la science,

1. Max Nordau, *Degenerazione*, Milan, 1893, vol. I.

et avant que nous eussions entrepris de faire le diagnostic de ces deux formes de criminalité, Zola les avait
magistralement décrites dans deux de ses romans. *Ger-
minal* est en réalité la photographie du crime sectaire
des basses classes sociales; *L'Argent* est la photographie
du crime sectaire des grands de ce monde.

III

L'existence de ces deux formes de criminalité collective une fois constatée, les questions suivantes se posent
d'elles-mêmes. Quelles sont les considérations capables
d'expliquer la différence de *méthode* qui existe entre
elles ? Pourquoi la criminalité des riches est-elle frauduleuse et celle des pauvres violente ? Les raisons qui
peuvent servir de réponse à ces demandes se peuvent,
je crois, réduire à trois.

Avant tout c'est une chose connue que toute Société
considérée à un moment donné de l'histoire, résume,
dans les diverses gradations de ses classes, comme dans
un raccourci pâle et atténué, les diverses phases de son
histoire psychologique et intellectuelle. Cette évolution
qui s'est accomplie *dynamiquement* dans le temps se
reproduit *statiquement* dans l'espace. Et de même que
nous trouvons aujourd'hui des tribus sauvages qui représentent l'état où nous autres — peuples civilisés actuellement — nous étions il y a quelques siècles, de
même — en restreignant l'observation aux diverses
classes d'un même peuple civilisé sans l'étendre d'un
peuple à un autre — nous voyons que les classes supérieures représentent à elles seules ce qui est vraiment

moderne, tandis que les classes inférieures représentent
encore dans leurs sentiments et dans leurs pensées un
passé relativement éloigné ; et c'est pourquoi il est logique et naturel que les premières soient modernes et
évolutives dans leur criminalité collective, et que les
secondes soient au contraire encore violentes, pour ne
pas dire absolument ataviques.

Le fait que dans toute société l'évolution accomplie
dynamiquement dans le temps se reproduit statiquement dans l'espace et en raccourci, est un fait parallèle,
peut-on dire, à la loi d'Hæckel que l'ontogénie reproduit
la phylogénie. En effet, de même que la vie de l'embryon
résume avec une grande rapidité la vie de l'espèce, de
même les diverses classes sociales d'un peuple donné
résument — d'une façon atténuée — le chemin parcouru
par ce peuple dans l'histoire.

Pour corroborer cette observation, je rapporterai les
paroles suivantes d'un philosophe italien : « Il y a aussi
dans une histoire contemporaine, il y a dans un moment
donné du temps une manière de stratifications d'époques ;
dans le même pays et dans la même société et dans divers pays limitrophes, il coexiste des degrés divers de
développement psychique, de conditions économiques.
C'est une loi historique que le passé revit dans le présent, que les formes et les types sociaux s'étant succédé
au cours de l'évolution en un stade quelconque de cette
évolution, se côtoient les uns les autres, de sorte que les
types qui ont moins progressé, loin d'être morts à jamais,
conservent en certains lieux et en certaines couches non
seulement la force factice d'un phénomène cristallisé et

de pure survivance, mais toute la force et toute la vigueur qui dérivent d'une adaptation au milieu aussi réelle et propre que spéciale » (1).

Et Bagehot écrivait : « Pour nous rendre compte de ce fait que les intérêts délicats vont toujours en diminuant au fur et à mesure qu'on descend l'échelle sociale, point n'est besoin d'aller faire un voyage chez les sauvages : il nous suffit de parler avec les Anglais de la classe pauvre, avec nos propres domestiques, nous serons suffisamment édifiés. Les basses classes dans les pays civilisés comme toutes les classes des pays barbares, sont évidemment dépourvues de la partie la plus délicate de ces sentiments que nous désignons par le terme complexe de sens moral (2) ».

Il suffit, en effet, de songer aux effets de la naissance, de l'éducation, de la culture, du milieu, — il suffit de se représenter les habitudes et les manières d'un gentleman toujours correctes et civiles, et de les comparer à celles de l'ouvrier ou du paysan rudes, parfois brutales, et qui ignorent la savante hypocrisie des manuels de civilité — pour comprendre quelle sera — exagérée pathologiquement et portée à l'extrême — la différence entre les manifestations criminelles de l'une ou l'autre classe.

En second lieu, ce qui sert à expliquer cette différence, c'est le concept que chacun peut se faire de la crimina-

1. J. VANNI, *Saggi critici sulla teoria sociologica della popolazione*, I, 35. Ville de Castello, 1886 ; voir aussi J. PETRONE, *La terra nella odierna economia capitalistica*, p. 35.

2. BAGEHOT, *Lois scientifiques du développement des nations*. Consulter aussi : GAROFALO, *La superstizione socialista*, Turin, Roux et Frassati, 1895.

lité spécifique des deux classes sociales extrêmes. Sans
vouloir émettre ici une opinion politique qui serait inop-
portune, il est certain que la criminalité de la classe cultivée et aisée est un phénomène pathologique indiquant
le vice de l'organisation sociale qui nous régit pour le
moment, un symptôme qui nous avertit que le système
actuel en est arrivé à la dernière phase et qu'il touche à
sa fin ; — la criminalité de la basse classe, au contraire,
peut passer pour l'annonce, pathologique elle aussi,
d'une nouvelle tendance qui surgit, d'une nouvelle ère
qui est sur le point de naître. En un mot l'une est l'in-
dice d'un soleil couchant, l'autre d'une aube : la première est un signe de dégénérescence d'un organisme
jeune qui croît et progresse. Et c'est pourquoi la première a tous les caractères de la prudence sage et cir-
conspecte et de la ruse sénile ; et c'est pourquoi l'autre
a tous les caractères de, l'audace impétueuse, impru-
dente et impudente de qui sent sa jeunesse et sa force.

Enfin la dernière considération et — suivant moi —
la plus importante qui explique ces deux formes différentes de la criminalité consiste dans le fait que la classe
supérieure non par le nombre, mais par la force et par
les bases sur lesquelles elle repose, représente la majorité ; la basse classe, au contraire, la minorité.

Or c'est un caractère psychologique commun à toute
minorité d'être plus audacieuse, plus hardie, plus violente que la majorité. La minorité doit conquérir ; la
majorité ne doit que maintenir ce qu'elle a conquis ; et
on a plus d'énergie pour atteindre un bien ou un but
lointain que pour conserver ce qu'on a acquis. La vic-

toire affaiblit, tandis que le désir de vaincre augmente le courage et la force.

Peut-être cette affirmation (pour moi c'est un axiôme) n'est-elle que le reflet ou la reproduction sociale — si je puis ainsi dire — de la loi psychologique par laquelle l'homme a plus de jouissance quand il lutte pour obtenir ce qui lui plait ou pour réaliser son idéal que lorsqu'il l'a obtenu ou réalisé (1). Il n'est pas vrai, comme le prétend Beaumarchais (2), que la raison du bonheur se trouve dans la possession : ce qui importe, suivant Schiller, c'est que l'homme craigne ou souhaite le jour qui doit venir. Le désir c'est la poésie de la vie, c'est plus encore : c'en est la condition nécessaire. « Il y a plus de plaisir à courir un lièvre qu'à le prendre » disait Leibnitz (3) et Pascal répétait que « la fin de l'homme n'est pas de trouver la vérité mais bien de la rechercher. » Schopenhauer démontre dans une page comment non seulement l'homme, mais la nature entière est destinée à vivre sans un but, sans une cesse, sans une satisfaction finale.

Cela prouve que la vie même pour l'homme ne peut être, comme dit Pascal, qu'une recherche, qu'une lutte sans résultat pour la terminer. Voici les paroles de Schopenhauer : « Il n'y a pas de corps sans affinité, cela revient à dire sans aspiration, ou, comme s'exprimerait Jacob Böhme, sans passions et sans appétits.

1. Voir SPENCER, *Principes de psychologie.*
2. Voir BOURGET, *Essais de psychologie contemporaine.*
3. Voir RIBOT, *La psychologie anglaise contemporaine*, 2e édition, 1875. — Paris, Germer Baillière, p. 22.

L'électricité propage à l'infini son antagonisme avec elle-même, bien que la masse terrestre en absorbe continuellement l'effet. Le galvanisme, tout le temps que fonctionne la pile, est également un acte sans fin et répété sans trève, de discorde et de réconciliation avec lui-même. Et la vie de la plante aussi est une aspiration continue vers la germination, en passant par des formes graduellement progressives jusqu'au moment où le point final, le fruit, devient point initial. *Et tout cela se répète à l'infini sans aucun but, sans aucune satisfaction, sans aucun instant de cesse* » (1).

Ainsi la fin de l'homme est non pas de vaincre, mais de lutter. La victoire qui le rassure non seulement l'énerve, mais aussi le corrompt. Et plus l'homme a de côtés où tourner la tête sans reculer, et plus il défie d'ennemis, et plus le nombre de ceux contre qui il maintient le poste où Dieu et la raison l'ont placé est considérable, plus il est grand et fort (2).

Ce phénomène individuel — comme je disais — se reflète d'une façon collective dans la vie sociale ; les minorités ne sont pas seulement toujours la gloire de tout pays (3), mais elles possèdent aussi ce qui manque aux majorités : la violence et l'audace. Dans les domaines de la norme et de l'honnêteté, on peut aisément constater cette vérité. Dans les parlements la partie la plus vivante, la plus belliqueuse c'est toujours l'opposition

1. *Le monde comme volonté et comme représentation*, liv. IV, p. 51, Milano, Dumolard, 1888.
2. R. Bonghi, *Ignazio von Dollinger*, dans la *Nuova Antologia*, 16 février 1890.
3. E. Renan, *Vie de Jésus.*

(c'est-à-dire la minorité). Dans la science et dans l'art, les penseurs et les artistes les plus hardis et les plus violents, ce sont toujours les novateurs, les hétérodoxes. « Toute science en voie de formation, dit Fouillée, est comme la jeunesse plein d'orgueil et de pétulance » (1).

1. A. FOUILLÉE, *La psychologie des peuples et l'anthropologie*, dans la *Revue des Deux-Mondes*, 15 mars 1895.

IBSEN, dans l'*Ennemi du Peuple*, a écrit une scène où il traite fort bien, malgré une exagération paradoxale, la différence entre la majorité et la minorité. Acte IV. scène V. *Le docteur Stockmann.* — La majorité n'a jamais raison, je vous le répète, jamais ! C'est un des mensonges sociaux contre lesquels un homme libre de ses actions et de ses pensées doit se révolter. De quoi se compose la majorité des habitants d'un pays ? De gens intelligents ou d'imbéciles ? Je suppose que nous serons tous unanimes à reconnaître qu'il y a partout des imbéciles, et qu'ils constituent une majorité rudement humiliante. Mais par Dieu ! ce ne sera jamais une raison pour que les imbéciles règnent sur les gens intelligents ! (*Tumulte et cris*). Oui, oui, vous pouvez étouffer ma voix sous vos cris; mais, quant à me contredire, jamais ! La majorité a pour soi la force..... malheureusement.... mais elle n'a pas la raison. J'ai la raison, moi, et quelques individus seulement avec moi. La minorité a toujours raison. (*Nouveau tumulte*) *Hovstad.* — Eh! eh ! le docteur qui est devenu un révolutionnaire. *Stockmann.* — Pardieu ! oui, monsieur Hovstad. Je veux combattre ce principe mensonger qui dit : la voix de la vérité est celle de la multitude. Quelles sont, en général, les vérités que proclame la majorité ? Ce sont des vérités si vieilles qu'on les peut bien dire décrépites. Or, quand une vérité est parvenue à un pareil degré de vieillesse, il vaudrait mieux la qualifier de mensonge, puisqu'elle tend à ne devenir qu'un mensonge. (*Rires et exclamations de mépris.*) Vous me croirez, si vous le voulez ; mais les vérités n'ont pas la vie aussi longue que Mathusalem. Une vérité normalement établie ne vit que quinze ou vingt années au plus : rarement elle les dépasse. Et ces vérités décrépites, horriblement pauvres, ce sont les seules dont s'occupe la majorité et qu'elle recommande à la société comme une nourriture bonne et saine. Quelle nourriture peut-elle trouver dans ces aliments ? Aucune,

C'est la reproduction collective du fait individuel qui donne à une seule personne, assaillie par beaucoup d'autres, une énergie qu'elle n'aurait pas eue, si elle en avait eu d'autres à ses côtés. C'est la nécessité de la défense qui décuple les forces de celui qui est seul et plus faible, c'est l'instinct de la conservation personnelle qui se réveille avec plus de force devant le péril et qui donne à l'organisme ce qu'on a l'habitude d'appeler le courage du désespoir.

En ce qui concerne la criminalité cette loi naturelle ne pouvait pas ne pas s'exercer ; et il devait dès lors arriver que la basse classe, ayant à lutter contre des adversaires beaucoup plus puissants, trouvât dans la violence et l'audace des moyens une compensation de sa propre faiblesse.

IV.

En face de ces deux tendances criminelles qui — venant du bas et du haut de la société — semblent vouloir étrangler la société dans leurs griffes de fer, un esprit optimiste et doux escompte et espère une solution issue du vieil apologue de Menenius Agrippa ; les scep-

---

je vous assure, et je m'y dois connaître, en ma qualité de médecin. Ils ressemblent aux harengs salés de l'année précédente ou aux jambons salés rances et moisis. Et voilà l'origine du scorbut moral qui mine toutes les sociétés. »

Ibsen est, comme toujours, plein d'exagération, mais on ne peut nier que ces paradoxes renferment beaucoup de vérité. Voir du reste, à ce sujet, mon volume : *La Folla delinquente* (2ᵉ édition), Turin, Bocca, 1895 et mon article *Physiologie du succès*, dans la *Revue des Revues*, 1ᵉʳ octobre 1894.

tiques sourient en songeant à ce moyen trop inefficace ; les fatalistes attendent les événements d'un front serein.

Entre les optimistes, les sceptiques et les fatalistes, il y a place pour une autre catégorie de personnes, pour les savants.

Beaucoup d'entre eux croient avec Auguste Comte « que la grande crise politique et morale des sociétés modernes descend en dernière analyse de l'anarchie intellectuelle (1) » ; tous pensent assurément que — de même qu'avant d'indiquer les soins qu'il faut donner à un malade il convient de faire le diagnostic de sa maladie — de même avant de suggérer les remèdes qu'il faut apporter à la situation présente il convient de l'analyser, d'en scruter les causes et de voir où réside vraiment le foyer du mal. De cette étude objective que nous voulons entreprendre sur les deux formes du crime sectaire — crime de violence et de dol — on verra peut-être ressortir celle de ces deux formes qui a notre sympathie ou, pour parler plus exactement, celle pour qui nous avons le moins d'antipathie.

Ce sera là un résultat non voulu, mais inévitable de notre travail. Il n'y a que les érudits pour traiter un sujet avec les idées des autres sans faire saisir leurs opinions personnelles (et peut-être bien parce qu'ils n'en ont point) (2) : il n'y a que les jésuites pour oser affirmer

1. Aug. Comte, *Cours de philosophie positive*, tome I, p. 40.

2. Voltaire, dans le *Temple du goût*, met dans la bouche des érudits cette confession ingénue :

Pour nous, messieurs, nous avons l'habitude
De rédiger au long, de point en point,
Ce qu'on pense ; mais nous ne pensons point.

leur indifférence à telle ou telle doctrine, tout en travaillant sous cape à faire triompher telle ou telle.

D'autre part, s'il est vrai, et je le crois, que « pour connaître une chose il faut l'aimer (1) » et s'il est vrai qu'aucune idée scientifique ne mérite ce nom si celui qui la soutient n'en a pas fait plus qu'une idée, un sentiment, il est évident que tout écrivain mêlera la passion à ses livres. Non la passion vulgaire, qui s'engoue pour le succès immédiat, mais la passion noble et élevée, symptôme de la polarisation de la pensée qu'on appelle la vocation et qui constitue l'impulsion intime et inconsciente à ce qu'on étudie, à ce qu'on pense, à ce qu'on écrit.

Nous ne parlons que du point de vue objectif en fuyant toute question de personnalité. Nous ne nous occuperons que des faits, en traitant notre sujet au point de vue de la sociologie criminelle, mais le livre est comme la voix : on a beau raconter un fait en employant les mots les plus simples, il y a toujours des intonations qui laissent percevoir le jugement qu'on porte sur ce fait.

Du reste il est temps que la bourgeoisie et la classe cultivée se préoccupent de l'ouragan qui depuis trop longtemps menace pour ne pas se déchaîner tôt ou tard, et qu'elles osent prendre leur place dans les batailles de la

---

Voir : *Traités des sophismes politiques et des sophismes anarchiques*, extraits des manuscrits de J. Bentham, par Et. Dumont. — Bruxelles, 1840.

1. La phrase est de Carlyle. Voir Taine. *L'Idéalisme anglais*, étude sur Carlyle. — Paris, Germer Baillière, 1864.

pensée. Jusqu'ici la classe élevée de la société est restée dans une indifférence bouddhiste qui semblait recéler la sécurité de la force, et qui ne cachait que l'inconscience. Devant la question sociale quelques-uns se contentaient de sourire et de s'écrier, comme un fermier général rappelé par Taine, qui à la veille de la Révolution française disait : « Pourquoi changer? Nous sommes si bien ! (1) ». Les autres ressemblaient à ceux qui « quand on met le feu à une maison, se divertissent à admirer la torche ou la figure de l'incendiaire (2) ».

Tous enfin, en considérant les crimes violents des basses classes, ne croyaient pas devoir confesser qu'une des causes de ces délits remontait à eux-mêmes, et feignaient d'ignorer que si l'émeute hurle et si des crimes se produisent sur la place publique, dans les palais c'est l'immoralité qui rampe et le vol qui s'exerce.

« Quand la moralité publique s'éclipse, disait Victor Hugo, il se fait dans l'ordre social une ombre qui épouvante (3) ». Or la moralité publique s'est éclipsée au point de produire plus que l'épouvante, la certitude d'une catastrophe. A quelle moment cette catastrophe éclatera-t-elle ? Quels en seront les résultats ? Il est impossible de le dire, si l'on ne veut du moins se montrer prophète à titre gratuit et à la légère. Assurément la lutte entre les bras et le cerveau de la société est allée dans ces dernières années en prenant une forme très aigüe, non seulement parce que *fata trahunt* et que l'évolution

1. Proal, *La criminalité politique*, Paris, Alcan, 1895, p. 252.
2. Joubert, *Pensées*, tome II, p. 222.
3. Victor Hugo, *Napoléon le petit*, Londres, 1863, p. 16.

du progrès accélère sa marche, mais aussi parce que en face de la mollesse et de l'indolence de ceux qui ont le pouvoir en main, se dresse menaçante l'audace de ceux qui le veulent ; et qui veulent et qui prétendent l'avoir par la force, en prenant à leur compte le programme éloquent de Saint-Just et de Danton : « *Oser, voilà le secret des révolutions !* »

Il y a quelque temps, les frères Goncourt lançaient un de ces paradoxes d'artiste qui ressemblent fort à des vérités que les myopes ne voient pas. « La sauvagerie est nécessaire, disaient-ils, tous les quatre ou cinq cents ans, pour revivifier le monde. Autrefois, en Europe, quand une veille population d'une aimable contrée était convenablement anémiée, il lui tombait du Nord sur le dos des bougres de six pieds qui refaçonnaient la race. Maintenant qu'il n'y a plus de sauvages en Europe, ce sont les ouvriers qui feront cet ouvrage là dans une cinquantaine d'année. On appellera ça — la révolution sociale (1) ».

La prédiction des deux artistes sera-t-elle vraie ? fausse ? L'histoire, ce traité de sélection humaine (2), continuera-t-elle à marcher, comme par le passé, à coup de révolutions violentes ?

Peu nous importe de deviner l'avenir si ce n'est dans la mesure où cette préoccupation peut nous exciter à étudier le présent.

Nous croyons que, de même que la douleur est la sen-

---

1. *Journal des Goncourt*, I, p. 103-104, Charpentier, 1888.
2. Morselli, *Il suicidio*. Milan, Dumolard, 1881, p. 482.

tinelle de la vie (1), de même le crime politique est la
sentinelle de la vie sociale.

Et si nous nous proposons d'étudier les formes collectives de ce crime, qu'il vienne d'en bas ou d'en haut,
qu'il soit brutal et atavique, ou évolutif et moderne, c'est
qu'il est, nous semble-t-il, un phénomène dont le sens
n'est pas seulement restreint au domaine de la criminologie : il a aussi une signification sociale et il peut en
vérité, comme certains symptômes, révéler à lui seul
notre maladie, et nous donner la clef du problème qui
nous accable.

L'étude est longue et difficile ; elle est bien au-dessus
de nos forces ; mais seules les difficultés attirent ; et
aussi bien ce qui nous réconforte c'est de penser que dans
les rangs des gens zélés le dernier des soldats n'est pas
à mépriser.

1. Ribot, *Psychologie de l'attention.* Paris, Alcan, 1889.

CHAPITRE I

L'ÉVOLUTION DES GROUPES SOCIAUX
DE LA FOULE A LA SECTE
A LA CASTE, A LA CLASSE, A L'ÉTAT

I

Un des phénomènes les plus caractéristiques du moment présent, le seul peut-être qui permette d'en donner une définition exacte, c'est l'importance que la collectivité a fini par prendre en face de l'individu.

Tandis que toutes les anciennes croyances chancellent ou tombent, tandis que les vieilles colonnes de la société semblent s'écrouler l'une après l'autre, la puissance des masses est la seule que rien ne menace et dont le prestige grandisse de jour en jour.

Il y a un siècle à peine, la politique traditionnelle des gouvernements et les rivalités des princes formaient les facteurs les plus importants des événements. L'opinion du peuple comptait pour peu, voire même souvent pour rien.

Aujourd'hui ce sont les traditions héréditaires des Etats respectifs, les désirs et les caprices des princes respectifs qui ne comptent plus pour rien et c'est au contraire la voix collective et grandiose de la foule qui guide le monde (1).

René Worms a observé que la conscience du peuple athénien s'était incarnée en Périclès, celle du peuple français en Napoléon, et a dit avec raison que la phrase de Louis XIV : « L'Etat, c'est moi » pour scabreuse qu'elle

1. Voyez Le Bon, *Psychologie des foules*, Paris, Alcan, 1895.

soit, n'était peut-être pas psychologiquement inexacte (1).
Qui pourrait aujourd'hui soutenir qu'un peuple est représenté par un homme, qui en serait une manière de symbole?

Même dans la science, après la crise *d'individualisme*
qui a éclaté et dominé partout, en économie, en morale
et en droit, on en revient à étudier toute action humaine
comme un produit de la *collectivité* plutôt que de la *personne* et on voit se propager l'onde de réaction sociologique ou socialiste qui va se briser avec une violence
grandissante contre l'illusion égoïste qui peut-être a trop
longtemps duré (2).

Jadis *l'individu* était tout en politique et dans la
science. Aujourd'hui *l'individu* est en baisse, en politique, devant cet être collectif qu'est le parti ou la nation
— dans la science, devant cet être collectif qu'est l'espèce. On peut le comparer à la goutte d'eau dans la
mer; quantité négligeable par elle-même, elle forme
une puissance immense et terrible une fois unie à ses
semblables (3).

1. René Worms. *Organisme et Société*. Paris, Giard et Brière.
1896. Chap. X, p. 218.
2. De ce courant scientifique, il est quasi superflu de donner les
preuves. Notons seulement que dans l'histoire à la vieille conception
que tout dépendait d'un *homme* ou du *hasard*, s'est substituée la
conception que tout dépend des grands facteurs physiques ou des facteurs collectifs moraux et intellectuels, et que les hommes et les occasions ne sont que les moyens dont la nature se sert pour manifester
son énergie latente et continuellement en action ; l'économie, le droit,
la morale, grâce aux Loria, aux Lombroso, aux Spencer, ont subi
un changement identique : les forces individuelles — intelligence ou volonté — sont bien peu de chose en face des forces collectives et sociales.
3. En ce qui concerne l'influence de l'individu et de la collectivité

Et l'on a de la vie et de ses formes la conception qu'en avait Schopenhauer qui s'exprimait poétiquement ainsi : « Les gouttes d'une cataracte se précipitent en formant une poussière impalpable et se succèdent avec la rapidité de l'éclair, tandis que l'arc-en ciel qu'elles soutiennent reste parfaitement immobile et identique au milieu d'un changement perpétuel. De même l'Idée, ou toute espèce d'êtres vivants, reste immuable au milieu du renouvellement incessant de ses individus. Or c'est dans l'Idée, dans l'espèce que la volonté de vivre a ses racines et fait ses manifestations ; et c'est pourquoi elle n'a aucun autre intérêt que la conservation de l'espèce. Les lions par exemple sont les gouttes d'eau de la cataracte : mais la *leonitas*, l'Idée, la forme du lion, c'est l'arc-en-ciel immuable (1) ».

Présentement nous ne disons pas que « la volonté de vivre a ses racines dans l'Idée et se manifeste en elle » parce que les phrases de Schopenhauer nous semblent vieillies, obscures, métaphysiques ; mais la science et l'histoire nous enseignent que l'homme est bien peu de chose en face de l'espèce, que la nature se préoccupe de

sur le progrès humain, voir çà et là l'Introduction de mon livre : *La coppia criminale*, 2e éd., Turin, Bocca, 1897. — GAROFALO, dans sa conférence sur *L'Individuo e l'organismo sociale* (reproduite en partie dans la *Fanfulla della Domenica* du 24 janvier 1897) a exagéré l'influence de l'individu en niant absolument l'influence de la foule. J'admets l'une et l'autre et j'observe que si autrefois, c'est la première qui a été la plus forte, aujourd'hui c'est — évidemment — la seconde qui l'emporte.

1. SCHOPENHAUER, *Le monde comme volonté et représentation*, l. IV.

l'espèce et non de l'individu et que la politique de son côté — après avoir été entre les mains d'un seul ou d'un petit nombre d'individus — tend à élever à la situation de despote un être collectif : la foule.

Quelques esprits, en voyant l'identité de tendance de la science et de la politique, en tirent le présage, et plus que le présage, la preuve *a priori* du triomphe futur du socialisme.

Le règne de l'individualisme est fini, disent-ils, le courant sociologique ou socialiste nous entraîne ; la collectivité est l'être qui nous attire et auquel nous nous livrons ; le collectivisme est la phase qui nous attend fatalement (1).

Que cette opinion soit fausse ou vraie, il est certain que l'avenir est entre les mains de la collectivité, et nous devrons accepter ce qu'elle voudra nous donner, que le résultat soit bon ou mauvais.

La foule tient entre ses mains inconscientes le sort définitif du monde. Sa part est immense ; mais c'est une part passive. C'est — vis-à-vis du produit qui s'appelle civilisation — la femme dont l'amour suscite le travail et la récompense. C'est pour elle que le héros travaille, comme l'homme pour la femme ; mais justement comme la femme elle ne saurait rien produire à elle seule. Sa gloire anonyme est de procréer — toujours à son insu — le génie qui augmentera de quelques lignes la liste de ses richesses.

Aussi devrait-elle avoir comme fonction unique d'ai-

1. Voir Ferri, *Socialismo e scienza positiva,* Rome, 1894.

mer et de servir les hommes d'élite, comme la femme
aime et sert son mari, mais, au contraire, la foule n'est
ni mère ni épouse, elle n'est que femme, et le plus souvent sa reconnaissance consiste à crucifier les Sauveurs
en laissant aux esprits d'autres héros qui naîtront plus
tard le soin de leur culte (1).

Jusqu'ici en effet l'œuvre que les foules ont accomplie
a été, comme nous le montre l'histoire, une œuvre de
destruction. Des organismes peu ou point conscients n'é-
taient point pour raisonner, mais seulement pour agir et
spécialement — comme tous les impulsifs — d'une
façon négative. Et les foules ont agi — dans le cours des
siècles — à la façon de ces microbes qui décomposent
les corps affaiblis ou les cadavres.

Les barbares — qui ont été les grandes foules de l'antiquité, comme les ouvriers sont les grandes foules de
nos jours — n'auraient assurément pas construit l'édifice de la civilisation romaine ; mais quand l'édifice
oscilla, les barbares accoururent pour le ruiner et rendre possible la construction d'une civilisation nouvelle
avec les restes du vieux colosse. C'est alors qu'apparaît
l'œuvre des foules et que pour un instant la philosophie du nombre devient la seule philosophie de l'histoire.

En sera-t-il de même pour notre civilisation ? Nous
pouvons le prévoir, mais nous ne pouvons le savoir. Toutefois quand bien même les foules accompliraient leur
œuvre destructive, ce ne serait là qu'une phase d'où sor-

1. H. Mazel, *La synergie sociale*, Paris, Colin, 1896, p. 4.

tirait une société nouvelle qui s'organiserait lentement comme les sociétés anciennes se sont organisées. Les barbares qui ont créé l'empire romain ont fini malgré leur barbarie par créer une civilisation. Ils ont employé — il est vrai — dix siècles à cette œuvre. Mais il faut toujours un temps extrêmement long pour reconstruire ce qui a été renversé en un jour (1).

En attendant que le règne des foules s'établisse, notre période de transition permet d'étudier les futurs démolisseurs de notre civilisation ou tout au moins ses futurs maîtres.

Connaître la psychologie des foules c'est aujourd'hui non seulement un des buts les plus intéressants que puisse se proposer un savant, mais c'est encore ce qui constitue la dernière et suprême raison de l'homme d'Etat, qui doit, non plus gouverner la foule — la chose serait maintenant trop difficile — mais au moins tâcher à ne pas trop se laisser gouverner par elle.

II

Quand il y a quelques années, j'avais dans un petit livre qui a eu du succès, étudié les « crimes des foules », je n'avais pas entrevu, dans l'intuition première, incertaine et fragmentaire que j'avais eue de ce phénomène, toute son étendue. J'avais conçu qu'il y a des caractères communs à toutes les foules, et — comme le naturaliste qui décrirait les caractères communs à toute une famille avant de s'occuper des caractères particuliers qui

1. Voir GUSTAVE LE BON, *La psychologie des foules* dans la *Revue scientifique*, 6 avril 1895.

permettent de distinguer les genres et les espèces —
j'avais tenté de fixer les idées fondamentales de la psychologie de cet agrégat humain varié et hétérogène,
avant de remonter à l'analyse des diverses formes où il
se peut présenter.

Il y avait du vague et peu de précision dans cette
étude ; mais alors on ne pouvait prétendre ni à mieux ni
à plus. La science de la psychologie collective naissait
à peine, et à leur naissance toutes les sciences ne peuvent donner que les idées générales et synthétiques de
la nouvelle tendance. Le travail d'analyse, de division
et de distinction vient ensuite : ce qui se présente avant
tout c'est le canevas qui forme la matière première et
qui marque les limites de l'entreprise ; ensuite il est possible — et facile — d'exécuter les broderies.

Aujourd'hui, grâce surtout à ceux qui depuis moi se
sont occupés de ce thème si intéressant (1), le moment

---

1. Je ne connais que trois auteurs qui se soient occupés de la foule
et, en général, de la psychologie collective ; FOURNIAL, dans un opuscule (Lyon, Storck, 1893), qui est une vraie piraterie littéraire ; —
TARDE, dans un article publié dans la *Revue philosophique*, dans le
Rapport au troisième Congrès d'anthropologie criminelle à Bruxelles,
en deux études : *Les crimes des foules* et *Foules et sectes au point
de vue criminel*, reproduits dans *Essais et mélanges sociologiques*,
et dans une lettre à moi adressée et publiée dans la *Critica sociale,*
novembre 1894 ; LE BON, en deux longs articles : *La psychologie des
foules*, publiés dans la *Revue scientifique* (6 et 20 avril 1895) et
réunis en un livre : *Psychologie des foules*, Alcan, 1895, qui est
aussi, en grande partie, une habile restauration de mon volume. Tout
par hasard, E. MELCHIOR DE VOGÜE a fait allusion à la psychologie collective, dans l'article intitulé : *Explorators parlementaires. Revue
des Deux-Mondes*, 1er février 1894.

où la psychologie collective peut sortir des notions vagues où elle s'était renfermée jusqu'ici, et où la foule —
étudiée jusqu'ici comme une réunion quelconque d'individus — peut être classée suivant les éléments qui la
composent, suivant le mode de sa composition, suivant
les buts conscients ou inconscients qui la déterminent.

III

Si vous voulez savoir comment sont nés et comment
naissent les groupes sociaux, il vous suffira d'observer
les phénomènes de réunion les plus simples qui vous
tomberont sous les yeux tous les jours et qui justement
pour être si fréquents et si communs, n'éveillent pas
votre attention. C'est en effet un des phénomènes les
plus curieux qu'on puisse remarquer : ce qui est près de
nous et qui serait par conséquent extrêmement facile à
étudier, nous est souvent moins connu que ce qui est
éloigné, rare et extraordinaire. « Il se produit dans la
science, écrivait Ihering, ce qui arrive tous les jours dans
la vie : nous passons sans faire attention devant des faits
communs, et si quelqu'un attire nos regards sur eux,
nous ne parvenons plus à comprendre notre aveuglement
antérieur (1) ».

Des passants dans une rue, des paysans sur une place
de foire, des voyageurs dans un train de chemin de fer,
tout cela constitue de simples groupements physiques,
auxquels nous ne donnerons certes point le nom de foule
et encore moins celui d'association. Ils portent toutefois

1. *Lo spirito del diritto romano*, p. 8.

en eux-mêmes la *virtualité* d'un groupement social.
Un cri, un incendie, une bombe éclatant dans la rue ou
sur cette place de foire, un déraillement du train, et
voilà que ces gens *associables* deviennent en un moment
associés pour une fin commune ; voilà qu'une simple
proximité physique donne naissance à une réunion psychologique, voilà en un mot la foule qui, par une série
infinie de degrés, peut s'élever jusqu'à la corporation,
jusqu'à l'Etat (1).

Aujourd'hui une foule et un Etat doivent paraître
deux agrégats essentiellement distincts — et ils le sont
en effet — mais le second n'est à bien y regarder que le
développement merveilleux du premier. L'Etat moderne
n'est, en effet, que la foule primitive et sauvage, transfor-
mée par des siècles d'histoire en société, un agrégat
d'hommes unis en vue d'un but éternel, conscient et
général, tandis que la foule n'a en vue qu'un but éphémère, inconscient et particulier — une réunion d'individus pour qui la loi suprême et nécessaire c'est la division du travail et l'organisation, tandis que la foule est
un être inorganique où nul n'a de part déterminée.

Les Etats barbares, pour nous qui les regardons de
loin, donnent l'idée confuse d'une grande foule ; les Etats
modernes donneront à nos successeurs l'idée d'une grande
corporation.

La différence entre les uns et les autres n'est qu'un
effet de la loi naturelle qui nous enseigne que « au fur et
à mesure qu'on monte l'échelle des êtres, la cohésion

1. TARDE, *Foules et sectes au point de vue criminel.*

des individus devient plus forte » (1) et que « le développement fatal de toute organisation c'est la division du
travail psychologique la plus complète » (2).

Cette loi appliquée aux agrégats humains de la foule
— chaos des hommes primitifs — comme le papillon
sort de sa chrysalide — fait sortir l'Etat actuel moderne.

Mais entre ces pôles extrêmes — la foule et l'Etat —
entre ces anneaux extrêmes de la chaîne de l'association humaine, quels sont les autres groupes intermédiaires et quels en sont les caractères ? Nous voici enfin
arrivés à notre problème.

IV

Un savant français, Gustave Le Bon qui a le tort de
copier sans les citer les idées d'autrui, alors qu'il
devrait se contenter de ses idées personnelles souvent
pleines d'originalité et de justesse (3), divisait ainsi les
diverses catégories de foules :

A. FOULES HÉTÉROGÈNES

1° *Anonymes* (foules de la rue, par exemple) ;

1. ESPINAS, *Des sociétés animales,* Paris, Germer Baillière, 2ᵉ éd.,
1878, p. 249.
2. MILNE EDWARDS dans DARWIN, *Origine delle specie.*
3. LE BON, dans son travail déjà cité et auquel je ferai encore allusion par la suite, répète presque toutes les observations que j'ai faites
sur la psycho physiologie de la foule, sans en indiquer la source. Cela
me fait plaisir, parce que, quand on prend les idées des autres pour
se les approprier, cela veut dire qu'on les trouve justes. On ne prend
que ce qui plaît. Et CABANIS disait (*Œuvres complètes*, Paris, 1824,
p. 18) : « quand quelqu'un s'approprie nos idées sans nous citer, c'est
le genre d'éloges le moins suspect qu'on puisse désirer ».

2° *Non anonymes* (assemblées parlementaires, par exemple).

B. FOULES HOMOGÈNES

1° *Sectes* (politiques, religieuses, etc.) ;

2° *Castes* (militaires, sacerdotales, etc.) ;

3° *Classes* (bourgeoises, ouvrières, etc.).

Cette classification prête par bien des raisons le flanc à la critique.

Et avant tout on peut observer que le nom de *foule* donné à un groupement humain quelconque est impropre. Et au point de vue grammatical cette opinion me paraît irréfragable. Tarde distinguait avec plus d'exactitude les *foules*, les *associations* et les *corporations* (1).

Mais nous conservons le terme générique de *foule*, parce qu'il indique le *premier stade* du groupe social, celui qui est la source de tous les autres et parce qu'avec ses distinctions successives, il n'est pas possible qu'il prête à l'équivoque.

En second lieu on ne comprend pas bien pourquoi Le Bon fait de la *secte* une foule homogène quand il classe les assemblées parlementaires parmi les foules hétérogènes. Les membres d'une secte sont généralement bien plus différents les uns des autres par la naissance, l'éducation, la profession, le milieu, que ne le sont en général les membres d'une assemblée politique.

Mais à quoi bon se perdre dans la critique si facile d'une classification faite plutôt pour la commodité que pour définir véritablement les diverses espèces de grou-

1. TARDE, *Foules et sectes au point de vue criminel*, dans la *Revue des Deux-Mondes*, 1er décembre 1893.

pes sociaux. En sociologie et dans la psychologie collective il ne peut y avoir de classifications précises et absolues. Les nuances sont infinies et il faut se contenter de les indiquer, sans vouloir les faire rentrer dans une classification rigoureuse.

En laissant de côté ces critiques et en négligeant l'analyse des foules hétérogènes que nous avons faite ailleurs (1), voyons à fixer les caractères principaux des trois grandes catégories de *foules homogènes* : les classes, les *castes*, les *sectes*.

La foule hétérogène se compose de *tout le monde*, de gens comme vous, comme moi, comme la première personne qui passe dans la rue. Le *hasard* réunit physiquement ces individus, l'*occasion* les réunit psychologiquement; ils ne se connaissent point et, passé le moment où ils se trouvent ensemble, ils ne se retrouveront peut-être jamais plus. C'est le météore psychologique, si j'ose ainsi parler : tout ce qu'il y a de plus imprévu, de plus éphémère, de plus transitoire.

Sur cette base accidentelle et fortuite se dressent çà et là d'autres foules, toujours hétérogènes, mais qui ont un certain caractère de stabilité ou du moins de périodicité. Les spectateurs dans un théâtre, les membres d'un club, d'un salon littéraire ou mondain, constituent aussi une foule, mais une foule différente de celle de la rue. Ils se connaissent un peu, ils ont, sinon un but, du moins une habitude commune. Ce sont encore des *foules anonymes*, comme les appellerait Le Bon, parce

1. Voir mon volume, *La foule criminelle*, Paris, Alcan, 1892.

qu'il n'y a pas en elles l'étincelle de l'organisation. Mais elles sont moins hétérogènes que les autres.

Allons plus loin. Nous trouverons des foules encore hétérogènes, mais non plus anonymes, les *jurys* par exemple, et les *assemblées*. Ces petites foules connaissent un sentiment nouveau, inconnu aux foules anonymes : celui de la responsabilité qui peut donner parfois à leurs actions une orientation différente. Puis les foules parlementaires se distinguent des autres, parce que, — comme l'observait Tarde avec sa pénétration habituelle, — ce sont des *foules doubles* : elles entretiennent en effet une majorité combattue par une ou plusieurs minorités, ce qui préserve en bien des cas du danger le plus menaçant que présentent les foules, l'unanimité.

Avançons encore. Nous arrivons aux foules non seulement *non anonymes* mais homogènes.

Le premier type de ces foules c'est la secte. On y trouve encore des individus différents par la naissance, par l'éducation, par la profession, par le milieu, mais réunis et je dirai volontiers cimentés par un lien extrêmement solide : une foi, un idéal commun. La foi — religieuse, scientifique ou politique — crée rapidement une communion de sentiments capable de donner à qui la possède une grande homogénéité et une grande puissance. Nous savons ce que sont devenus les Barbares sous l'influence du Christianisme, et les Arabes transformés en secte par Mahomet. On peut supposer ce que deviendront sous peu — grâce à leur organisation en secte — les socialistes actuels (1).

1. Voir LE BON, *op cit.*

La secte est une foule triée et permanente : la foule est une secte transitoire et qui n'a pas choisi ses membres. La secte est la forme *chronique* de la foule ; la foule est la forme *aigüe* de la secte. La foule est composée d'une multitude de grains de sable sans cohésion ; la secte c'est le bloc de marbre qui résiste à tous les efforts. Quand un sentiment ou une idée — ayant en eux-mêmes une raison de vivre — se glissent dans la foule, ils ne tardent pas à se *cristalliser* et à former une secte. La secte est donc la première cristallisation de toute doctrine. De l'état confus et amorphe où elle se manifeste à la foule, toute idée doit se préciser dans la forme bien définie de la secte, sauf à devenir plus tard un parti, une école ou une église scientifique, politique ou religieuse.

Aucune foi, que ce soit l'islamisme, le bouddhisme, le christianisme, le patriotisme, le socialisme, l'anarchie, ne peut ne pas passer par cette phase *sectaire.* C'est le premier degré où le *groupe humain,* en quittant l'indistinct de la foule inconnue, variée et anonyme, s'élève à une spécification et à une intégration qui pourra ensuite mener jusqu'au groupe humain le plus haut et le plus parfait : l'Etat.

Allons encore plus loin.

Si la secte comprend des individus réunis par une idée et par un but communs, — malgré la diversité de naissance, d'éducation et de milieu — la *caste* réunit au contraire des personnes qui peuvent avoir — et qui ont parfois — des idées et des aspirations diverses, mais qui sont rassemblées par l'identité de profession. La secte correspond à la communauté de la foi, la caste à la communauté des idées professionnelles. La secte est une association *spontanée*, la caste est — par bien des côtés — une association *forcée*. Après avoir fait choix d'une profession — qu'il soit prêtre, soldat, magistrat— un homme appartient nécessairement à une caste. Personne, au contraire, n'appartient nécessairement à une secte. Et quand on appartient à une caste — fût-on l'homme du monde le plus indépendant — on subit plus ou moins l'influence de ce qui s'appelle : *l'esprit de corps*.

La caste représente le degré d'organisation le plus élevé dont la foule homogène est susceptible. Elle se compose en effet d'individus qui par leurs goûts, par leur éducation, par leur naissance, par leur milieu, se ressemblent beaucoup entre eux dans les lignes fondamentales de leur conduite et de leurs habitudes. Il y a même certaines castes — la caste militaire et la caste sacerdotale par exemple — dont les membres finissent par se ressembler dans le maintien, dans la démarche au point que nul déguisement ne leur permette de cacher leur profession.

On pourrait définir la caste une chape de plomb qui pèse sur les personnes qui en font partie ou pour le moins une teinte uniforme, intellectuelle et morale, qui fait pâlir les couleurs vives et variées de toutes les individualités. Cet unisson de sentiments et d'idées qui se produit dans la foule d'un trait, d'une façon foudroyante, par suggestion (et qui disparaît d'une façon tout aussi foudroyante) s'établit lentement dans la caste, par la

force de l'habitude et de l'hérédité, qui n'est que l'ha
bitude de l'histoire, et comme tout ce qui s'acquiert lentement, il est aussi long et impossible de le faire disparaître.

La caste offre à ses membres des idées déjà *mâchées*,
des règles de conduite déjà approuvées ; elle leur
enlève, en bref, la fatigue de penser avec leur propre
cerveau. Quand on connaît la caste à laquelle appartient
un individu, on n'a — pour ainsi dire — qu'à presser un
bouton de son mécanisme mental pour voir surgir une
série d'opinions et de phrases toutes faites que l'on
retrouve identiques dans tout individu de la même
caste (1).

Cette collectivité nombreuse, puissante et éminem-
ment conservatrice est l'analogie la plus saillante que
les nations de l'occident puissent présenter avec celles de l'Inde. Dans l'Inde la caste est déterminée par
la naissance, et elle se distingue par un trait caractéristique : les personnes d'une caste ne peuvent vivre, man-
ger ou se marier qu'avec les individus de la même
caste.

En Europe ce n'est pas toujours la naissance, mais les
circonstances ou l'éducation qui déterminent l'entrée
d'un individu dans une caste : mais les autres caractéristiques, n'épouser, ne fréquenter, n'inviter à la même
table que des gens de la même caste existent pratique-
ment en Europe comme dans l'Inde. Dans l'Inde ce sont
des prescriptions religieuses, partant absolues. En Europe
les susdites prescriptions sont fondées sur la coutume ;

1. Le Bon, *Psychologie des foules.*

mais elles n'en sont pas moins observées. Nous vivons
tous dans un cercle restreint, où nous trouvons nos amis,
nos invités, nos gendres et nos brus.

Les *mésalliances* sont assurément possibles en Europe,
elles sont impossibles dans l'Inde. Mais si là la religion
les défend, chez nous l'opinion publique et les habitudes
les rendent fort rares. Et au fond l'analogie est complète (1).

Avançons encore. Nous trouvons la classe supérieure
à la caste par l'étendue. Si le lien psychologique de la
secte c'est la communauté et la foi, et celui de la caste
la communauté des professions, le lien psychologique
de la classe, c'est la communauté des intérêts.

Moins précise dans ses limites, plus diffuse et moins
compacte que la caste et que la secte, la classe représente aujourd'hui la véritable foule à l'état dynamique,
qui peut d'un moment à l'autre descendre sur la place et
devenir *statiquement* une foule. Et c'est au point de vue
sociologique la foule la plus terrible ; c'est celle qui aujourd'hui a pris une attitude belliqueuse et qui par son
attitude et ses enseignements prépare les coups de brutalité des multitudes de la rue.

On parle de *lutte des classes* et au point de vue théorique et dans la vie normale et pacifique cela signifie seulement une lutte d'idées par des moyens légaux. Toute-

---

1. Voir LE BON, *op. loc. cit.*, — et consulter sur le sujet : BAGEHOT,
Lois scientifiques du développement des nations, Paris, Alcan,
5e éd. — SPENCER, *Introduction à la science sociale*, ch. X ; *les
préjugés de classe*. — VACCARO, *Generi e funzione delle leggi
penali*, Rome, Bocca, 1889, ch. I, — et CAZZANIGA, *L'ambiente*,
Crémone, 1889.

fois suivant une occasion, suivant l'audace d'un ou de quelques hommes, suivant la maturité des temps, la lutte des classes se transforme nécessairement en quelque chose de plus matériel et de plus violent, je veux dire, en révolte ou en révolution.

La classe bourgeoise et la classe ouvrière sont aujourd'hui les deux grandes foules, encore dispersées et pour ainsi dire encore en puissance, mais au sein desquelles croît et se développe le germe qui les réunira sous peu et qui pourra les jeter l'une contre l'autre comme deux ennemis implacables qui ont pendant longtemps couvé une haine inéluctable.

Et enfin nous arrivons à l'Etat.

Tocqueville disait : les classes dont se compose la société forment comme autant de nations distinctes (1). Ce sont en effet les collectivités les plus vastes avant d'arriver à la nation, à l'Etat.

C'est le type le plus parfait de l'organisation de la foule, et le type dernier et suprême, pourrait-on dire, s'il n'y avait pas une autre collectivité supérieure par le nombre et l'extension, la collectivité formée par la race.

Le lien qui unit entre eux tous les citoyens d'un Etat, c'est la langue et la nationalité (2). Au-dessus de l'Etat il n'y a que les foules déterminées par la race et qui peuvent comprendre plusieurs Etats. Et ce sont, comme

1. Tocqueville, *La démocratie en Amérique*, t. I, ch. IV.
2. Parfois aussi — et surtout dans les temps passés — la raison politique unissait dans un seul Etat des peuples de langues et de nationalités différentes. Il va de soi que ces Etats auront présenté une union psychologique moins solide que les autres, comme tout ce qui est forcé en face de ce qui est spontané.

les Etats et comme les classes, des agrégats humains, qui, d'un moment à l'autre, peuvent se transformer en foules violentes. Mais alors, et justement parce que leur évolution et leur organisation sont plus développées, leurs multitudes ont nom *armées* et leurs violences ont nom *guerres*, et elles ont le sceau de la légitimité, inconnu des autres foules. Dans cet ordre d'idées on pourrait définir la guerre : la forme suprême du crime collectif.

V

Résumons-nous.

Si vous montrez une chaîne à une personne, et que, par un effet d'optique, vous vous arrangiez de façon à ne laisser apercevoir à cette personne que le premier et le dernier anneau, elle dira forcément qu'entre ces anneaux extrêmes, qu'elle peut seuls voir, il n'y a aucun lien.

Détruisez l'effet d'optique, arrangez-vous de façon à lui faire voir toute la chaîne, et quelle que soit la distance et la diversité entre les anneaux extrêmes, cette personne devra reconnaître qu'ils sont liés l'un à l'autre.

La course rapide que nous venons de faire à travers la psychologie des divers groupes sociaux suffira, je l'espère, à persuader que ce n'est ni une hérésie, ni un paradoxe d'affirmer que l'Etat moderne est la forme dernière et la plus parfaite à laquelle la foule des hommes primitifs a mis longtemps à parvenir (1).

1. Le lien que je trouve entre la *foule* et l'*Etat* et qui aura paru assurément inadmissible à bien des gens, me rappelle l'impression que j'ai ressentie en lisant un jour *l'Origine des Espèces* de Darwin. Au chapitre III de ce livre merveilleux, l'auteur affirme que l'abon-

PSYCHOLOGIE DES SECTES

La loi d'évolution, qui règne en souveraine dans le monde social comme ailleurs, explique cette analogie par les deux types extrêmes, qui de prime abord semblent n'avoir rien de commun. '

Assurément la distance qui les sépare aujourd'hui est immense ; mais leur origine est la même : on ne peut le nier.

Assurément les lois psychologiques qui les gouvernent sont essentiellement distinctes, mais il ne faut pas oublier que cette diversité va se marquant peu à peu, au fur et à mesure qu'on se dirige des agrégats hétérogènes et anonymes, tels que la foule, aux agrégats homogènes par excellence et non anonymes, comme la secte, la caste ou la classe.

dance du trèfle rouge en Angleterre, dans certains comtés, est proportionnelle au nombre des chats. Je l'avoue, cette affirmation produisit sur moi, dans les premiers moments, une grande surprise et me laissa légèrement incrédule : il me semblait fort difficile que le développement plus ou moins grand de cette plante dépendît de la présence dans le même lieu d'un nombre plus ou moins grand de ces animaux. Je n'arrivais pas à m'imaginer la relation qu'il pouvait y avoir entre ces deux faits ; je ne découvrais pas le lien qui unissait les deux phénomènes : en bref, je voyais les anneaux extrêmes de la chaîne ; je ne voyais pas les anneaux intermédiaires. Mais, en avançant dans ma lecture, mon étonnement disparaissait. La propagation du trèfle rouge est favorisée par une variété de bourdons qui transportent sa semence ; il y a une espèce de rats des champs qui est l'ennemie de ces bourdons et qui les détruit ; plus il y aura de ces rats de ces champs, moins il y aura de ces bourdons, et évidemment moins le trèfle rouge se trouvera répandu ; or les chats donnent la chasse aux rats des champs ; d'où il résulte que plus le nombre des chats sera grand, moins il y aura de ces rats des champs, plus il y aura de ces bourdons, et, dernière conséquence, plus il y aura de ce trèfle.

La difficulté consiste à découvrir le moment où ces lois changent, à fixer le stade où l'agrégat humain a progressé au point de ne plus permettre la comparaison avec le stade précédent.

Autrefois on ne connaissait que deux psychologies ; la psychologie individuelle et la psychologie sociale ou sociologie. Celle-ci, prise au sens spencérien du mot, n'était qu'une reproduction fidèle dans ses grandes lignes, mais immensément plus complexe et plus vaste, de celle-là. La psychologie individuelle étudie l'homme, la sociologie étudie le corps social, mais, suivant une loi formulée et démontrée par Herbert Spencer, les caractères de l'agrégat ne peuvent être déterminés que par les caractères des unités qui les composent : la structure donc et les frontières de l'organisme social sont analogues à celles de l'organisme humain : l'individualité sociale, dirait Espinas, est parallèle à l'individualité humaine, la sociologie n'est donc qu'une psychologie en grand, où se reflètent amplifiées et compliquées les lois principales des âmes individuelles ; elle est, suivant l'expression exacte de Tarde, le microscope solaire de la psychologie (1).

Récemment, un peu aussi grâce à une personne qu'il est inutile de nommer, on observa qu'entre ces deux psychologies parallèles qui étudiaient les pôles extrêmes de l'organisme social, la personne et la société, l'atome et le corps, il y avait une autre psychologie qui renversait le principe spencérien, On a en vérité observé que

1. G. TARDE, *La philosophie pénale*, 1890, p. 118.

ce principe est sujet à bien des exceptions, que souvent l'agrégat humain présente des caractères différents de ceux que présentent les unités qui le composent, et c'est alors que naquit la psychologie collective ou psychologie de la foule.

Il a paru qu'elle comblait une lacune, qu'elle a établi le trait d'union entre la psychologie individuelle et la sociologie. C'était, en partie, une illusion. Les lacunes sont encore nombreuses ; il faudrait encore bien des traits d'union. Entre la psychologie de la foule et la sociologie, il y a d'autres psychologies, celles de la secte, de la classe, de la caste, toutes nécessaires pour bien saisir le mouvement social qui aujourd'hui semble si terrible.

Ces diverses psychologies, justement parce qu'elles étudient les groupes sociaux qui oscillent entre la foule et la société, ont quelques caractères propres à la psychologie des foules et d'autres propres à la sociologie.

Décrire et définir ces psychologies, c'est donc jeter sur la toile des nuances pour obtenir des couleurs vives et opposées.

Nous tenterons dans les chapitres suivants ce travail difficile mais attrayant.

CHAPITRE II

PSYCHOLOGIE DE LA SECTE

I. — Une phrase d'Epictète. Les termes du problème pénal. L'individu et le milieu. L'altération du *moi* dans la société et dans la secte.

II. — La secte est le levain de toute foule. Exemples. Dangers et avantages des sectes.

III. — Ce que c'est que la secte, d'après Luigi Settembrini. Critique. La secte et le parti. Leurs différences et analogies.

IV. — Psychologie des chefs dans les groupes sociaux. Le *meneur* dans la foule et dans la secte. Raisons de son prestige. Caractères qui rendent une association forte et puissante : l'obéissance et le commandement. Une page de Gabriel Tarde.

V. — Uniformité psychologique des sectaires. La psychologie de la secte reproduit celle des sociétés primitives. Comparaisons et exemples empruntés aux œuvres de Taine et de Bagehot. La tactique des sectaires dans la politique, la science et l'art. Valeur et défauts de cette tactique.

VI. — Résumé. Le caractère novateur de la secte. Elle représente l'esprit de révolte à l'état latent et perpétuel.

I

Epictète disait que ce qui trouble les gens ce ne sont pas les choses, mais les idées qu'ils se font des choses.

Les *choses* en effet, pour employer les propres termes du philosophe grec, restent toujours les mêmes : ce sont les *idées* qui changent. Et elles changent à un point tel que pas un homme, et pourtant la vie des hommes est si brève !, ne peut mourir avec les idées où il est né et où il a vécu. Tout change et avec une rapidité extraordinaire. Dans la politique, comme dans la science, ce qui hier, était considéré comme un axiome devient aujourd'hui une erreur et la pensée humaine dans sa course vertigineuse peut bien être comparée à la mode, cette déesse volage pour qui tous les jours qui se suivent portent de nouvelles lois.

S'agit-il de la médecine ? Ce qui donnait la mort il y a cinquante ou même vingt-cinq ans rend aujourd'hui la santé et *vice versa*.

Et l'art, me direz-vous ! Ce qui était beau au commencement ou au milieu de ce siècle est tombé aujourd'hui dans le domaine du commun et du vulgaire.

Mais encore, direz-vous, les sciences naturelles depuis l'astronomie jusqu'à la biologie ? Les découvertes succèdent aux découvertes et le vieux *credo* scientifique est forcé de se transformer et va même jusqu'à faire vaciller le *credo* religieux qui, il y a peu de temps encore, demeurait inébranlable.

Il n'est pas jusqu'à la criminologie qui n'ait dû suivre le sort de toutes les idées ou, pour mieux dire, de tous les systèmes d'idées échafaudés par la fantaisie humaine.

Le crime, jusqu'ici, était resté une action strictement individuelle, peut-être l'action individuelle par dessus toutes les autres, et chez les criminalistes on avait perdu la notion du crime indivis, comme chez les théologiens on avait perdu la notion du péché collectif. Quand les attentats des conspirateurs ou les exploits d'une bande de brigands forçaient à reconnaître l'existence de crimes commis collectivement, les juristes se hâtaient de décomposer cette *nébuleuse* criminelle en délits individuels dont on soutenait qu'elle n'était que la résultante.

Aujourd'hui les termes du problème sont changés ; aujourd'hui la difficulté ne consiste pas à trouver des crimes collectifs, mais bien plutôt à découvrir des crimes qui ne le soient point, c'est-à-dire qui n'impliquent point la complicité du milieu (1). Qu'est-il advenu ?

Une chose fort simple, mais dont les effets portent en eux une révolution.

La croyance au libre arbitre une fois détruite, le pauvre cerveau humain, qu'on considérait comme un roi absolu, dont les décrets avaient un caractère spontané et intangible, a dû descendre au rang de roi constitutionnel, dont les décrets ne sont que le reflet nécessaire d'une foule de facteurs physiques moraux et intellectuels qui ne lui laissent qu'une miette de liberté.

1. Voir G. Tarde, *Foules et sectes au point de vue criminel*, dans la *Revue des Deux-Mondes*, 15 novembre 1893.

Aujourd'hui, on pourrait se demander s'il y a des crimes individuels, tout de même qu'on s'est consulté pour savoir s'il y a des œuvres de génie qui ne soient pas des œuvres collectives (1).

Sans doute, toute action humaine a une cause évidente, définie, précise : *une personne*. Mais parce que cette personne a agi matériellement, pouvons-nous dire qu'on peut retrouver en elle et en elle seule toutes les causes et toutes les conditions infinies qui ont produit cette action ?

L'individu, même quand il agit seul, n'est-il pas mû, à son et à notre insu, par une foule invisible et innombrable, celle de ses ancêtres, de ses compatriotes, de ceux qui l'ont élevé, dont les diverses influences combinées et imaginées dans son cerveau, se réveillent toutes ensemble en sursaut à certains moments, véritable multitude intérieure qui fourmille et fermente sous un crâne ? (2)

Enlevez à un malfaiteur au moment de son crime, ou à un inventeur à l'heure de sa découverte, tout ce qui appartient aux influences extérieures (éducation, instruction, atavisme, etc.) : que restera-t-il ? Bien peu de choses. Et une chose pourtant qui n'a pas besoin de s'isoler pour s'individualiser, le *moi*, ce petit pronom qui renferme un immense mystère, cette synthèse de notre organisme dont nous ignorons le mode de formation,

1. Sur la *Collaboration intellectuelle*, voir le premier chapitre de mon volume : *La Coppia criminale*, Turin, Bocca, 1897, 2e édit.

2. Voir la recension à la première édition de ma *Folla delinquente* dans la *Revue philosophique* de 1891, faite par M. TARDE et reproduite ensuite dans son volume : *Etudes pénales et sociales*.

tout en connaissant les parties dont elle se compose, cette formule psychologique que nul jusqu'ici n'a su résoudre, qui est invisible comme l'air, impalpable comme le feu et néanmoins puissante et éternelle comme la vie.

Des dizaines, des centaines de personnes auront pu voir tomber une pomme de l'arbre sous lequel elles étaient assises, ou observer les oscillations isochrones d'une lampe dans une église : mais seul le génie, le *moi* d'un Newton ou d'un Galilée pouvait trouver dans ces faits communs la révélation d'une grande loi physique.

Les conditions actuelles de la vie sociale suggèrent et offrent à des milliers, à des centaines de milliers de personnes le prétexte d'un crime, mais seule la nature criminelle, le *moi* d'un Ravachol, d'un Henry ou d'un Palla peut trouver dans ces conditions l'impulsion qui leur fera lancer une bombe ou tirer un coup de revolver.

Dans un sens, donc, toutes les actions sont collectives, et dans un autre sens elles sont individuelles : c'est qu'elles sont en réalité l'effet du choc entre deux forces, l'individu et le milieu, comme toute maladie est la conséquence de la rencontre d'un microbe et d'un terrain où le microbe a pu se développer.

Il y a entre le milieu et l'individu un rapport que j'appellerai d'osmose et d'endosmose ; parfois, c'est le premier qui influe sur le second ; parfois c'est le second qui influe sur le premier. Assurément, l'individu, le *moi* a besoin de se confondre avec le milieu pour avoir conscience de soi-même et pour se fortifier. Comme tout organisme animal, *il se nourrit de ce qui le transforme* (1).

1. Cette phrase de Tarde qui me semble une bonne définition de la

Cette altération du *moi* arrive dans les formes quotidiennes et paisibles de la vie sociale par un processus lent et capillaire d'infiltration. Je dirai que le milieu modifie l'individu suivant cette même loi de changement graduel inaperçu et imperceptible par lequel la nature le fait croître et se développer.

En regardant tous les jours un enfant, vous ne vous apercevez pas de sa croissance du jour au lendemain ; en étudiant tous les jours un homme, vous ne pouvez préciser les nouvelles directions que le milieu imprime à son esprit.

Mais laissez passer le temps ; et au bout de quelques mois ou de quelques années vous serez parfaitement à même de dire les changements physiques, moraux et intellectuels de cet enfant et de cet homme.

Si au lieu de considérer l'homme dans sa vie paisible de chaque jour, vous le considérez au sein d'une collectivité restreinte et plus intense que celle de la Société au sens large du mot, c'est-à-dire si vous le considérez comme membre d'une nation, d'une classe, d'une caste, d'une secte, d'un parti, d'une assemblée, d'une foule ; vous voyez que l'altération de son moi, sous l'influence

---

vie animale me suggère une analogie avec la vie intellectuelle. Rousseau disait à tort que l'homme doit être habitué au régime de la solitude dès son enfance. Le cerveau doit se sustenter de lectures pour donner ensuite, de lui-même, sa propre marque à tout ce qu'il a appris, transformer en un mot l'aliment en nourriture ; tout de même, l'homme doit vivre dans le monde, se nourrir de ce qui l'altère, sauf ensuite à s'isoler pour méditer sur ce qu'il a vu et éprouvé. La solitude — dit Tarde — est féconde seulement quand elle alterne avec une vie active et mouvementée, dont elle est la méditation.

du milieu qui l'entoure de si près, se produit non plus suivant un processus lent et capillaire d'infiltration mais bien suivant un processus qui augmente d'intensité peu à peu dans le temps et dans la façon d'être, jusqu'à pouvoir être comparé, dans le cas extrême de la foule, à une véritable inondation torrentielle qui, non seulement altère le *moi*, mais qui le supprime ou le change du tout au tout.

Alors pour étudier cet homme vous n'aurez plus assez des notions de la psychologie individuelle et de la sociologie, puisqu'une partie de ses actions est déterminée par l'influence de la psychologie collective, que cette collectivité soit une nation, une classe ou une secte, une foule ; pour comprendre son *moi*, pour délimiter sa part de responsabilité, vous devez alors étudier les *altérations* produites en lui par le milieu spécial où il a vécu ; si vous vous trouvez en présence d'un *criminel sectaire* vous ne pouvez vous contenter de prendre seulement sa personne en considération pour juger son crime ; mais vous devez considérer aussi sa secte, qui est le terrain où il a grandi ; le *bouillon* où s'est développé le microbe de son crime, bref le complexus des facteurs les plus immédiats qui ont altéré son *moi* et qui l'ont réduit à l'état où il se présente devant nous.

II

Nous entreprenons, avec d'autant plus de plaisir, l'étude de la psychologie de la secte, que c'est le complément nécessaire de l'étude de la psychologie de la foule.

La foule ne se comprend point sans la secte. On pourrait dire qu'une secte est le *noyau* et le *levain* de toute foule.

Il est rare, fort rare que les actions, bonnes ou mauvaises, accomplies par une foule n'aient eu pour point de départ et pour cause première (parfois fort lointaine et partant difficile à retrouver) l'idée d'une secte. Et s'il est vrai que souvent une foule mise en mouvement par un groupe d'exaltés le dépasse, l'absorbe et, devenue acéphale, semble n'avoir plus de guide ; il est vrai, comme l'a dit élégamment Tarde « qu'elle n'a plus de guide comme la pâte qui est levée n'a plus de levain »(1).

Dans les grandes foules historiques comme dans les petites foules qui se forment tous les jours, vous trouvez, en la recherchant, l'œuvre parfois évidente, parfois occulte des sectes, ou, sinon des sectes, de certaines corporations.

Les croisades sont dues aux ordres monastiques, les *septembrisades* aux Jacobins, l'expédition de Nielle a un petit nombre qui l'a fermement conçue et voulue.

« Un grand nombre de mouvements populaires, écrit Proal, qui semblent spontanés, ne sont en réalité que des coups montés, préparés ou au moins utilisés par les partis politiques. Les émeutes sont rarement des explosions subites de la colère populaire ; ce sont souvent des

1. Dans cet ordre d'idées, Tarde écrivait encore dans son article déjà cité : « Aux chefs d'une bande ou d'une émeute, donc, on peut demander compte toujours de l'astuce et de l'habileté dont elle a fait preuve dans l'exécution de ses massacres, de ses pillages, de ses incendies, mais non toujours de la violence et de l'étendue des maux causés par les contagions criminelles. Il faut faire honneur au général seul de ses plans de campagne, mais non de la bravoure de ses soldats. »

menées de chefs ambitieux. Le 20 juin fut préparé par les Girondins, qui voulaient s'imposer au roi comme ministres. Le 31'mai et le 2 juin furent conçus par Robespierre et par Danton » (1).

Quand vous voyez une foule faire tous ses efforts pour éteindre un incendie, l'activité intelligente qu'elle déploie est due au corps des pompiers qui l'enseigne et la dirige par l'exemple, cette suggestion muette si puissante.

Quand les ouvriers en grève ne se bornent pas à des violences absurdes, mais qu'ils détruisent des choses que, à leur point de vue, il est bon de détruire, par exemple, les instruments de travail de ceux qui n'ont pas voulu s'associer à la grève, cela veut dire qu'entre eux il y a un syndicat, une société ouvrière.

. Quand dans la rue il y a une manifestation, vous pouvez dire purement et simplement que les cris et les menaces sont dûs à l'influence d'un cercle politique ou d'une secte.

Et on pourrait multiplier les exemples à l'infini (2). Le danger (et dans certains cas aussi le succès) des sectes consiste justement dans leur puissance d'expansion ; réduites à leurs propres forces, elles ne feraient peut-être que peu de mal; mais il suffit d'un léger levain de perversité pour faire lever une pâte énorme de colère destructive et absurde.

Et c'est en ce sens et pour cette raison que la psychologie de la secte complète la psychologie de la foule.

1. L. Proal, *Le crime politique*, Paris, Alcan, 1895, p. 104.
2. Voir Tarde, art. cit.

Etudier la foule c'est juger un drame d'après ce qu'on voit sur la scène ; étudier la secte c'est le juger d'après ce qu'on voit dans les coulisses.

III

Luigi Settembrini dans le premier volume de ses *Ricordanze* écrivait ces mots : « Dans les pays libres il y a les partis qui sont publics et qui ont recours à des moyens non point toujours honnêtes mais ayant au moins l'apparence légale. Dans les pays esclaves il y a les sectes qui sont secrètes et qui sous l'influence de la colère ou de la corruption ne regardent pas trop à la qualité des moyens. Les sectes sont une nécessité de la servitude et cessent quand l'idée qui les a formées n'est plus secrète, n'appartient plus à quelques personnes seulement, mais quand elle est publique et générale et qu'elle doit se propager et se développer partout. Voulez-vous avoir un papillon : ayez d'abord la chrysalide (1) ».

Dans un sens étroit, l'affirmation de Settembrini pourrait ne pas être absolument vraie.

Même dans les pays libres il y a des sectes : à preuve la secte des anarchistes qui existe aujourd'hui en France et en Italie, pays libres pourtant.

Mais dans un sens large cette affirmation est très juste, puisque les sectes (qui se distinguent des partis presque uniquement par leur caractère secret) surgissent juste dans les pays où il n'y a pas de liberté pour l'idée ou les

1. LUIGI SETTEMBRINI, *Ricordanze della mia vita,* vol. I, p. 85-86. Naples, 1881, 5e éd.

idées qu'elles soutiennent. Et aujourd'hui même dans les pays libres, il n'y a pas de liberté pour la secte anarchique.

Et non seulement les anarchistes, mais les socialistes eux-mêmes sont, par rapport au gouvernement actuel, dans le même état sociologique où étaient les patriotes italiens — il y a un demi-siècle — par rapport aux gouvernements étrangers d'Italie.

On peut donc dire de leur parti que c'est une secte plutôt qu'un parti, justement parce qu'il doit en bien des cas agir en secret et parce qu'il supporte les persécutions et les répressions qu'on ne fait pas subir aux partis politiques dits constitutionnels.

Du reste au point de vue psychologique où nous nous plaçons pour étudier les sectes, il n'importe ; et il ne serait guère possible de les distinguer nettement des partis.

Nous l'avons déjà dit (1) et il nous plaît de le répéter : en psychologie et surtout dans la psychologie collective il n'y a pas de lignes de séparation bien tranchées ; et il serait dangereux de donner des définitions : les définitions — sauf les définitions géométriques — sont toujours inexactes (2).

La secte et le parti ne sont que deux phases subséquentes d'une idée ou d'un sentiment qui surgit.

Voilà l'unique différence que nous croyons pouvoir

1. Voir ci-dessus le chapitre I et ma polémique *Sull' intelligenzia e moralità della folla* avec Enrico Vassi, Gabriel Tarde, Silvio Venturi et Pio Viazzi dans la *Critica sociale* (novembre 1894).

2. La phrase est de C. Lombroso.

constater. La phase sectaire dure tant que l'idée ou le sentiment n'a pas reçu le baptême de la légitimité ; et souvent cette phase n'est pas dépassée et l'idée ou le sentiment s'éteignent avec elle : cela arrive quand l'idée était insensée, ou le sentiment anti-social, ou que les temps n'étaient pas encore mûrs.

La phase du parti suit quand, l'idée étant juste et le sentiment étant bon, l'une et l'autre peuvent vaincre le misonéisme du plus grand nombre et obtenir — pour ainsi dire — le droit de cité dans le monde moral et intellectuel.

Ce parti — après avoir été légitimé — devient avec le temps la majorité ; et à partir de ce moment qui marque le zénith de sa trajectoire, il commence peu à peu à redescendre insensiblement ; et autour de lui surgissent d'autres sectes qui deviendront des partis et qui, à leur tour, suivront à son dam la route qu'il a parcourue au dam des autres partis.

C'est une loi fatale : tout ce qui naît doit mourir, c'est-à-dire que tout subit la transformation de la mort qui nous apparaît comme une fin. Les organismes sociaux n'y sont pas moins soumis que les organismes physiques. Et pour eux vieillir c'est, comme pour les individus, retomber en enfance.

Le parti qui après avoir atteint la toute-puissance voit sa fin prochaine, redevient une secte, comme au temps où il faisait ses premiers pas. Il n'aura pas la violence, il n'aura pas l'audace qu'il avait alors, parce qu'il n'est plus jeune ; mais il remplacera ces dons par l'astuce, la fourberie et la force que lui donne le pouvoir qu'il tient en main, et il défendra le terrain conquis avec l'énergie qu'il mettait jadis à s'emparer du terrain d'autrui.

Cette trajectoire accomplie par les partis, tous les hommes et toutes les idées l'accomplissent. Dans la science même, quand une théorie ou une école en est arrivée à s'imposer, elle regarde d'un œil défiant ou railleur les nouvelles théories et les nouvelles écoles qui naissent et emploie tous les moyens pour les combattre. « Tout homme, écrit Enrico Ferri, qui a voué sa vie à la réalisation d'une réforme, d'un progrès quelconque, est naturellement l'esclave de ses idées, (et il n'y a que peu d'esprits privilégiés pour échapper à l'illusion de prendre le but qu'ils se proposent pour le terme dernier des améliorations humaines), et croyant avoir trouvé le *nec plus ultra*, de révolutionnaire qu'il était hier il n'est plus aujourd'hui que conservateur » (1). Tous donc et même les hommes de génie, arrivés au terme de leur vie, défendent par misonéisme les idées pour lesquelles ils ont lutté et n'admettent pas qu'on puisse les modifier tout de même qu'ils ont fait les anciennes idées. C'est dans ce sens que Spencer disait que tout progrès accompli est un obstacle aux progrès à venir ; et il est curieux que Bagehot (*Lois scientifiques du développement de la nation*, p. 66) fasse la même observation en termes presque identiques. « Dans le même temps, écrit-il, où un homme de science arrive à la supériorité dans une branche quelconque, il y devient un obstacle, parce qu'il conservera certainement des idées qui étaient en vogue

1. *Nuovi orizzonti*, 2e éd., p. 7.

durant sa jeunesse, mais que rejette la nouvelle génération. »

Taine a dit qu' « une révolution n'est que la naissance d'un grand sentiment » (1).

On pourrait définir de même les sectes, âme de toute révolution.

Elles en sont pour ainsi dire l'âme négative, ne pensant généralement qu'à détruire suivant la vérité biologique que « la destruction est le fondement de la construction » (2).

Mais dans le principe, cette œuvre négative est pourtant nécessaire.

Œuvre négative et de fous aux yeux de la plupart des hommes ; mais dans toute révolution on a besoin de fous et de sages ; comme dans toutes les grandes choses il faut de la hardiesse et de la prudence, « mais au début cependant il faut toujours des fous » (3).

On les appellera des criminels ou des martyrs, des apôtres ou des charlatans, suivant les temps et suivant les cas, comme on appellera défenseurs de l'ordre ou exploiteurs du peuple ceux qui étant arrivés n'entendent point céder à la nouvelle secte qui s'avance pour détruire la leur. Mais pour l'esprit impartial du savant les uns et les autres apparaîtront comme les représentants différents de deux moments — le premier et le dernier — de toute secte et de tout parti : c'est-à-dire qu'ils apparaîtront comme les reliefs ataviques de ceux qui luttent par la

1. H. TAINE, *L'idéalisme anglais*, p. 152.
2. J. MOLESCHOTT, *La circolazione della vita*, p. 40.
3. L. SETTEMBRINI, *op. cit.*, vol. I, p. 89.

ruse pour conserver ce qu'ils ont conquis ; et si la politique doit les diviser dans son jugement, la science les réunira et ne fera pour eux qu'une question de forme.

Parfois — mais le cas est rare — la secte conserve — même alors qu'elle est devenue parti et majorité — les systèmes d'action qui ont présidé à sa naissance et à son développement. Cela arrive dans les périodes révolutionnaires courtes et intenses, quand on prend le pouvoir d'assaut et en un moment, et la secte qui, hier, devait encore se défendre contre la majorité qui soutenait une opinion contraire, se trouve aujourd'hui maîtresse souveraine. Alors le temps manque et partant l'expérience, fille du temps, pour changer de méthodes, et on reste au gouvernement avec les idées et avec les systèmes qu'on avait dans la petite troupe de l'opposition

Voyez les Jacobins. Ils ne changèrent point de caractère pour avoir changé de condition et d'importance politique ; la violence fut toujours et partout leur ligne de conduite. Ils n'eurent le temps de vieillir ni comme hommes, ni comme parti et demeurèrent toujours jeunes ; ils furent toujours une secte, même quand toute la France se concentrait en eux et parlait par leur bouche.

Nous étudierons plus loin l'évolution de l'esprit sectaire passant de la violence au dol : pour le moment, bornons-nous à tracer ce qui constitue pour nous les lignes générales et fondamentales de la psychologie de toute secte.

IV

C'est une loi de nature que, quand un groupe d'hommes se trouve réuni, ces hommes se mettent par instinct sous l'autorité d'un d'entre eux.

Je vous dirais volontiers que c'est là une loi plus qu'humaine, une loi animale. Au fur et à mesure qu'on gravit l'échelle sociologique de même que les organes du corps individuel (1) les organes du corps social se spécialisent et on arrive à l'*organisation* qui renferme la signification et qui bien plus est synonyme de *subordination* (2).

Un groupe social relativement avancé a besoin d'un chef comme un corps animal relativement avancé a besoin d'un cerveau (3).

1. Le critérium de la perfection vitale accepté par les physiologistes anglais, en général, est le degré où en est arrivée dans tout individu la division du travail et la spécialisation des fonctions. Voir H. SPENCER, *Les premiers principes*, tr. CAZELLES, p. 359.

2. Voir ESPINAS, *Des sociétés animales*, Paris, Germer Baillière, 2e édition, 1878, p. 174. Page 185, du même volume, on lit : « Une société ne peut s'organiser que grâce à une direction d'une part et à une subordination de l'autre. » Page 227 : « L'individualité est le caractère dominant dans les derniers rangs du règne animal, l'individualité en quelque sorte absolue. Des êtres d'espèces multiples, et dont le nombre est prodigieux, vivent dans les eaux, sur la terre et sur les autres animaux à l'état d'isolement complet. Un grand nombre de foraminifères, dont les carapaces ont formé des continents, sont isolés physiologiquement. De tels êtres sont faibles, non seulement parce qu'ils sont petits, mais parce qu'ils sont seuls. Cependant, dès les premiers degrés de l'échelle de la vie, l'association apparaît. Elle se montre encore dès la première phase de la croissance individuelle chez tous les animaux supérieurs. »

(3) Plus la créature est imparfaite, disait Gœthe, plus les parties en sont égales ou semblables et plus elles forment un tout complet. Plus

« La vie de l'homme, écrivait Nordau, est une lutte qu'il est impossible de soutenir sans généraux. Tant qu'il s'agit de lutter d'homme à homme, la masse ne demande qu'un chef aux muscles puissants et habile à jouer des mains. Dans un état plus parfait où l'humanité toute entière lutte contre la nature, elle choisit pour mettre à sa tête l'homme le plus richement doué de cerveau et de ferme volonté » (1).

L'existence de ce chef (que les Français appellent *meneur* (2) dans tout groupe humain n'a donc pas besoin d'être démontrée ; c'est un corollaire spontané du phénomène de l'association.

Et comme tout ce qui provient de la nature intime des choses, elle se vérifie d'abord d'une façon inconsciente, par le consentement tacite de tous, et puis elle devient un fait constant et voulu.

Je m'explique. Les hommes primitifs, comme les animaux, n'élisaient pas leur chef et ne lui décernaient aucune fonction, aucun devoir, aucun droit spécial ; ils *subissaient* simplement, par la force de la suggestion, le

la créature est parfaite et plus les parties deviennent différentes entre elles. Plus les parties se ressemblent, moins elles sont subordonnées les unes aux autres. La subordination des parties indique une créature plus parfaite. » MAUDSLEY, *Corpo e mente*, traduction de A. COLLINA, 1872, p. 202.

1. MAX NORDAU, *Degenerazione*, Milan, 1894, vol. II, p. 427.

2. Le mot est de Tarde, qui croyait dire une chose nouvelle en affirmant que dans toute foule il y a, ouvertement ou secrètement, un instigateur, un *meneur*. Au contraire, la découverte (fort facile d'ailleurs) avait déjà été faite par d'autres. Voir à ce propos, *La folla delinquente.* Turin, Bocca, 1895, 2e éd., p. 133, n. 2.

prestige du meilleur (1) d'entre eux et son autorité naissait de la suggestion instinctive des autres. Puis peu à peu cette autorité inconsciemment subie, devint consciemment voulue, et arriva aux formes des élections et des plébiscites qui, s'ils sont sincères, ne sont autre chose que la manifestation consciente de la volonté générale.

Même aujourd'hui, dans les agrégats humains, si nous devons reconnaître qu'il y a toujours un chef, nous devons reconnaître aussi que ce chef tantôt est nommé par la volonté libre et consciente de ceux qui en ont le droit, et tantôt s'impose grâce à sa fascination suggestive.

En général, les groupes sociaux *stables* et *légitimes* (ceux que Tarde appellerait des corporations) ont un chef nommé consciemment ou accepté en connaissance de cause : tout bureau a son directeur, tout couvent son supérieur, tout régiment son colonel, toute assemblée son président, toute cour son roi.

Les groupes sociaux, au contraire, ou *instables* ou *illégitimes* ont un chef qui naît, dirai-je, par génération spontanée et auquel les membres du groupe se soumettent inconsciemment : tout salon a son coryphée qui mène la conversation, tout parti politique a son *leader*, toute école scientifique ou artistique, son savant ou son artiste qu'on traite de maître ; toute secte, son homme

---

1. *Meilleur* doit s'entendre, non dans un sens absolu et par rapport à la morale abstraite, mais dans un sens relatif et par rapport aux conditions actuelles et réelles. Voir VACCARO, *Generi e funzioni delle legge penali*, et CIMBALI, *Il diritto del più forte*.

dont les sectaires attendent la parole comme les disciples l'attendaient de Jésus.

S'il était possible de fixer en quelques mots la différence entre les chefs des divers groupes sociaux, je dirais que dans les groupes *légitimes* et *stables* le chef est toujours *consciemment voulu* et *visible*, — dans les groupes *illégitimes* ou *instables* il est *visible* mais fonde son autorité sur la *suggestion inconsciente* de la majorité, — enfin dans les *foules* qui sont les groupes les plus transitoires et les plus éphémères, non seulement l'autorité du chef se fonde sur la *suggestion inconsciente*, mais le *meneur* est souvent caché, *invisible*.

Et, phénomène qui dès l'abord paraîtra étrange, le prestige de ce chef est généralement en raison inverse de la légitimité et de la conscience qui ont présidé à son élection. Un chef de bureau ou un président d'assemblée a, sur ses employés ou sur les membres qu'il préside, une autorité inférieure à celle d'un chef de secte sur ses affiliés ou à celle d'un *leader* sur les membres de son parti, et ce chef de secte et ce *leader* ont à leur tour un pouvoir de beaucoup inférieur à celui qu'exerce sur la multitude l'individu obscur et inconnu qui, en certaines occasions, par une phrase ou un geste, devient le despote éventuel et instantané de toute une foule.

Les raisons qui expliquent ce phénomène sont de deux sortes : des raisons *personnelles* et des raisons *collectives*. C'est-à-dire qu'elles proviennent des facultés intrinsèques du chef, du *meneur*, ou des facultés intrinsèques du groupe humain sur lequel ce chef agit.

Evidemment l'autorité et le prestige d'une personne

sur les individus qui l'entourent seront en rapport direct avec l'enthousiasme et avec la foi active que cette personne met au service des idées qu'elle veut répandre ou du but qu'elle veut atteindre.

Eh bien ! croyez-vous que, en général, cet enthousiasme et cette foi active soient supérieurs chez le chef d'un groupe social stable et légitime ou chez le *meneur* d'un groupe instable et illégitime ? Croyez-vous que le président d'une assemblée ou de toute autre association légitime ait plus de pouvoir qu'un chef de secte pour entraîner les masses ?

La réponse ne peut être douteuse.

Le *meneur* d'une foule ou d'une secte est avant tout un *mené*. Il a été, à son tour, hypnotisé par l'idée dont il s'est ensuite fait l'apôtre. Et cette idée l'a envahi à un tel degré que tout disparaît ou s'obscurcit en dehors d'elle, et que toute opinion contraire à la sienne lui semble une erreur ou une superstition. Tel fut, par exemple, Robespierre, hypnotisé par les idées philosophiques de Rousseau et qui, pour les propager, employait les méthodes de l'inquisition (1).

Les meneurs en outre ne sont pas d'habitude des hommes de pensée, mais bien des hommes d'action. Leur intelligence n'est ni vaste ni limpide. Qui voit bien et beaucoup dans le domaine de l'intelligence est généralement conduit à la tolérance, au doute, à l'inaction. Les meneurs, au contraire, sont intolérants, décidés et actifs. Et une idée, un but, une théorie leur sont-ils entrés dans l'esprit, on ne peut être certain qu'ils y domi-

1. Voir G. Le Bon, *op. cit.*, p. 106.

neront souverainement. Ils n'y trouveront en effet aucun
obstacle, parce que leur cerveau est quasiment vide, et
ils l'occuperont entièrement parce que leur cerveau est
étroit. Alors les meneurs « ne s'appartiennent plus : ils
sont maltraités par elle [l'idée générale] ; elle agit en
eux et par eux ; au sens propre du mot l'homme est
monstrueux, une pensée étrangère et disproportionnée
vit en lui,s'y développe et y engendre les volontés mal-
faisantes dont elle est grosse » (1).

La suggestion dont le meneur est victime devient
donc dès lors une force active, devient sa passion, sa
vocation.

« Qu'est-ce donc qu'une vocation, écrivait Ribot, sinon
une attention qui trouve sa voie et s'oriente pour toute
la vie » (2) ?

Cette attention arrive, chez le meneur, à son point
extrême, à son dernier degré, qui est l'idée fixe (3).

Ni le mépris, ni les persécutions ne le touchent ; elles
ne font, au contraire, que l'exciter. L'intérêt personnel,
la famille, il sacrifie tout ; il n'est pas jusqu'à l'instinct
de la conservation qui ne soit annulé chez lui, parce

1. H. TAINE, *Les origines de la France contemporaine.* — *La
Révolution*, tome III, *Le gouvernement révolutionnaire*, p. 70,
14e édit., Paris, 1892.
2. RIBOT, *Psychologie de l'attention*, Paris, Alcan, 1889, p. 15.
Ailleurs Ribot disait d'une façon analogue : « Les grandes attentions
sont toujours causées et soutenues par de grandes passions. »
3.Voir BUCCOLA, *La legge del tempo nei fenomeni del pensiero.*
— Ribot disait que « l'idée fixe est la forme chronique de l'hypertro-
phie de l'attention et que l'extase en est la forme aiguë », *op. cit.*,
p. 138. — Esquirol disait que « l'idée fixe est la catalepsie de l'intelligence ».

que la seule récompense qu'il demande souvent c'est de devenir un martyr.

« Celui qui soutient une idée puissante, écrit Nordau, est un apôtre incomparable. Aucune conviction acquise au prix d'un travail sain de l'intelligence n'est capable de s'emparer aussi pleinement de l'âme ; d'assujettir aussi tyranniquement toute l'activité, de l'exciter aussi invinciblement à parler et à agir, que le délire. Un fou, un demi-fou qui délire ne veut point reconnaître les preuves de la folie de ses idées ; il n'a cure ni des contradictions, ni des moqueries, l'opinion de la majorité lui est indifférente ; les faits qui ne lui agréent point, il ne les juge même point dignes d'un regard, ou il les interprétera d'une façon qui lui donnera manifestement raison ; il ne redoute point les obstacles parce que le sentiment même de sa propre conservation n'est pas capable de lutter contre la puissance de son idée fixe et pour cette raison, il est disposé bien souvent à donner son sang sans hésiter (1) ».

Créer la foi, qu'il s'agisse de foi religieuse, politique ou sociale, qu'il s'agisse de foi dans une œuvre, dans une idée, dans un homme, voilà surtout la part des grands agitateurs — qui sont toujours des êtres exceptionnels sinon des fous — et voilà pourquoi leur influence est immense. De toutes les forces dont l'humanité dispose, la foi a toujours été la plus grande et c'est avec raison que l'Evangile lui attribuait le pouvoir de transporter les montagnes. Donner la foi à un homme, c'est centupler ses forces (2).

1. Max Nordau, *Degenerazione*, vol. I, p. 61.
2. G. Le Bon, *op. cit.*, p. 107.

Mais pour communiquer la foi il faut l'avoir. Les apôtres qui ont soulevé l'âme des foules, Pierre l'Ermite,
Luther, Savonarole, les héros de la Révolution française, Garibaldi, Mazzini n'ont exercé une fascination
qu'après avoir subi eux-mêmes la fascination d'une idée.
C'est alors seulement, qu'ils ont pu créer la foi, cette
puissance formidable qui asservit l'homme à son rêve.
Eh bien ! ce sentiment de la foi qui se communique par
suggestion, c'est le patrimoine exclusif des *meneurs*,
c'est-à-dire des chefs qui surgissent par *génération spontanée* grâce à leur prestige — don de la nature.

Les chefs légitimes des groupes sociaux stables ne
l'ont pas généralement. Ils dirigent et commandent
parce qu'ils ont été nommés ou élus au poste qu'ils occupent; mais ils ne sont pas animés, il ne sont pas *possédés* par un *démon* intérieur qui serait la raison de leur
autorité et le secret de leur force. On les suit, on leur
obéit par habitude, par peur, par sentiment du devoir
ou par persuasion. Ils ont en somme autour d'eux un
peuple qui répond et qui s'adapte consciemment à leur
volonté, ils n'ont pas autour d'eux un peuple hypnotisé
qui se jette aveuglement et tête baissée où le meneur le
veut jeter (1).

1. Pour preuve de cette assertion — qui aussi bien me semble évidente par elle-même, — il suffit de faire remarquer que dans l'histoire, les grands fascinateurs qui entraînèrent les foules sur leurs pas,
furent, en grande partie, des chefs *non légitimes*, c'est-à-dire des
personnes qui n'eurent pas le pouvoir par hérédité ou par procuration
légale, mais qui surent se le conquérir par leur énergie personnelle.
Les exceptions — car il y en a indubitablement — à cette règle ne
font que la confirmer. Pour prendre un exemple chez nous, Victor-
Emmanuel, roi légitime, fascinait la multitude, et on pouvait, psycho-

Et cela non seulement par une raison intrinsèque et *personnelle*, mais aussi par une raison collective.

Le milieu sur lequel agit le meneur est bien différent de celui sur lequel agit, en général, le chef d'une association légitime.

Les membres d'une association légitime sont souvent *dispersés* ; les membres d'une secte ou d'une foules ont presque toujours *réunis* ; et il est inutile que je reproduise ici les preuves mises en avant ailleurs pour démontrer que la suggestion est plus rapide et plus intense sur les individus réunis par un contact immédiat que sur les individus dispersés ou éloignés (1).

En second lieu, les membres d'une association stable et légitime sont plus cultivés, et surtout plus calmes, plus posés, plus réfléchis que les membres d'une secte ou d'une foule. La fascination personnelle a donc moins de prise sur eux ; chez eux les centres d'inhibition sont plus actifs ; la raison guide et réfrène le sentiment et l'adhésion immédiate et complète à un homme est rare et difficile, ainsi que l'enthousiasme pour une phrase, le fanatisme pour une idée.

En troisième lieu, le chef d'une association ou d'une corporation n'agit que sur ceux qui font partie de ces groupes, et il sait plus ou moins qui ils sont. Le chef de

logiquement, le définir un meneur ; mais son prestige venait d'une foi, d'un enthousiasme, d'un idéal, qui étaient étrangers à sa qualité de roi et qui justement, pour cette raison, le faisaient aimer du peuple comme un père, comme un héros. Bref, sa popularité et sa gloire dépendaient du fait qu'il était quelque chose de plus et de mieux que ce que sont les rois d'ordinaire.

1. Voir *La foule criminelle*, Paris, 1892, Alcan.

secte, au contraire, ou le meneur d'une foule agit sur un public beaucoup plus vaste et plus indéterminé, il attire à lui les disciples en puissance qui sont épars çà et là ; il réunit et crée, en un mot, son peuple, et le crée en attirant à lui tous les faibles, tous les impressionnables, tous ceux — et ils sont légion — qui errent par le monde comme des papillons à la recherche d'une lumière autour de laquelle ils puissent voler et qui parfois les brûle.

Il y a donc deux ordres de facteurs qui expliquent pourquoi un *meneur* a sur ceux qui l'entourent une influence supérieure à celle du chef légitime d'une association ou d'une corporation : d'abord sa foi énergique et active ; et Mazzini disait que « la véritable énergie est un magnétisme sur la foule » (1) ; en second lieu, la faiblesse de volonté de ceux qui composent le milieu sur lequel il agit.

Ce sont là, d'ailleurs, énergie d'un côté et faiblesse de l'autre, les facteurs de toutes les associations et plus ils sont exagérés et, pour ainsi dire, exaspérés, plus le noyau humain formé est solide, uniforme et puissant.

L'idéal de toute association c'est l'unisson, c'est-à-dire la formation d'un seul corps et d'une seule âme, pour employer la phrase classique, avec deux ou plusieurs corps, deux ou plusieurs âmes.

Eh bien ! l'unisson ne s'acquiert que par la domination d'une partie et la subordination de l'autre. Regardez toutes les formes d'associations — depuis celle à

1. Ecrits de G. MAZZINI, vol. I, p. 62. Lettera di un italiano a Carlo Alberto di Savoja.

deux jusqu'à celle à cent ou mille, depuis les formes normales jusqu'aux formes pathologiques — dans l'amour, dans le suicide, dans la folie, dans la criminalité — le phénomène est toujours identique.

Dans l'union de deux amants il y en a toujours un qui *dépend* psychologiquement de l'autre. C'est une observation vulgaire que deux personnes sympathisent quand elles se ressemblent beaucoup par quelques-uns des traits fondamentaux du caractère tout en ayant des qualités et des défauts différents. Deux caractères de même trempe ne pourraient s'unir — ils se briseraient. Pour que deux roues d'engrenage tournent ensemble régulièrement, il faut que la dent de l'une donne dans le creux de l'autre ; « pour donner naissance à une passion ou même à une sympathie, il convient, dit Schopenhauer (1) qu'il se produise un phénomène que l'on ne peut exprimer que par une métaphore empruntée à la chimie : les deux individualités doivent se neutraliser réciproquement comme un acide et une base se combinent pour former un sel neutre. Et le bon sens a senti cette vérité en créant le proverbe : les contraires s'aiment. Ils s'aiment parce que — je le crois — l'amour n'est au fond que *le désir de se compléter* physiologiquement et psychologiquement, et deux individus se complètent justement quand l'un a ce qui manque à l'autre. Cela posé, et en admettant que les contraires s'aiment, il en résulte évidemment que l'un doit conserver un certain empire moral sur l'autre. Si en effet quelques côtés du tempéra-

1. Schopenhauer. *Il mondo come volontà e come rappresentazione*, livre III, p. 298, éd. ital. Dumolard, 1888.

ment, de l'esprit et du cœur sont différents, les fonctions psychiques et intellectuelles seront nécessairement diverses, qu'ils accompliront tous les deux en visant pourtant à une fin identique ; l'un aura la volonté, l'autre l'exécution ; l'un sera la tête, l'autre le bras (1).

Dans le *suicide à deux* nous assistons au même fait : nous avons l'individu plus intelligent qui exerce son influence sur l'autre pour le décider à mourir, une volonté bien déterminée qui subjugue une volonté plus faible, une main qui exécute, pendant que la pensée commande (2).

Dans la *folie à deux* le phénomène ne change point. Legrain écrit : « C'est dans la prédisposition à délivrer d'une part, et dans la faiblesse intellectuelle qui l'accompagne d'autre part, qu'il faut chercher la véritable explication de la folie à deux (3).

De même dans le *crime à deux* c'est le criminel-né qui s'impose et hypnotise le complice (4).

Elevez-vous maintenant de ces cas simples aux cas complexes : passez du suicide à deux, de la folie à deux,

1. Voir à ce propos, J. RAMBOSSON, *Phénomènes nerveux, intellectuels et moraux, leur transmission par contagion*, Paris, Firmin-Didot, 1883.

2. Voir mon étude : *L'evoluzione del suicidio all' omicidio nei drammi d'amore*, Turin, Bocca, 1891.

3. LEGRAIN, *Du délire chez les dégénérés*, Paris, 1896, p. 173.

4. Je n'apporte pas de preuves pour soutenir les idées que j'avance, parce que j'ai donné assez de ces preuves dans mon volume : *Le crime à deux* et que j'en ai donné encore plus dans la deuxième édition italienne de la *Coppia criminale*, Turin, Bocca, 1897, j'y renvoie le lecteur.

du crime à deux, aux suicides, aux folies épidémiques, aux associations de malfaiteurs ; passez de la suggestion exercée par un maître sur son élève, à celle d'un chef de secte sur ses affiliés, vous retrouverez toujours — sur une plus grande échelle — la loi identique ; c'est-à-dire que dans toute association vous retrouverez deux forces, l'une active et l'autre passive (1).

Et ici je me permets de rapporter une page de Gabriel Tarde qui servira à illustrer mon idée et qui lui donne d'ailleurs son approbation pleine d'autorité : « Une idée se fait toujours ses hommes comme un ovule fécondé se fait son corps. Elle enfonce, elle étend peu à peu ses racines dans le terrain qui lui a été préparé. Du premier qui l'a conçue, elle passe, par impressionabilité imitative, dans un seul catéchumène d'abord, puis dans deux, dans trois, dans dix, dans cent, dans mille.

La première phase de cette embryogénie est l'association à deux : c'est là le fait élémentaire qu'il convient de bien étudier, car toutes les phases suivantes n'en sont que la répétition. M. Sighele a consacré un volume (2) à démontrer que, dans toute association à deux, conjugale, amoureuse, amicale, criminelle, il y a tou-

1. NORDAU écrit (*op. cit.*, vol. I, p. 60) : « La base commune, organique de toutes les formes différentes d'association, folie à deux, association entre gens nerveux, fondation d'écoles esthétiques, formation de sectes, est déterminée dans la partie active — c'est-à-dire quant aux chefs et aux initiateurs — par la prédominance des idées fortes ; et, dans la partie passive, c'est-à-dire quant aux adhérents, aux jeunes, par la faiblesse de volonté et une sensibilité excessivement facile à suggestionner.

2. *Le crime à deux*, Lyon, Storck, 1893.

jours un associé qui suggestionne l'autre et le frappe à son empreinte. Et il est bon que cette démonstration ait été faite, si superflue qu'elle puisse paraître. Cela est très certain : gare au ménage où il n'y a ni meneur ni mené ; le divorce n'y est pas loin. Dans tous les couples, quels qu'ils soient, se retrouve plus ou moins apparente ou effacée, la distinction du *suggestionneur* et du *suggestionné*. Mais à mesure que l'association s'accroît par l'adjonction de néophytes successifs, cette distinction ne cesse pas de se produire : ce pluriel, au fond, n'est jamais qu'un grand duel, et, si nombreuse que soit une corporation ou une foule, elle est une sorte de couple aussi, où tantôt chacun est suggestionné par l'ensemble de tous les autres — suggestionneur collectif y compris le meneur dominant — tantôt le groupe entier par celui-ci » (1).

V

Résumons-nous.

Nous avons dit que dans toute association il doit y avoir et il y a quelqu'un qui commande et quelqu'un qui obéit ; nous avons ajouté qu'une association quelconque est d'autant plus forte que le commandement est plus énergique et l'obéissance plus aveugle ; nous avons démontré que, pour des raisons personnelles et collectives dans des groupes instables et illégitimes — une foule, une secte par exemple — le commandement est

1. G. Tarde, *Essais et mélanges sociologiques*, Lyon, Storck, 1895, p. 46.

plus énergique et l'obéissance plus aveugle que dans un
groupe stable et légitime quelconque.

Nous pouvons donc affirmer que la foule et la secte
sont les associations humaines les plus fortes dans ce
sens que l'uniformité et l'unisson sont pour elles la règle, et qu'elles ne connaissent point la *discussion*, qualité des esprits indépendants, et la *rébellion*, conséquence
qu'en tirent les agités.

Il est inutile d'employer beaucoup de mots pour démontrer la vérité de ce que nous venons de dire. « Une
foule ou une secte — disait Tarde — n'a pas d'autre
idée que celle qu'on lui suggère » (1).

La foule est une proie facile pour qui sait s'en rendre
maître : qu'on crie vive ou à bas ! — qu'on hurle : allons
tuer Titius, l'ennemi du peuple, ou : allons sauver Caïus,
l'ami des pauvres — qu'on veuille un crime ou un acte
d'héroïsme — la foule fera ceci ou cela, suivant le moment, suivant sa prédisposition ; mais elle agira toute
d'un seul coup, d'un de ces élans passionnels qui font
ressembler sa psychologie à l'éclat d'une trainée de poudre dont on aurait allumé la mèche. — Il n'y a pas de
contradiction ; il n'y a pas de discorde possible ; s'il y
en a, on l'annihile ; et les mille bouches ne font entendre
qu'un seul hurlement, et les mille corps n'ont qu'une
seule âme : l'âme de la foule. Cet unisson psychologique constitue la force invincible de la foule, et donne à
ses actes l'horreur tragique de l'irréparable.

Dans la secte c'est le phénomène identique qui se pro-

1. Art. cit.

duit avec cette seule différence : les actes s'accomplissent avec plus de conscience.

Dans la secte en effet les mots *discussion* et *rébellion* sont inconnus, les affiliés attendent pour agir un signal de leur chef, l'individu qui fait partie d'une multitude agit d'après le cri de celui qui l'a suggestionné, et qu'ils soient en petit ou en grand nombre, qu'ils soient près ou loin, les sectaires ont une seule âme, l'âme de la secte.

Par la suggestion inconsciente dans la foule, par la suggestion inconsciente dans la secte, nous voyons ressusciter ou pour mieux dire, continuer à vivre le principe de fer où étaient moulés les sociétés antiques.

La secte veut ses hommes dociles et obéissants, comme les soldats dans une armée, ou les moines dans un couvent : elle veut des *unités égales*, dirigées par un chef unique, et non des *organismes indépendants* pouvant marcher d'eux-mêmes. Elle réalise *dynamiquement* dans le temps l'uniformité que la foule obtient *statiquement* pour un seul et court instant ; tous les sectaires tendent à réaliser leur idéal avec la précision et l'ensemble de machines humaines, comme tous les membres d'une foule crient et agissent à la façon d'automates mis en mouvement par le cri ou l'acte imprévu d'un d'entre eux. « Pendant la période historique qui a précédé la nôtre et notamment dans les vieilles cités grecques ou latines, à Rome et à Sparte que les Jacobins prennent pour modèles, la société humaine était taillée sur le patron d'une armée ou d'un couvent. Dans un couvent comme dans une armée règne une idée absorbante

et unique : à tout prix, le moine veut plaire à Dieu ; à
tout prix le soldat veut remporter la victoire ; c'est pourquoi ils renoncent à leurs autres volontés et se soumettent tout entiers, le moine à la règle, et le soldat à la
discipline.

Pareillement dans le monde antique deux préoccupa-
tions étaient souveraines. En premier lieu la cité avait
ses dieux fondateurs et protecteurs : à ce titre elle leur
rendait un culte minutieux et assidu : sinon ils l'aban-
donnaient. En second lieu la guerre était incessante, et
le droit de la guerre, atroce : si la cité était prise, chaque particulier pouvait s'attendre à être tué, mutilé,
vendu à l'encan, à voir vendre au plus offrant ses enfants
et sa femme... En de pareilles conditions, il n'y a pas de
place pour la liberté : les croyances publiques sont trop
impérieuses, les dangers publics sont trop grands. Sous
leur pression et leur obsession, l'individu abdique au
profit de la communauté ; celle-ci prend tout l'homme
parce que pour subsister, elle a besoin de tout l'homme.
Désormais nul ne peut se développer à part et pour soi ;
nul ne peut agir ni penser que dans un cadre fixe. Un
type a été tracé, sinon par la logique. du moins par la
tradition ; chaque vie et chaque portion de chaque vie
doivent s'y conformer... Au fond non seulement en Grèce
et à Rome, mais en Égypte, en Chine, dans l'Inde, en
Perse, en Judée, au Mexique, au Pérou. dans toutes les
civilisations de première pousse, le principe des sociétés
humaines est encore celui des sociétés animales ; l'individu appartient à sa communauté comme l'abeille à sa
ruche, comme la fourmi à sa fourmilière : il n'est qu'un

organc dans un organisme. Tout au rebours dans le monde moderne, ce qui jadis était la règle est devenu l'exception et le système antique ne survit qu'en des associations temporaires comme une armée, ou en des associations partielles comme un couvent. Par degrés l'individu s'est dégagé, et de siècle en siècle il a élargi son domaine, c'est que les deux chaînes qui l'assujettissaient à la communauté se sont rompues et allégées » (1).

Et j'ajouterai que le système antique survit également dans quelques associations temporaires et spontanées, comme une secte. Et même la secte veut *tout l'homme ;* elle veut son obéissance au but suprême et unique pour lequel elle est née ; elle veut qu'il soit un instrument aveugle et fidèle, elle veut qu'il soit entre ses mains *perinde ac cadaver*, suivant la phrase célèbre de la secte qui a eu le plus de puissance et de durée, la secte jésuite.

Que firent les Jacobins — cette autre secte puissante, mais de si courte durée — si ce n'est que faire refleurir le système autoritaire des antiques cités grecques et latines ? Qu'est-ce que leur conception sociale sinon la construction logique d'un type humain unique et identique, qui doit se sacrifier tout entier à la communauté, à l'Etat?

Il n'y a assurément point de construction sociale plus rétrograde ; mais il n'y en a point assurément non plus de plus forte.

Ce qu'on perd en élasticité et en indépendance on le regagne en cohésion et en solidité, et les combats — non

1. H. TAINE, *Les origines de la France contemporaine,* tome III, 121, 122, 123, *passim*.

pour le progrès éloigné mais pour l'utilité immédiate —
sont gagnés par la concorde de tous ceux qui visent un
but quelconque et un seul, mieux que par l'initiative
individuelle à qui on laisse choisir et poursuivre des
buts plus élevés et des idées plus nobles.

Le fait que dans les premiers stades de l'humanité,
comme dans les agrégats animaux, l'association entre
les organismes se manifeste sous la forme de la soumission absolue des parties qui sont formées par elles, nous
semble aujourd'hui — à nous qui avons progressive-
ment évolué — chose cruelle et absurde ; mais c'était
alors une nécessité inéluctable.

« Obtenir des hommes une aveugle obéissance, voilà,
écrit Bagehot (1), le problème le plus important. A quoi
emploierez-vous cette obéissance ? c'est là une question
d'importance secondaire qu'il n'est pas urgent de résoudre sur-le-champ ».

Une loi rigide, précise, concise, voilà le premier
besoin du genre humain ; voilà ce qui lui est avant et
par-dessus tout nécessaire pour former un noyau d'habitudes, de coutumes, d'idées. Tous les actes de la vie
doivent être soumis à une règle unique, en vue d'un but
unique. Si ce régime interdit la liberté de penser ce
n'est pas un mal ; ou plutôt, bien que ce soit un mal,
c'est la base indispensable d'un grand bien : c'est ce qui
forme le substratum de la civilisation et ce qui devient
la fibre encore tendre de l'homme primitif.

Les siècles de monotonie, d'égalité, de servitude ont

---

1. W. BAGEHOT, *Lois scientifiques du développement des nations*,
5° éd., Paris, Alcan, 1885.

eu leur utilité : ils ont formé l'homme pour les siècles
où il devait être libre, indépendant et original.

Cette nécessité historique qui s'est développée dans le
temps et que Bagehot a magistralement décrite (1),
nous la voyons encore aujourd'hui en pleine action.

Aujourd'hui encore dans la guerre, qui malgré ses
transformations est encore le résidu atavique de l'époque
primitive le plus grand et le plus naturel, nous conservons la tactique ancienne, c'est-à-dire l'obéissance aveugle de tous à un seul, pour atteindre au but unique et
suprême : la victoire. Nous sentons et nous savons que
si la discipline n'était pas de fer, que si le commandement n'était pas absolu comme l'obéissance, le but ne
serait pas atteint. Dans cet ordre d'idées, il est remarquable que tout le monde reconnaît la nécessité, pour
l'heureuse issue d'une guerre, d'un chef unique. Une
pluralité d'esprits délibérant ne peut que porter préjudice, justement parce que l'unisson disparaît, et que
l'uniformité nécessaire à un agrégat d'hommes, qui doivent concorder comme un seul homme pour tâcher à
atteindre un but donné, s'évanouit.

1. Voir *op. cit.*, l. I, *passim*. — J'ai repris, avec quelques phrases
de Bagehot lui-même, ses idées sur le sujet dont je m'occupe ; et il me
plaît de remarquer que ce volume de Bagehot est une vraie source, où
beaucoup d'auteurs illustres ont puisé. Ainsi Taine s'est assurément
inspiré de lui en écrivant quelques-uns de ses chapitres sur la psychologie des Jacobins (voir le IIIᵉ vol. de sa *Révolution*) ; de même
Tarde lui doit le noyau de sa théorie sociologique de l'imitation. Et —
chose étrange ! — Bagehot est rarement cité. Ecrivain synthétique et
suggestif, il peut être regardé comme un des facteurs de la sociologie
moderne, comme Despine — aussi peu cité — peut passer pour un
des facteurs de l'école d'anthropologie criminelle.

Macaulay disait avec raison que souvent une armée a été heureuse sous les ordres d'un capitaine incapable, mais que jamais une armée n'a remporté la victoire sous la direction d'une assemblée délibérante : ce monstre à mille têtes produit toujours des effets désastreux.

Et non seulement dans la guerre, forme barbare de la lutte, mais aussi dans ce qu'il y a de plus civilisé, je veux dire dans la lutte intellectuelle, c'est la tactique ancienne qui revit aujourd'hui.

Aujourd'hui en effet pour faire triompher des idées qui font leurs premiers pas dans le monde il faut de toute nécessité recourir à l'organisation rétrograde des hommes primitifs : c'est-à-dire qu'il est nécessaire que les hommes obéissent aveuglément, qu'ils se fassent les esclaves du but qu'ils se proposent.

Quelle que soit la nouvelle idée qui s'élève, artistique, scientifique, religieuse, politique, il faut, dès l'abord, des adhérents qui *servent* et qui ne *discutent* point le drapeau sous lequel ils se sont enrôlés ; il faut une soumission absolue et une uniformité absolue aussi. C'est à cette seule condition qu'on peut espérer faire brèche et réussir.

Un tel phénomène est trop évident même pour le plus myope des observateurs pour qu'il soit utile de l'illustrer. Pour n'en prendre qu'un exemple dans notre champ d'études, et je dirais bien mieux, dans notre champ d'études personnel, je sais qu'un jeune homme qui est attiré par un nouveau courant scientifique, commence par accueillir, soutenir, défendre, *sans distinction toutes* les idées de celui ou de ceux qui l'ont suggestionné : en véritable disciple, il jure *in verba magistri*.

C'est la psychologie du néophyte, et elle ne pourrait être différente, puisque c'est la même exagération et c'est le même absolutisme que révèlent sa conviction, sa passion, et qui lui donnent l'énergie de travailler, de produire, en un mot de pousser de l'avant et de faire à son tour des disciples. Peu à peu, quand la théorie nouvelle va gagnant du terrain et quand le néophyte s'élève du rang de simple soldat à un grade plus élevé, il comprend qu'il peut se donner le luxe de se débarrasser en partie des idées du maître ou des maîtres et d'en soutenir quelques-unes pour son propre compte.

La période de l'indépendance scientifique suit celle de l'obéissance inerte ; mais elle ne peut y échapper, elle ne peut sauter par dessus, de même que dans la nature le fruit ne peut exister sans la fleur.

Bagehot disait que les siècles de monotonie, d'égalité et d'esclavage ont produit les siècles d'originalité, d'inégalité et de liberté, nous pouvons dire de même que la phase de toute doctrine dont les adeptes soutiennent tous avec un égal enthousiasme les idées identiques produit ensuite la phase, plus glorieuse, mais non plus utile où tous les individus s'élèvent personnellement et acquièrent une personnalité propre.

C'est la loi éternelle du progrès, par laquelle on arrive de l'homogène à l'hétérogène, par laquelle les divers organes spécifiques émergent peu à peu de la masse uniforme de matière organique.

Il en est pour la politique, pour l'art, tout comme pour la science.

Dans l'art le phénomène se présente avec une importance et une extension toutes particulières. Et je suis heureux de le signaler.

Il y a eu une époque où les peintres italiens se glorifiaient *de ne pas faire autre chose* que d'imiter leur maître.

Les écoles de peinture des 400 présentent un caractère tellement uniforme qu'elles peuvent offrir l'exemple le plus typique de suggestion et d'obéissance, ou, pour mieux dire, de copie artistique. Et c'est peut-être cette uniformité humblement mais opiniâtrement voulue qui constitue le secret du charme exercé par ces écoles. Paul Bourget dans ses *Sensations d'Italie* a, à ce propos, une page splendide que je reproduis en entier parce que le lecteur y verra un reflet de la *psychologie sectaire dans l'art* que je ne puis ici signaler qu'à tire-d'ailes : « La communion de l'idéal et de la manière était aussi chère aux artistes d'alors (les 400) que la recherche de l'originalité à tout prix nous est chère à nous. Ils acceptaient, eux, ils souhaitaient de continuer simplement une tradition, d'être chacun la branche d'un même grand arbre, pas même la branche, mais une fleur parmi les fleurs, une minute d'une grande journée, l'étape d'une grande doctrine. C'est pour cela que la réunion de beaucoup de leurs œuvres donne une sensation d'une telle puissance, et qu'une telle puissance encore réside dans chacune de leurs œuvres isolées. Un je ne sais quoi d'à-demi impersonnel permet d'entrevoir, par delà le fragment contemplé, le vaste effort qui seul l'a rendu possible ; quelquefois même le fragment est si délicieux que, pendant une seconde, il semble marquer le point suprême auquel est suspendu tout le reste, et pendant cette seconde toute la gloire de toute l'école rayonne à la fois sur le nom du pauvre ouvrier modeste qui, à force de mérite soumis, a eu du génie dans une œuvre comme le plus grand des grands ».

Ces mots, on pourrait avec quelques variantes les appliquer à tous les disciples obscurs mais enthousiastes d'une idée. Eux aussi, comme les peintres des 400, mettent leur orgueil à servir humblement, dévotement leur idéal, en étant le rameau d'un grand arbre, la minute d'une journée, l'étape d'une grande doctrine. Et s'ils agissent ainsi, c'est qu'un instinct les avertit que cette absolue soumission à leur idéal pourra seule le faire triompher. Plus tard quand l'idéal aura conquis la majorité, ils pourront se permettre d'être *personnels*, de se soustraire à l'irritation des maîtres, de montrer, en somme, qu'unis dans les lignes générales, ils ne le sont pas autant dans les lignes secondaires.

Eh bien ! la secte, qui regarde toujours la première phase de toute idée en train d'éclore ou de fleurir, ne peut avoir et n'a qu'une seule de ces tactiques, la première.

Tactique inférieure et rétrograde, nous le répétons, mais nécessaire et d'un effet assuré puisque même dans les luttes de l'esprit il importe de courir à l'assaut de la position ennemie, avec une union et une confiance absolues, sous le commandement de son général (sauf à se diviser ensuite sur les moyens de gouverner la terre qu'on aura conquise); et pour atteindre ce but initial, il n'y a rien de plus utile au point de vue stratégique que l'organisation de la secte, de ce groupe humain compact et uniforme, qui pénètre comme un coin dans l'organisme social, et qui, comme la phalange macédonienne, l'enfonce, et, en le détruisant, le renouvelle.

VI

Napoléon disait qu'il n'y a qu'une forme de raisonnement vraiment efficace : la répétition.

Mes lecteurs me pardonneront si j'y ai eu trop souvent recours : afin d'être clair et persuasif j'ai cru devoir insister sur le caractère fondamental de la secte, l'uniformité psychologique de ses membres, parce que ce caractère constitue toute sa force, est la raison de son mode d'action et en rapprochant la psychologie de la secte de celle de la foule, permet d'expliquer l'une au moyen de l'autre.

Dans mon premier chapitre j'avais écrit que la *secte est une foule à l'état dynamique.* Après ce que je viens de dire dans le paragraphe précédent, cette définition doit sembler exacte, et elle le paraîtra davantage après quelques exemples qui serviront à l'illustrer. La foule, quand elle se réunit non point simplement par curiosité et pour se divertir mais pour manifester quelque prétention ou pour protester contre quelqu'un, n'est qu'une forme *statiquement violente* de la lutte collective.

Vous rappelez-vous les troubles si graves qui ont éclaté en Sicile dans l'hiver 1893-94 ? La multitude descendit dans les rues et sur les places publiques, dévasta, incendia, frappa, tua. Fit-elle bien ou mal ? Il n'importe de le dire ici. Toujours est-il que cette tentative de ré-

volte, crime ou mieux amas de crimes, eut l'avantage
considérable de tirer de leur profond sommeil ceux qui
depuis 33 ans auraient dû penser aux conditions si malheureuses de l'île. Sans ce raccourci de guerre civile,
nous aurions encore continué pendant bien des années
à négliger les besoins impérieux de la Sicile.

Eh bien ! cette fonction qui consiste à réveiller les
gouvernements somnolents, et que la foule accomplit
en certains cas par des actes instantanés, la secte l'accomplit lentement dans le temps. C'est donc une forme
dynamiquement violente de lutte collective.

Des sectes chrétiennes primitives jusqu'aux sectes récentes des *carbonari* ou aux sectes actuelles des anarchistes, vous voyez un travail continuel et obscur, qui
se révèle de temps en temps par des crimes politiques,
et qui tend, comme fait la foule d'une façon plus brutale
et plus soudaine, à vaincre par la violence la domination
de la majorité pour inaugurer ce qui est l'idéal et qui
demain sera la réalité d'une minorité.

Et, justement parce que la secte est une forme de lutte
continue et non momentanée, ses effets pénètrent beaucoup plus profondément et plus loin que ceux de la
foule.

Celle-ci n'agit que par emportement, partant sans
raisonner (1) ; celle-là agit toujours avec pondération,

1. Parfois aussi la foule peut commettre des actes prédéterminés ou
prémédités. Le lynchage nous en offre un exemple : c'est un crime
qu'on décide souvent de commettre avant de le commettre. Voir à ce
propos ma *Folla delinquente*, 2e éd., p. 133 ; ma *Teoria positiva
della complicità*, 2e éd., p. 125, 59. — l'opuscule *La Ley de Lynch
en los Estados Unidos*, Habana, 1892, par le doct. José GONZALES Y

souvent avec préméditation. La secte a pour elle un facteur que n'a pas la foule : le temps, facteur extrêmement important parce que en général il ne respecte pas ce qui se fait sans lui. Et le travail accompli par la secte non seulement parce qu'il est plus lent, mais aussi parce qu'il est plus conscient, a des conséquences plus sûres et plus éloignées que celles de l'acte accompli par une foule.

En outre la foule n'emploie, pour lutter, que la violence ; elle ignore la ruse ; la secte au contraire est toujours rusée ; mais, en cas de besoin, elle sait aussi être violente : elle agit normalement avec le cerveau et quand elle emploie le bras, c'est encore le cerveau qui guide celui-ci.

Enfin, s'il est vrai que la secte suive le *meneur* comme le suit la foule, c'est-à-dire en ayant confiance en lui et en étant décidée à lui obéir avec un aveuglement héroïque, il est vrai aussi que le *meneur* d'une secte a devant lui un but clair et précis, chose qui manque presque toujours au meneur obscur et inconnu d'une foule. C'est pourquoi la foule, en suivant le cri ou le geste de son despote improvisé, peut commettre des atrocités inutiles ou même dangereuses pour elle ; la secte, au contraire, toujours dirigée par un homme qui a conscience de ce qu'il fait et qui a devant les yeux une fin brillante et limpide, commet difficilement des erreurs dans sa tactique.

LANUZA et les articles sur le même sujet publiés par R. GAROFALO et P. DORADO, dans la *Scuola Positiva*, 15 août et 15-30 septembre 1893.

7

Toutes ces considérations (1) en nous montrant, après
les analogies, les différences qui séparent la secte de la
foule, nous ramènent aux conclusions exposées à la fin
du chapitre précédent, où nous disions que la secte est
le *trait d'union* entre le plus inorganique des agrégats
humains, la foule, et les agrégats les plus organiques
qui sont les associations, les castes, les classes.

Si toutefois la secte par quelques côtés de sa psychologie se rapproche de ces agrégats humains, elle a pour
les séparer d'eux une différence fondamentale : elle est
toujours *révolutionnaire;* tandis que les castes, les classes
et en général les associations légitimes sont toujours
conservatrices.

La secte est le milieu où se réfugie, s'alimente et se
développe cet esprit de révolte que les victoires de la
civilisation laissent derrière elles comme un corollaire
nécessaire.

A chaque degré de l'échelle infinie du progrès, derrière ceux qui montent, il y a ceux qui tombent et qui,
piétinés, aident les autres à monter. Ces malheureux,

1. On pourrait en exposer d'autres, par exemple : le *facteur physique* (climat, saisons, etc.), a plus d'importance pour déterminer les
actes des foules que ceux des sectes, — le *facteur anthropologique*,
au contraire. Différence qu'on s'explique en se rappelant combien les
actions de la foule sont plus passionnelles (partant plus sujettes aux
influences extérieures) que celles de la secte. — Nous n'insistons point
sur ce fait, parce que nous ne voulons pas trop nous éloigner de notre
thèse, qui est strictement psychologique, et parce que LOMBROSO et
LASCHI dans leur *Delitto politico* et TARDE dans ses *Etudes pénales
et sociales*, tant de fois cités, ont déjà fait à ce propos des observations intéressantes.

s'ils parviennent à se relever, unis par le désir de la revanche et jaloux de ceux qui les contemplent d'en haut, forment les sectes (1), ces associations de vaincus et de mécontents que les vainqueurs et les heureux regardent, par une illusion égoïste, comme le germe de la dissolution sociale, cependant qu'ils ne sont que le germe d'une transformation et d'un renouvellement inéluctables.

1. Nous faisons plus spécialement allusion ici, on le comprend, aux sectes politiques, auxquelles nous nous sommes presque toujours rapportés dans tout ce chapitre. Mais, en tous cas, les observations faites valent — avec quelques variantes — pour toutes les sectes, dont le contenu est toujours — comme nous l'avons dit — la tentative de révolte d'une minorité contre la majorité.

Voir sur les sectes religieuses (et insensées) de la Russie, les articles de Jean Finot, dans la *Revue des Revues* (1896).

CHAPITRE III

LA MORALE PRIVÉE ET LA MORALE
SECTAIRE

La morale ne peut être unique :

I. — Les différentes formes de la morale. La morale de l'amitié et la morale de la haine. Une page de Herbert Spencer.

II. — La morale privée et les nombreuses autres morales. La morale familiale, sectaire, régionale, patriotique. Le pourquoi de leurs différences. La loi de conservation des groupes sociaux.

III. — La morale sectaire et la morale politique. Hommes honnêtes dans la vie privée, malhonnêtes dans la politique. Les mensonges de Ferry et de Bismark. Les escroqueries de Floquet. Les Panamistes. Les anarchistes. Loi qui explique l'antinomie entre la morale privée et la morale sectaire. Le crime patriotique et le crime sectaire. Leurs analogies.

IV. — Autres causes du manque d'équilibre entre la morale privée et la morale politique. Psychologie du sectaire et de l'homme politique.

On n'a plus à présent que du dédain pour l'opinion des spiritualistes qui veulent que la loi morale soit identique et doive être identique en tous temps et en tous lieux. L'histoire nous a appris que force actions considérées il y a quelques siècles comme des crimes sont devenues parfaitement licites de nos jours, ou réciproquement, et personne ne se hasarde plus à nier qu'il y a actuellement différentes morales suivant les différents degrés de longitude et de latitude, et que par conséquent il y a une morale du passé et une morale du présent, et il y a de même une morale du pôle et une morale de l'équateur.

Si cependant ce préjugé spiritualiste s'est évanoui, il ne faut pas croire pour cela que toutes les erreurs en ce qui touche la morale soient détruites.

La plupart admettent que la morale varie dans le temps et dans l'espace, mais ils n'admettent point qu'elle puisse varier chez un même individu. Le public croit encore que si les hommes ont au gré du milieu où ils vivent, des morales différentes, *un homme donné* ne peut avoir qu'une morale.

Cherchons à dissiper encore cette illusion.

I

Il y a quelques années, un député à qui on demandait

son avis sur le divorce répondit : comme homme je suis pour le divorce, comme député non.

Cette anecdote qui semble peu sérieuse a en vérité une signification profonde. Elle marque une contradiction des plus vives, des plus criantes et néanmoins des plus nécessaires de la vie sociale.

A part les ignorants, les naïfs, ou les Jésuites, je ne crois pas qu'il puisse y avoir quelqu'un pour soutenir que la seconde doive être unique.

Il y a et il doit y avoir beaucoup de morales dans un même individu, et l'homme obéit à l'une ou à l'autre, suivant qu'il parle ou agit comme citoyen, comme député, comme membre d'une classe, d'une nation, d'un parti politique ou scientifique.

Chacun de vous connaît sans doute bien des hommes d'élite qui n'ont aucune honte de vous faire des aveux comme ceux-ci : Moi, personnellement, je suis athée et pour le moins positiviste ; mais en tant que conseiller municipal, je trouve bien que l'on enseigne à l'école la religion catholique ; ou encore : moi, en tant que citoyen je crois qu'on devrait laisser sa liberté et son indépendance à l'opinion publique ; mais, comme ministre de l'intérieur, je croirais d'une maladresse impardonnable de ne pas payer des journaux pour soutenir le gouvernement ; ou encore : moi, comme homme privé, je méprise un tel, mais, comme homme politique, je dois le défendre et grand Dieu !... voter pour lui : il est de mon parti (1).

1. Si nous voulions donner des preuves de ce *dédoublement* de la morale, suivant que l'homme agit comme individu ou comme faisant

Et Goethe disait : Comme poète je suis polythéiste, comme naturaliste je suis panthéiste, comme être moral je suis déiste, et j'ai besoin de toutes ces formes pour exprimer mon sentiment.

Peut-être tout homme imite-t-il, sans le savoir et non point seulement en ce qui concerne la religion, le poète et le savant allemand, et a-t-il besoin de bien des morales pour expliquer toutes ses facultés.

Aussi bien, tout considéré, notre monde entier n'est qu'un tissu de contradictions. A côté d'un millier de prêtres qui doivent enseigner le pardon des injures on voit s'aligner des armées nombreuses, maintenues exprès pour venger par la force la moindre offense d'Etat à Etat.

En Angleterre un des chefs les plus illustres de l'Eglise, le docteur, Moorhouse peut, sans encourir la reprobation ni des laïques ni des ecclésiastiques, se faire l'avocat d'un système d'éducation physique et morale destiné à préparer les Anglais à la guerre et exprimer le vœu « de les rendre semblables au renard qui, poursuivi par les chiens, meurt en les mordant. »

Le même orateur peut, au milieu des applaudissements, proclamer « que ce sont là les qualités morales qu'il faut encourager et développer dans le peuple et

partie d'un groupe, nous n'en finirions pas de sitôt. — SIMÉON LUCE raconte, dans son *Histoire de Du Guesclin,* que « les Grandes Compagnies du Moyen-Age, durant la guerre de Cent ans, professaient un athéisme collectif et ensemble ces guerriers buvaient dans les calices sacrés, volés et profanés : individuellement ils étaient dévots et superstitieux. »

que à son avis, la grâce divine, en descendant dans les
cœurs, les rendra victorieux ». Et sur cette terre toute
couverte d'églises et de chapelles chrétiennes, le sentiment populaire est en complète harmonie avec l'exhor-
tation de l'évêque de Manchester. Le peuple lit avec un
intérêt passionné les comptes rendus des parties de *foot-
ball* qui donnent lieu à un accident mortel en moyenne
par semaine ; il se précipite en foule sur les journaux
qui racontent les assauts brutaux de boxe avec des milliers de détails, tout en consacrant quelques lignes à
peine au travaux d'un congrès de paix ; enfin il accorde
toute sa faveur et toute sa sympathie aux revues illustrées où la moitié au moins des gravures représente des
crimes, des désastres, en un mot des spectacles qui
montrent la destruction violente de la vie humaine (1).

En France, nous assistons à une antinomie encore
plus évidente entre la morale de l'amitié, théoriquement
adoptée, et la morale de la haine qui est pratiquée de
fait. Ce n'est certainement pas en vue d'un but philan-
thropique que les Français subissent le poids énorme
de leur budget militaire, mais bien pour reprendre par
la force les territoires qui leur ont été enlevés en punition de leur humeur trop agressive.

La situation est identique dans l'Allemagne protes-
tante, la patrie de Luther et la terre classique de la théo-
logie chrétienne.

Dans l'ordre du jour qu'il adressa à ses soldats en
montant sur le trône, l'empereur disait « que c'était la

1. HERBERT SPENCER, *La morale des différents peuples*, Paris,
Guillaumin, 1893, p. 20, 21.

volonté de Dieu qui le mettait à la tête de l'armée » et il finissait en faisant le « serment de se souvenir toujours que le regard de ses ancêtres le suivait du haut des cieux, et qu'un jour il devrait leur rendre compte de sa gloire et de l'honneur de son armée. » Pour faire pendant à ce serment, payen par la pensée et par la forme, Guillaume II faisait, il n'y a pas bien longtemps, un éloge du duel, éloge suivi immédiatement de la célébration de l'office divin à bord du yacht impérial !

Que dire de l'Italie ?

Il y a quelque temps, quand le sort des armes nous fut favorable en Afrique, un frère plein de bonté et de générosité fut le premier à rendre grâce à Dieu parce que la victoire nous avait souri et que beaucoup d'indigènes étaient tombés sous le fer ou le plomb italiens. Et maintenant ils ne manquent pas, ceux qui tirent du désastre national, une seule conséquence, le désir d'une vengeance féroce.

Devant ces faits, on en viendrait à se demander : mais quelle religion proclame-t-on au nom de la civilisation? Celle de l'amitié ou celle de la haine ?

L'une et l'autre, par malheur : la religion de l'amour doit servir seulement pour les rapports entre les individus d'une même nation : avec les étrangers c'est la religion de la haine qu'on doit suivre.

C'est la morale sauvage qui se dresse, qui loue l'assassinat et le vol dont a été victime le membre d'une tribu étrangère et qui les punit, au contraire, comme des crimes si c'est un membre de la même tribu qui en a souffert. C'est la conception du patriotisme qui marque des frontières à des sentiments moraux qui n'en devraient pas avoir et qui fait varier le caractère d'une seule et même action, suivant qu'elle est commise au-deçà ou au-delà d'une frontière donnée. Herbert Spencer a écrit : « Si, au lieu du code *nominal* de l'humanité, nous consultons le code *effectif* de l'humanité, nous voyons que la plupart du temps ce sont les vertus guerrières qui occupent le premier rang. Parle-t-on d'un officier mort dans une guerre injuste et criminelle ? Il a péri, dira-t-on, de la mort d'un homme d'honneur ! Chez les bourgeois comme chez les soldats, on sent régner l'approbation tacite du brigandage politique qui se répand sur toute la surface du globe, et cependant personne ne proteste contre certains massacres qu'on appelle par euphémisme « châtiments » ou « malheurs » (1).

De telles paroles, écrites il y a cinq ans, sont d'une triste actualité et devraient être méditées.

Il est par trop vrai que nous approuvons sans réserve un brigandage politique quelconque et que la mort qui nous semble la plus glorieuse est la mort sur le champ de bataille, quand bien même la bataille serait l'épisode d'une conquête criminelle ; et il est pourtant trop vrai que personne ne proteste efficacement ni contre les massacres politiques, comme ceux des Arméniens, parce que la politique suggère dans son égoïsme de ne pas s'en occuper, ni contre les massacres d'ouvriers qui ont lieu souvent dans les mines et qu'on appelle des catastrophes parce que la cause en est accidentelle, ce-

---

1. *Op. cit.*, p. 15.

pendant qu'une société qui devait être digne du nom de société civilisée devrait chercher et pourrait tâcher à les rendre beaucoup moins fréquents (1).

II

On doit problablement attribuer toutes ces contradictions non seulement à la résurrection de la morale sauvage et à la conception du patriotisme, mais aussi à une
raison plus lointaine, plus profonde, plus intime.

Il arrive pour les idées morales ce qui arrive pour une
pierre jetée dans un lac : le seul choc de l'eau et de
l'objet produit des ondes qui vont toujours s'agrandis-
sant et s'élargissant de plus en plus depuis l'endroit où
la pierre est tombée jusqu'au rivage. C'est ainsi que la
même idée morale grandit et s'élargit au point qu'on ne
peut plus la reconnaître quand on l'applique non plus
au cercle restreint des individus pris en eux-mêmes,
mais aux sphères plus vastes de l'individu considéré par
rapport à la famille, au parti, à la caste, à la nation.

Il y a, en effet, la morale privée, rigide, absolue,
inflexible ; et il y a les nombreuses morales sociales,
toujours plus souples et plus malléables au fur et à me-

1. LETOURNEAU a écrit : « poignarder un homme, lui prendre la
bourse, ou en empoisonner un grand nombre dans les usines..... ce
sont là des actes parfaitement comparables. » Cette affirmation est
évidemment paradoxale. Toutefois, il est certain que bien des catastrophes dans les mines, où en un instant il y a des centaines de vies
humaines perdues, sont dues à l'inertie et à la négligence de ceux qui
devraient surveiller les mines, et il est triste de constater que tout le
monde est ébranlé et exalte comme des héros les victimes d'une bataille, tandis que bien peu de gens plaignent ces obscurs héros du
travail.

sure que la société à laquelle on les applique est plus vaste.

Voyez : la morale privée recommande *de ne pas voler* et le précepte est catégorique, sans exceptions. Mais la morale familiale apparaît et le code la sanctionne en établissant qu'on ne condamnera pas l'enfant qui aura volé son père. Cet acte sera un péché, mais ce ne sera pas un délit aux yeux de la loi.

Puis vient la morale politique : elle proclame que la conquête des terres étrangères, qui n'est autre chose qu'un vol collectif à main armée, est un titre de gloire et non une action blâmable pour son auteur.

La petite onde s'est tellement élargie qu'on ne la reconnaît plus du tout.

Il en est tout de même pour l'homicide : la morale privée vous crie de *ne pas tuer* et la morale politique exalte comme une action pleine de courage l'homicide en temps de guerre, et fait parfois un héros d'un assassin sectaire.

Il en est encore ainsi pour le mensonge : dans la vie privée on n'a que du mépris pour la tromperie; en politique les équivoques, la duplicité, tous les moyens d'altérer la vérité font partie de la science du diplomate.

« Si la peinture, écrivait Priezac (avec sincérité ou d'une façon ironique, je ne sais trop), n'est jamais tant prisée que quand elle trompe la vue par ses ombres, ses faux jours, qui peut trouver étrange que la politique, c'est-à-dire la maîtresse des arts, admette des sophismes pour une fin plus noble et plus universelle ? (1) »

1. PRIEZAC, *Discours sur la politique d'Aristote.*

Nous nous trouvons donc en présence de morales distinctes que le même homme peut — ou doit — pratiquer, suivant le milieu où ses actions se déroulent.

Pourquoi ces morales diverses ?

La raison en est, à mon avis, dans la loi de conservation qui domine nécessairement tous les organismes. Tout organisme a, pour vivre, besoin de deux séries d'actions : l'une de coopération à l'intérieur, et l'autre de défense à l'extérieur.

Dans l'organisme homme, par exemple, tous les organes accomplissent, à l'effet de maintenir la vie, une série d'actes de coopération entre eux et une série d'actes de défense contre le milieu extérieur.

De même les tribus sauvages, ce premier organisme social, ont deux séries de sentiments et d'idées appropriées à deux modes différents d'activité : à l'extérieur, c'est-à-dire pour les tribus étrangères, c'est l'antagonisme qui règne ; à l'intérieur, c'est-à-dire entre les membres de la même tribu, c'est l'amitié qui règne (1).

De là, et nous l'avons déjà indiqué, dérivent deux codes de morale, nécessaires l'un et l'autre. Si en effet la tribu ne trouvait pas légitime l'homicide, le pillage, la guerre contre les étrangers, elle disparaîtrait en peu de temps, détruite par les ennemis : si, au contraire, elle

1. « Tandis que pour la défense des sociétés dans leurs luttes entre elles, des actes injustes de toutes sortes ont été nécessaires et ont acquis dans l'esprit des hommes la sanction qu'implique l'épithète de « légitimes », ces actions injustes n'avaient aucun rôle à remplir dans le sein même de chaque société : au contraire, on y sentait le besoin d'action d'un genre opposé ». — SPENCER, *La morale des différents peuples*, ch. I, p. 15.

permettait entre ses propres membres des actes identiques, elle ne ferait que se suicider lentement.

Les sociétés civilisées ont hérité, en les transformant, de ces deux codes de morale, dont l'un vaut pour les rapports intérieurs entre les citoyens d'un Etat, et l'autre pour les rapports extérieurs.

Thucydide raconte que les Athéniens disaient des Spartiates : « Les Lacédémoniens, entre eux et en ce qui concerne les mœurs nationales, se guident en général d'après la vertu ; mais leur politique extérieure a un tout autre caractère ; il n'est pas d'hommes qui confondent plus habilement l'agréable et l'honnête, l'utile et le juste » (1).

Et puisque l'objet de la civilisation est non seulement de transformer, mais encore de compliquer, nous voyons aujourd'hui se multiplier ce dualisme initial entre la morale interne et la morale externe. *Solidarité familiale, esprit de parti, régionalisme, patriotisme,* tels sont les noms indiquant les degrés par où passe, en se transformant et en s'élargissant comme l'onde du lac, la morale privée unique et rigide.

Et tous ces noms, s'ils montrent l'existence d'une morale diverse, montrent en même temps que cette diversité est due à l'instinct de conservation de la famille ou du parti ou de la région ou de la patrie. Ai-je besoin de donner des preuves pour démontrer la vérité de cette affirmation? On défend père, mère, femme, frères; alors même qu'ils ne le mériteraient pas, on va même jusqu'à commettre des crimes pour les défendre, et tout cela nous semble légitime et juste.

1. *Guerre du Péloponèse,* l. V, p. 105.

Pourquoi ? Parce que dans notre esprit l'instinct de conservation de la famille est profondément enraciné, quoique nous en ayons peut-être à peine conscience. La famille nous apparaît comme un organisme à part, et nous sentons que les deux morales auxquelles j'ai fait allusion, contenues en de certaines limites, sont nécessaires. En effet, si chacun de nous était le premier à accuser ou à abandonner ses parents, la famille se dissoudrait. Et de là l'œuvre de conservation qu'accomplit la morale familiale que nous appelons *morale externe*.

Pour la même raison et aussi par les mêmes moyens qui ne sont pas toujours très honnêtes par rapport à la morale absolue, on défend une personne de son propre parti, que ce parti soit politique, artistique ou scientifique.

Les partis ne seraient plus assez compacts ni cohérents pour aller de l'avant, si leurs affiliés n'étaient, pour ainsi dire, les avocats-nés de leurs coreligionnaires. Il faut abdiquer un peu de sa personnalité, c'est-à-dire de ses sentiments et de ses pensées, si l'on veut que le parti, l'organisme collectif, vive et remporte la victoire. Les luttes politiques n'ont été fécondes que par l'esprit de conservation qui guidait les membres de chaque parti : si cette discipline avait manqué, que de victoires éclatantes de la liberté ne seraient venues que plus tard ! D'autre part, il ne faut pas oublier qu'on exagère cette morale *externe* du parti et qu'on va trop loin dans la défense de ses amis politiques. Qui ne se rappelle, dans les scandales récents des *Panamas* français et italien, les tentatives faites dans le Parlement et en dehors pour sauver l'un ou l'autre des hommes compromis, tentatives qui ont souvent réussi pour le déshonneur de la morale ?

Ce qui a lieu pour la famille et pour le parti a lieu pour la région et pour la patrie.

Faut-il montrer que parfois les Piémontais, par exemple, soutiendront un Piémontais pour la seule raison qu'il est Piémontais, ou les Siciliens un Sicilien pour la seule raison qu'il est Sicilien ?

Peut-être le régionalisme est-il, parmi les modes de morale sociale opposés à la rigide morale privée, celui dont on peut le mieux saisir l'illogisme et qui prête le plus à la critique. Mais, chose curieuse ! ceux qui le condamnent et le traitent de préjugé, ce sont ceux-là mêmes qui sont ensuite victimes d'un préjugé analogue, celui du patriotisme. En effet l'opinion publique, qui désapprouve théoriquement les Piémontais prenant la défense d'un Piémontais par la seule raison qu'il est Piémontais, trouve bien que les Italiens à l'extérieur défendent un Italien par cette seule raison qu'il est Italien, et malheur à eux s'ils n'agissaient pas de la sorte ! Et cela n'est pas encore suffisant ! Nous voyons, nous lisons tous les jours que certaines vérités dures pour notre pays ne doivent pas se dire hors de l'Italie, et nous avons eu l'exemple d'un de nos illustres écrivains, qui, s'étant simplement permis de juger librement son gouvernement dans un journal français, s'est vu attaqué dans sa patrie par une série d'adversaires, qui ont failli le stigmatiser du nom de traître.

Ces phénomènes dérivent tous, plus ou moins logiquement, de l'instinct de conservation. Le régionaliste, qu'on me passe cette vilaine expression, fait tout ce qu'il peut pour conserver intact l'honneur de sa région ; le patriote condamne les manifestations de la vérité et applaudira violemment au mensonge, à seule fin de conserver intacte à l'intérieur la gloire de sa patrie. Et tandis que la conscience moderne qui a évolué condamne le *régionalisme*, justement parce que la conservation de l'esprit régional n'est plus nécessaire au point de vue social ou au point de vue politique, il y a une tendance scientifique en train d'apparaître, qui voudrait condamner le *patriotisme* ; et assurément le patriotisme tombera quand il en sera pour les nations ce qu'il en a été pour les régions, c'est-à-dire quand la solidarité humaine ne se bornera pas à la patrie, mais embrassera l'humanité tout entière.

En tout cas quel que soit le jugement qu'on veuille prononcer à propos de ces différentes formes de la morale, et sans vouloir deviner si elles resteront ou si elles disparaîtront à l'avenir, il nous suffit d'avoir constaté leur existence présentement pour qu'il reste démontré par les faits que « tout homme a besoin de beaucoup de morales différentes suivant les différents milieux où il parle et où il agit. »

III

Cette conclusion, que je ne crois pas possible de récuser (1), nous aide à expliquer un des phénomènes les

1. Nous avons déjà cité *La morale des différents peuples*, de SPENCER, où elle est plus d'une fois exposée et soutenue ; il y a aussi dans les *Bases de la morale* du même auteur des passages qui la corro-

plus caractéristiques du moment présent : je veux dire
le manque d'équilibre entre la morale privée et la morale politique.

Et là encore nous retrouverons l'illusion déjà signa-
lée et dont le public est le jeu : composé en grande
majorité de fanatiques de la psychologie, le public
s'imagine que l'homme est au point de vue moral tout
d'une pièce, entièrement honnête ou entièrement coquin,
et il sourit d'incrédulité à ceux qui lui parlent de la
pureté privée de certains ministres ou de certains députés corrompus politiquement, comme à ceux qui lui
racontent les vertus domestiques de certains anarchistes
lanceurs de bombes. « Vous voulez m'en donner à garder, semble-t-il dire ». Et pourtant même sans tenir

borent. A la page 162 de ce volume dans l'édition italienne (1886), SPENCER
s'exprime ainsi : « Présentement, l'individu doit tenir compte, comme il
convient, dans la conduite de sa vie des existences d'autres êtres qui appartiennent à la même société et en même temps il est quelquefois appelé
à mépriser l'existence de ceux qui appartiennent. à d'autres sociétés.
La même constitution mentale ayant à satisfaire à ces deux nécessités,
est fatalement en désaccord avec elle-même et la conduite corrélative,
ajustée d'abord à un besoin, ensuite à l'autre, ne peut pas être soumise
à un système moral qui soit bien conséquent. Tantôt nous devons haïr
et détruire nos semblables, tantôt les aimer et les assister. Employez
tous les moyens pour tromper, nous dit l'un des deux codes de conduite, et l'autre nous dit en même temps d'être de bonne foi dans nos
paroles et dans nos actes. Saisissez-vous de tout ce qui appartient aux
autres, et brûlez ce que vous ne pouvez emporter, est une des injonc-
tions de la religion de la guerre, tandis que la religion de l'amitié condamne comme des crimes le vol et l'incendie. Tant que la conduite se
compose ainsi de deux parts opposées l'une à l'autre, la théorie de la
conduite reste confuse » (SPENCER, *Les bases de la morale évolu-
tionniste* (Paris, Germer Baillière, 1880, ch. VIII, p. 146).

compte de ce que nous avons dit jusqu'ici et qui démontre que la coexistence de deux morales différentes est chose fort possible dans un même individu, il y a bien des faits qu'on peut citer pour prouver cet antagonisme, ce manque d'équilibre entre la morale privée et la morale politique.

Guglielmo Ferrero en a recueilli quelques-uns parmi les plus récents et les plus connus, et je crois utile de les rapporter.

« En Amérique Carter Harrison, le *leader* du parti démocratique de Chicago, était un modèle d'intégrité en tant qu'homme privé ; mais son honnêteté privée ne l'empêchait pas d'être le menteur le plus éhonté dans les luttes administratives de sa ville ; pour réussir il ne se faisait aucun scrupule de promettre directement ou de faire promettre par ses agents un nombre extraordinaire d'emplois à toute une foule de malheureux sans pain ; et pourtant il savait fort bien que, même s'il était arrivé au pouvoir, il n'aurait pas pu réaliser la dixième partie de ces promesses. Quand, une fois la victoire remportée, ils allèrent demander au vainqueur une petite part du butin, ils s'entendirent répondre : Attendez ! Mais parmi les dupes qui avaient travaillé et espéré le plus, se trouvait un certain Prendergart, un déclassé qui ne manquait pas d'intelligence, pour qui l'emploi promis représentait la fin d'une misère longue et humiliante et qui à la fin, ayant su que la place à lui promise avait été donnée à un autre, se présenta devant Harrison dans son bureau de syndic de Chicago, et le tua de trois coups de revolver. Devant le jury, l'assassin ne

nia point et n'essaya pas de s'excuser ; bien mieux, il
prétendit, tête haute, qu'il avait rendu service à son
pays.

« Ainsi donc voilà un homme honoré et honnête qui
se croit permis pour des vues politiques de mentir et de
tromper une foule de malheureux; et un déséquilibré,
non un criminel, qui s'étant vengé par un atroce assassinat de l'homme qui l'avait *roulé* dans ce honteux marché de conscience, proclame qu'on lui doit non les menot-
tes, mais la couronne civique, et affirme avoir rendu service à son pays en le délivrant d'un imposteur politique.

« L'Europe n'est pas à ce point de vue mieux parta-
gée que l'Amérique. Le mensonge est encore parmi les
instruments de la politique le moins répréhensible ; et
les hommes d'Etat, surtout dans les régimes parlementaires, y recourent avec une désinvolture stupéfiante.

« Jules Ferry, dont tous s'acccordent à vanter le
caractère aimable et sympathique, était devenu célèbre
par la sérénité avec laquelle il prononçait du haut de la
tribune les mensonges les plus éhontés ; une fois il en
arriva à lire en pleine Chambre un télégramme du Ton-
kin annonçant la prise d'une ville... six jours avant que
cette ville fût prise.

« Mais à ce point de vue celui qui a été le plus loin
c'est Bismarck. Ne l'a-t-on pas entendu raconter tranquillement à une commission venue pour lui porter les
hommages de la patrie, l'histoire de la dépêche d'Ems,
c'est-à-dire de la dépêche qu'il altéra en la falsifiant en
partie pour plier la volonté de l'Empereur à certaines
de ses idées, qu'il croyait importantes dans l'imminence

de la guerre avec la France ? La commission qui écouta
son beau discours ne sentit pas le moins du monde diminuer sa vive admiration pour le vieil homme d'Etat ;
et Bismarck ne douta jamais un seul moment que cette
falsification pût constituer pour lui autre chose qu'un
titre de gloire.

« L'histoire de Panama est, elle aussi, une mine de
faits de ce genre. Bien des députés qui ont été impliqués
dans ce scandale étaient des hommes honnêtes dans
leur vie privée et qui se laissèrent entraîner dans l'im-
monde marché par des motifs politiques. Tel fut par
exemple Floquet, sur le compte duquel, en tant qu'homme
privé, personne ne pouvait rien dire, mais qui, étant
ministre, et voyant Boulanger à deux doigts du pouvoir
et ayant besoin d'argent pour le combattre, força par
ses menaces le société de Panama à lui donner trois
cent mille francs. Cette action est une véritable escroquerie, au sens propre du mot ; eh bien ! non seulement
Floquet s'en rendit coupable, mais il protesta à la Chambre, en assurant qu'il ne s'en repentait pas, et accusa
presque d'ingratitude ses amis : « Si je n'avais agi ainsi,
vous seriez maintenant en exil », leur dit-il.

« Le Panama italien ne nous a-t-il pas révélé des faits
semblables ? N'avons-nous pas vu de nos ministres,
parfaits gentilshommes et honnêtes gens dans la vie
passée, qui se sont rendus au pouvoir et pour des raisons politiques coupables de graves indélicatesses ? (1) »

A ces phénomènes propres aux classes hautes et aux

1. Voir un article de GUGLIELMO FERRERO, publié dans la *Riforma
Sociale*, 1re année, fasc. 11-12.

milieux cultivés et raffinés correspondent dans les classes populaires d'autres phénomènes identiques dans leur nature mais de formes plus violentes et plus brutales. L'anarchie et ses attentats, par exemple, rentrent dans ces phénomènes.

On a souvent comparé les scandales de Panama et les attentats à la dynamite : mais il y a plus qu'une lointaine analogie, comme l'écrivait avec beaucoup de justesse Ferrero, il y a entre eux identité de nature : ce sont deux formes différentes d'un même phénomène : le phénomène du vice et du crime qui perd tout caractère de répulsion ou de haine, même pour les personnes honnêtes, quand il est commis dans des buts politiques, le phénomène, comme je l'ai dit ailleurs (1), de la criminalité collective qui prend des formes différentes suivant le degré de culture et d'éducation de celui qui le commet et qui est modernement jésuite si ses auteurs vivent dans des palais, ou ataviquement violent si ses auteurs vagabondent par les rues.

Les anarchistes dynamiteurs ne sont pas tous des criminels ou un rebut de prisons, comme on le croit généralement (2) : il y en a qui sont honnêtes, et il y en a

---

1. Voir, outre l'*Introduction* de ce volume, mon *Processo Cuciniello*, dans le *Il mondo italiano*, 2ᵉ série, Milan, 1893, et mon article : *Moderne Verbrecher*, dans la *Zukunft*, du 20 juillet 1895.

2. Inutile de faire remarquer que quelques-uns, et même beaucoup, si l'on veut, des anarchistes dynamiteurs sont, comme Ravachol, de véritables criminels-nés. Cependant ils ne sont pas criminels parce qu'anarchistes: mais ils recouvrent leur criminalité instinctive de la livrée politique, qui peut être commode. Et on sait que dans les partis extrêmes on enrôle, pour pêcher en eau trouble, tous les éléments dégénérés et pervertis que la société produit... et conserve. Voir ma *Folla delinquente*, 2ᵉ éd., p. 86, 89.

qui, sans être purs de toute tache, n'ont jamais montré
un caractère assez féroce, comme on le supposerait
nécessairement *a priori*, pour commettre un crime de ce
genre. Pallas, par exemple, cet anarchiste espagnol qui
lança une bombe contre le général Martinez Campos à
Barcelone, était resté encore quelques mois avant son
crime un ouvrier tranquille et honnête, un père de
famille affectueux. Vaillant est, au point de vue psychologique, une exception des plus singulières qui semble,
à première vue, renverser toutes les lois de la psychologie criminelle : c'était, il est vrai, un voleur et un filou
(bien que les tristes événements de sa vie l'excusent du
moins quelque peu); mais les voleurs et les filous et en
général les criminels de fraude montrent presque toujours une répugnance des plus vives contre les actes violents et sanguinaires (1). Henry, bien que d'un caractère
inquiet, n'était rien moins qu'un criminel ; c'était un
individu bizarre et honnête, qui s'est tout d'un coup
montré capable de lancer froidement une bombe au
milieu de la foule attablée à un café, et de faire feu à
plusieurs reprises sur l'agent qui le poursuivait (2).

Si nous avions voulu rechercher, en dehors de l'histoire contemporaine, des exemples analogues dans le
passé, nous en aurions trouvé des centaines (4). Et peut-

1. Consulter à ce propos le procès de Vaillant, dans les *Causes criminelles et mondaines de 1894*, de A. BATAILLE, Paris, Dentu, 1895,
    2. De l'article de G. FERRERO déjà cité.
    3. Voir *Il delitto politico* de LOMBROSO et LASCHI et *Les Régicides*,
de E. RÉGIS. Tous les livres d'histoire, d'ailleurs, offrent une foule de
ces exemples. Pietro Acciavito qui attenta à la vie du roi Humbert,
et Angiolitto qui tua Canovas — étaient deux jeunes hommes parfaitement honnêtes.

être le cas de Charlotte Corday suffira-t-il. Une jeune
fille extrêmement honnête devenue assassin dans un but
politique !

Tous ces faits qui impliquent une contradiction psychologique et qui, dès l'abord, semblent inexplicables,
se comprennent et s'expliquent si l'on tient compte de la
loi que nous avons énoncée.

Etant donné que les formes de la morale sont différentes suivant les milieux où l'homme agit, étant donné
aussi que chacune de ces formes est une conséquence
nécessaire de l'instinct de conservation d'un organisme
social, on comprend comment le même individu peut
être honnête au point de vue privé, malhonnête au point
de vue politique, et comment cette malhonnêteté politique est due aux exigence du parti, qui, sans elle, verrait
son existence menacée.

Aussi bien ce que nous appelons malhonnêteté politique ne mérite ce nom que si on la met en face de l'honnêteté privée. Prise en soi, elle n'est que la ligne de conduite fatalement nécessaire au développement du groupe
politique qu'elle sert et partant, elle ne peut, comme tout
ce qui est nécessaire, être immorale, à un certain point
de vue.

Une telle affirmation vous paraît fort paradoxale ?
Ayez l'obligeance de suivre le raisonnement que je
vais vous faire, et vous verrez que le paradoxe s'éva-
nouira.

Trouvez-vous immoral le meurtre en temps de guerre ?
Non, n'est-ce pas ? Et bien ! si ces homicides ne vous
semblent pas des crimes, mais des actions honorables

et glorieuses, n'est-ce peut-être pas parce qu'en les jugeant, vous oubliez la morale privée qui les condamnerait et que vous vous souvenez seulement de la morale nationale et patriotique qui est, et justement pour la conservation de la patrie, contrainte de les approuver et de les exalter ?

Et ne voyez-vous pas qu'en approuvant cette contradiction entre la morale privée et la morale patriotique, dont nous sommes tous victimes, vous devez aussi logiquement approuver les contradictions entre la morale privée et la morale sectaire, dont les criminels politiques seuls sont victimes ?

Au fond, entre les meurtres imposés et approuvés par le patriotisme, et ceux dus à l'esprit de secte, il n'y a qu'une différrence de degré. De nature ils sont identiques. Si la morale patriotique fait un héros de Pietro Micca, ne vous paraît-il pas juste que la morale sectaire fasse, à son point de vue, un héros de Henry ou de Vaillant ?

Entendons-nous bien : je ne fais pas ici de comparaison entre les différentes moralités individuelles d'hommes différents (1) : je ne fais que comparer les causes psychologiques qui ont déterminé leurs actions. Et ces causes sont analogues. Pour Pietro Micca ses ennemis, c'étaient des Français, des étrangers, les oppresseurs de sa patrie : pour Henry, c'étaient les bourgeois, les oppresseurs des prolétaires.

C'est la haine patriotique dans le premier cas, dans le

1. Vaillant — comme je l'ai dit plus haut — était un voleur et un filou ; Pietro Micca était un honnête homme.

second la haine sectaire qui les a décidés au meurtre. Au
regard de la morale privée les victimes de l'un étaient
aussi innocentes que celle des autres ; au regard de la
morale politique ou de la morale sectaire il n'y avait
point d'innocents. Pour la morale patriotique, les Français étaient coupables en tant qu'étrangers et oppresseurs ; pour la morale sectaire les bourgeois étaient coupables en tant que bourgeois, c'est-à-dire en tant qu'oppresseurs du peuple. Et en effet, Emile Henry disait, dans
sa déclaration lue à la Cour d'Assises de la Seine : « Un
moment l'accusation que l'on avait lancée à Ravachol
me revint à la mémoire : *et les victimes innocentes?* Mais
je résolus bien vite la question. La maison où se trouvaient les bureaux de la Compagnie de Carmaux n'était
habitée que par des bourgeois : *il n'y avait donc pas de
victimes innocentes* (1). » On pouvait prêter le même
raisonnement à Pietro Micca au moment où il allait
mettre le feu aux poudres : *et les victimes innocentes ?*
Mais dans la citadelle il n'y avait que des Français : *il
n'y aurait donc point de victimes innocentes.*

J'en reviens donc à ma question sans ambages : si la
morale patriotique fait de Pietro Micca un héros, ne vous
paraît-il pas juste que la morale sectaire anarchiste
fasse un héros de Henry ou de Vaillant ?

La répugnance que le lecteur éprouvera à répondre
oui à cette question, répugnance que j'éprouve moi aussi,

_____

1. Voir A. BATAILLE, *Causes criminelles de 1894*, p. 877. Henry
avait fait sauter avec une bombe les bureaux de la Compagnie de Carmaux pour protester contre le verdict qui avait condamné les ouvriers
de cette Compagnie après leur mise en grève.

provient donc de ce que nous *sentons* l'esprit patriotique qui est encore une si grande partie de nous-mêmes, de notre conscience morale, tandis que *nous ne sentons réellemnet point* l'esprit sectaire.

Il y a plus : nous ne nous rappelons pas que notre esprit patriotique a aussi été, à ses débuts, un esprit sectaire. Les tentatives de rébellion qui ont précédé notre restauration n'étaient-elles donc pas l'œuvre de sectes politiques qui se trouvaient, par rapport aux gouvernements d'alors, dans une condition identique à celle où se trouvent les sectes anarchistes et socialistes par rapport aux gouvernements actuels? Et si nous élevons ces criminels sectaires au rang de héros, qui vous assure que l'avenir ne puisse élever au rang de héros les sectaires d'aujourd'hui? Peut-être est-ce une exagération de dire avec Renan que les plus grands hommes d'une nation sont ceux qu'elle a mis à mort, mais c'est chose certaine que les criminels d'aujourd'hui sont souvent les martyrs de demain (1).

Antonio Gallenga a pu raconter que dans sa jeunesse il s'était rendu à Turin avec l'intention bien arrêtée de tuer le roi Charles Albert, intention dont par hasard il se repentit ; et cette confession a beau lui avoir fait tort, elle n'a pas éloigné de lui ses amis, et même la popularité ne lui fit pas défaut, et il fut élu député.

Eh bien ! supposez que le cas se répète aujourd'hui ;

1. Nous autres Italiens nous en avons une preuve récente dans la faveur avec laquelle le public a accueilli les socialistes amnistiés qui furent condamnés en 1894, par les conseils de guerre, pendant qu'on maintenait la Sicile en état de siège.

supposez que l'on découvre maintenant qu'un homme a fermement décidé de tuer le roi Humbert, et dites-moi si l'exécration publique ne le couvrirait pas de malédictions (1)?

Que signifie donc tout cela ?

Cela veut dire que lorsqu'on traite de la morale politique, la ligne qui sépare la morale patriotique (morale admise et admirée), de la morale sectaire (non admise et punie) est une ligne fort subtile qui ne permet pas de distinctions précises et fondamentales et que par conséquent nous ne devons pas mesurer avec la même aune, sauf les différences de degré, les crimes patriotiques et les crimes sectaires (dont la légitimité n'est presque toujours qu'une question de temps) puisque les uns et les autres dépendent de l'instinct de conservation d'un organisme social : la patrie ou la secte.

Je prévois une objection que le lecteur pourra faire facilement.

Je comprends, dira-t-il, que les crimes patriotiques, comme les meurtres dans une guerre ou l'espionnage

1. Un autre exemple qui démontre la diversité d'appréciations dont le public fait montre sur des faits analogues, c'est le jugement que notre peuple a porté sur Passanante et sur Oberdank. — Laissons de côté la question de savoir si Passanante était fou (c'est une vérité que n'ont pas voulu entendre les jurés en 1879 et que la foule ignorante pouvait encore bien moins comprendre) : il n'est certainement pas considéré avec la sympathie qu'on accorde en Italie à la mémoire d'Oberdank. Pourquoi ? Parce que le sentiment du patriotisme — exagéré ou fourvoyé — sert encore à idéaliser la figure du criminel politique qui a attenté à la vie de l'empereur d'Autriche, tandis que le même sentiment fait haïr l'homme qui a attenté à la vie du roi Humbert.

dans le camp ennemi, dépendent de l'instinct de conservation de la patrie, mais je ne comprends pas comment
les crimes anarchistes, les bombes, les assassinats de
personnes inconnues qui n'ont fait aucun mal, peuvent
s'expliquer par l'instinct de conservation de la secte ;
ce sont là des crimes commis par une perversité brutale
et absolument inutiles, et même allant à l'encontre du
but que selon vous ils devraient atteindre.

A cette objection j'ai déjà implicitement répondu
quand j'ai signalé les crimes sectaires commis par les
patriotes italiens sous le gouvernement autrichien et
bourbonien : les crimes, graves ou légers, justifiables ou
injustifiables, avaient pour but d'épouvanter l'oppres-
seur et de tenir en haleine le sentiment de l'indépendance : voilà pourquoi ils dépendaient de l'instinct de
conservation de la secte. Je sais que, à juger des choses
objectivement, l'assassinat d'un commissaire de police
autrichien, tout comme les outrages dont la population
de Milan abreuvait les officiers autrichiens pour prendre
des exemples extrêmes mais analogues, paraissent des
crimes ou des vilenies illogiques et inutiles ; mais si l'on
considère l'intention dans laquelle ils ont été commis et
le temps où ils ont eu lieu, on comprend qu'ils dérivaient
de l'esprit sectaire et que, sans eux, il se serait développé
et aurait triomphé plus tard (1).

1. Ce que nous disons, en faisant allusion aux luttes politiques de
l'Italie, on peut le dire de tous les mouvements insurrectionnels. Que
serait la Révolution française si on devait la juger du point de vue
de la morale privée, ou à la manière de ces sociologues myopes
qui, dans les fautes politiques, ne recherchent pas les raisons pro-

C'est avec le même criterium qu'il faut juger aussi les
crimes actuels des sectes socialistes et anarchistes, et
comprendre que ces crimes sont commis pour intimider
les bourgeois et pour tenir aussi en haleine l'esprit de
révolte chez les prolétaires. Que si de tels crimes sont
bien souvent excessifs et provoquent l'indignation de
tous, il faut se souvenir de deux choses : d'abord que l'individu dépasse parfois la mesure dans sa défense personnelle et répond par un crime à une légère injure et
que de même il se peut faire qu'une secte dépasse aussi
la mesure en ce qu'elle croit nécessaire à sa défense, à sa
conservation, à son développement, et réponde par des
crimes atroces ou par des massacres inutiles à des injustices séculaires et qui n'ont jamais été vengées ; et en
second lieu il faut se rappeler que, en vertu d'une loi
psychologique, les hommes réunis sont plus impulsifs,
moins honnêtes et plus brutaux que l'homme isolé, et
que dans les rangs des sectaires il s'enrôle souvent des
criminels-nés.

Pour conclure, je crois que dans un délit sectaire
quelconque, le motif fondamental c'est toujours la conservation, le développement de la secte (1), tout en

---

fondés ? Rien d'autre qu'un carnage impie accompli par des monstres.
Qu'il y ait eu des monstres, c'est vrai, assurément ; qu'il y ait eu carnage, c'est encore vrai, mais ces monstruosités humaines et ces massacres, c'était le *mode nécessaire* — pour déplorable qu'il fût — par
lequel se manifestaient et s'imposaient les idées nouvelles, source du
bien. Voyez d'ailleurs plus loin à ce sujet.

1. Il est bien entendu — comme d'ailleurs je l'ai dit ci-dessus —
que parfois le criminel sectaire n'est qu'un délinquant de droit commun qui se recouvre de la livrée politique.

admettant que, bien souvent, ce motif est mal interprété et encore plus mal exécuté, puisque l'action ne correspond point à l'instinct qui l'a inspirée et va même jusqu'à lui faire tort.

Cependant cet instinct n'explique pas à lui seul pourquoi des hommes honnêtes dans la vie privée se laissent entraîner à commettre, dans un but politique, des actes déshonnêtes.

Assurément on peut comprendre comment un individu d'un caractère doux, qui ne toucherait pas à un cheveu de la tête de qui que ce soit, devient pendant la bataille un soldat héroïque qui tue avec joie ses ennemis, transformé qu'il est instantanément par l'idéal patriotique qui lui sourit et qui annule en lui tout sentiment pitoyable.

Assurément on peut comprendre comment une personne bonne, type Charlotte Corday, devient tout à coup assassin, dominée et vaincue qu'elle est par un idéal de justice qui étouffe en elle tous les devoirs de la morale privée. Ce sont, pour ainsi dire, des évolutions psychologiques où la passion, cette force irrésistible de la machine humaine, renverse avec la rapidité et la violence de la tempête tout l'amas d'idées et de sentiments de fraternité humaine que le lent développement de la civilisation avait accumulé dans notre organisme.

Mais cette passion, cet idéal patriotique ou sectaire serait-il capable à lui seul de faire mentir comme Ferry et Bismarck l'ont fait, de faire voler comme Floquet l'a fait, et de faire lancer des bombes comme en ont lancé les anarchistes ?

9

Evidemment pour expliquer ces actions il faut un autre motif à ajouter à celui que nous avons énoncé.

Et ce motif le voici :

« Quand une action criminelle ou déshonorante, écrit Ferrero, n'est pas accomplie dans des intentions directes et personnelles, mais dans des intentions impersonnelles et indirectes, la honte, par suite d'une loi psychologique générale, en est fort diminuée.

« Nous faisons pour les autres avec désinvolture et même avec plaisir des actions que nous ne ferions jamais pour nous-mêmes, parce que nous en aurions honte. Combien d'hommes et de femmes, surtout dans les classes élevées, ne se tueraient-ils pas plutôt que de demander l'aumône, si des circonstances malheureuses les plongeaient dans la misère, et sont au contraire heureux de recueillir l'argent pour une collecte ou une souscription charitable, et, en un mot, de mendier pour les autres ! Bien des personnes ont une répugnance très forte à emprunter de l'argent, pour elles, à qui que ce soit, même aux amis intimes : mais j'ai vu quelques-unes d'elles en demander tranquillement et le sourire aux lèvres, pour autrui ».

Ainsi qui de nous ne mentirait point pour défendre un de nos parents, notre femme, devant quelqu'un qui les accuserait en public même à bon droit ? Si c'était à nous que le mensonge dût servir, il nous ferait l'effet d'une action méprisable : fait pour les autres, loin de passer à nos yeux pour une mauvaise action, il nous apparaît comme dicté par le devoir.

Or c'est le phénomène identique qui arrive dans le

monde sectaire et dans le monde politique. Si un Oberdank, si un Caserio (je prends au hasard les noms qui
viennent sous ma plume) avaient dû commettre leurs
crimes dans un intérêt purement égoïste et personnel,
nul doute qu'ils eussent senti une voix intérieure les dis-
suadant de commettre leur crime, et qu'ils n'eussent pu
l'accomplir, mais c'est l'idée de se sacrifler pour le bien,
vrai ou supposé, de leurs frères, la conviction qu'une victime est nécessaire pour inaugurer le règne de la justice,
qui arme leurs bras et qui en fait des instruments sûrs
pour l'idéal qu'ils ont en vue.

Pour la même raison, si un ministre, si un député devait s'humilier, mentir, voler pour lui-même, il sentirait
en lui une répulsion instinctive, ne fût-ce qu'à l'idée de
pouvoir être jugé sévèrement par autrui et de donner
aux autres une triste opinion de sa personne ; mais quand
ce ministre ou ce député accomplit ces actions sans aucun avantage personnel, dans un but qui est en dehors
de son *moi*, il se sent étranger à l'immoralité intrinsèque
de l'action et il va jusqu'à presque croire qu'il est altruiste.

Il y a, assurément, en politique les altruistes qui se sa-
crifient, qu'ils agissent bien ou mal, en usant de moyens
honnêtes ou déshonnêtes, de bonne foi pour l'avantage
d'autrui.

Dans ce cas, leurs crimes, s'ils en commettent, sont
jugés avec indulgence, je dirai plus, avec sympathie.
Nous nous trouvons alors en face d'hommes qui agissent
par passion, qui appartiennent donc à la catégorie des
criminels la plus rapprochée de la catégorie des hom-

mes honnêtes et moraux ; et en outre la passion qui les
entraîne au crime est plus forte et plus noble que celle
qui peut entraîner au crime un simple particulier.

Le motif en effet qui détermine le vulgaire criminel
passionnel à commettre un crime est toujours, pour
élevé qu'il soit, un sentiment égoïste. C'est moi, c'est ma
femme, ce sont mes fils, c'est mon honneur, c'est ma
propriété que je veux défendre, c'est celui qui m'a of-
fensé dans un de ces biens que je veux punir, et sur qui
je veux me venger.

Le motif qui détermine le criminel politique par passion à commettre un crime est au contraire un sentiment non seulement élevé, mais toujours altruiste. C'est
une partie de mes semblables que je veux soustraire
d'un seul coup à une tyrannie vraie et supposée, c'est
contre celui ou ceux qui me paraissent faire souffrir mes
semblables que je veux m'ériger en vengeur (1). Non

1. Voir mon volume, *La teoria positiva della complicità*, 2e éd.
1894, p. 102, Turin, Bocca. Dans une autre de mes études plus
ancienne, j'écrivais les lignes suivantes que, pour l'intelligence du
sujet, je ne crois pas inutile de rapporter : « Dans le crime politique
on retrouve, suivant Lombroso, tous les types de criminels qu'on retrouve dans les crimes communs. Toutefois l'analogie entre les deux
classes des criminels politiques et de criminels vulgaires est loin d'être
identique. Parmi les criminels politiques, il y a un type encore plus
sympathique que ne l'est le criminel passionnel parmi les criminels
vulgaires. L'homme honnête qui, dans un éclat de colère légitime,
tue, par exemple, la femme adultère, prise en flagrant délit, commet
une action qui n'enlève rien, si nous voulons, à son honorabilité,
mais qui est l'expression seulement de son égoïsme. Au contraire, le
criminel politique qui tue un tyran et se sacrifie lui-même, commet
une action qui est l'expression la plus haute de l'altruisme. Le premier
se venge lui-même, le second venge ses concitoyens ; l'un étouffe son

seulement donc indulgence et sympathie pour ces criminels politiques, mais parfois même admiration.

Toutefois il est rare de rencontrer ces apôtres sincères
et naïfs d'une idée. Souvent le soi-disant altruisme des
criminels politiques, que ce soient des sectaires violents
ou des ministres voleurs, n'est qu'une hallucination va-
niteuse recouvrant des sentiments bas et égoïstes. Mais
cela n'empêche pas que l'hallucination ait les mêmes
effets que ceux de la vision réelle, et que ce soit, en outre,
un phénomène des plus fréquents et des plus communs.

Tous, quel que soit notre genre de vie et quelqu'occupation que nous ayons, nous sommes soumis à cette
hallucination.

En accomplissant un acte quelconque nous oublions
volontiers le mouvement égoïste qui nous pousse à l'accomplir pour ne plus nous souvenir que du côté altruiste
qu'il renferme.

Un avocat, par exemple, qui défend une cause, se persuade facilement qu'il fait du bien à son client et ne se
souvient pas que pour défendre cette cause il a été payé
ou a eu en vue un autre but égoïste quelconque.

Figurez-vous combien cette illusion doit être plus

sentiment naturel de pitié par le sentiment de la défense de son propre
honneur , l'autre laisse succomber son sentiment de pitié pour l'individu sous le sentiment plus large et plus admirable de la pitié pour
l'espèce. Et c'est pourquoi les différentes catégories de criminels vulgaires vont, en passant par une infinité de degrés, du criminel-né, qui
est l'être le plus anti-social et le plus pervers jusqu'au criminel passionnel qu'on réunit et qu'on assimile à l'honnête homme, tandis que
les diverses catégories de criminels politiques, s'ils partent aussi du
criminel-né, arrivent aussi à l'honnête homme, le dépassent même et
se rejoignent avec les martyrs. »

pontanée et plus fréquente chez le sectaire ou l'homme politique, qui ne travaillent pas directement pour eux comme le professionnel et le commerçant, mais qui travaillent directement pour ces êtres vagues et impersonnels qui sont : la secte, le parti, la nation, et seulement d'une façon indirecte (parfois, il est vrai, avec d'excellents résultats) pour eux-mêmes (1).

Ils auront donc deux fois plus de facilité à se persuader qu'ils sont des individus pleins de générosité et se sacrifiant dans l'intérêt d'autrui : les motifs égoïstes (ambition, luxe, etc.) qui les ont poussés à se jeter dans la vie politique demeureront obscurs dans le fond de leur conscience, et ils seront convaincus, par un phénomène très commun d'auto-suggestion, que le but qui les guide c'est seulement ce qu'ils ont absorbé, comme poison, dans leurs assemblées sectaires, ou, si ce sont des hommes politiques, ce qu'ils prêchent à leurs électeurs et au public des naïfs, c'est-à-dire l'intention de combattre pour le triomphe d'une secte ou d'un parti, pour la défense des institutions, pour le bonheur, grand Dieu ! de l'humanité tout entière. Et une fois possédés par cette auto-suggestion, leur honnêteté individuelle perdra toute énergie, et hypnotisés par l'éclat d'un idéal altruiste ils commettront les crimes les plus atroces sans hésitation et feront couler, sans horreur, des fleuves de sang. « Qu'importe la vie d'une, de deux, de dix personnes, quand il s'agit de rendre un service immense à des centaines de milliers d'hommes ? Qu'importe un vol, une

1. Voir l'article déjà cité de FERRERO.

falsification, un mensonge, quand il y a en jeu l'honneur, la gloire, les intérêts primordiaux d'une nation ? » (1).

Le problème ainsi posé, on comprend que souvent la conscience oscille dans ses réponses, et que l'idée lointaine de se rendre utile au plus grand nombre, empêche de voir le mal qu'on fait à la minorité, et par conséquent de le commettre. Et en effet, on comprend tous les grands crimes politiques commis avec la persuasion, réelle ou illusoire, de faire le bonheur de ses semblables. Et non seulement les crimes qui partent d'en bas pour viser plus haut, c'est-à-dire des opprimés contre les oppresseurs, mais aussi ceux qui sous le nom de *raison d'État* sont perpétrés par ceux d'en haut sur ceux d'en bas, c'est-à-dire par les oppresseurs contre les opprimés. On comprend les persécutions sauvages des empereurs romains les plus illustres contre les premières sectes chrétiennes, puisqu'ils avaient le sentiment profondément ancré dans leur conscience de défendre l'Empire du péril dont la nouvelle religion le menaçait, et l'on comprend les violences insensées de la Révolution française puisque alors le peuple avait une foi inébranlable dans un avenir d'égalité et de liberté, et la conviction que pour atteindre ce but tous les moyens étaient bons.

Il faut remarquer aussi que pour tous les individus qui s'adonnent à la vie politique, elle représente l'objet du plus grand intérêt, le point où se concentre toute leur attention.

1. Voir art. cité.

Cette attention arrive souvent à sa limite extrême : l'idée fixe. On ne doit pas croire que les fous seuls puissent être victimes d'une idée fixe : parmi les hommes normalement constitués on en trouve beaucoup dont la vie est vouée à une seule pensée qui est toujours vivante en leur esprit, de même que le soleil brille à l'horizon des régions polaires.

C'est qu'ils sont en proie à une idée fixe qui absorbe toutes leurs facultés et qui réduit toute leur énergie en un point unique. Et quelle que soit cette idée fixe, de même qu'elle sert d'impulsion à leur activité honnête, de même elle peut devenir le point de départ d'actions criminelles ou malhonnêtes.

Voyez un amoureux. Pour sa maîtresse il commet des actes qu'il ne commettrait pas dans d'autres conditions, et il ne s'arrête même pas parfois devant des actions déshonorantes. « L'amour ne serait pas l'amour, a dit Bourget, s'il n'entraînait pas jusqu'au crime. » Et tout de même une passion quelconque ne serait pas une passion véritable, si elle n'entraînait pas jusqu'au crime.

Ce que l'amoureux fait pour sa maîtresse, l'artiste le fait pour son art, le savant pour sa science, le sectaire ou l'homme politique pour la secte ou pour la politique. Un poète ou un romancier commettra des indélicatesses ou des crimes pour des raisons artistiques plutôt que pour des raisons financières; il se fera plagiaire plutôt que voleur, et de même un savant cherchera à voler à un collègue le secret d'une découverte scientifique plutôt que... son portefeuille.

Pour le même motif un homme politique cherchera

par tous les moyens possibles à s'emparer du gouvernement, et une fois ministre il ne reculera, pour rester en
place, devant aucune action (1) : c'est pour la même
raison qu'un homme affilié à une secte deviendra criminel.

L'un et l'autre passeront sur l'immoralité de leur conduite non seulement parce qu'ils croiront que cette immoralité partielle et momentanée sera la cause d'un
bien général et futur, mais aussi parce que la passion,
le but, l'idée fixe qui les possède annulera en leur conscience les centres d'inhibition.

Il y a enfin d'autres causes spéciales qui expliquent le
défaut d'équilibre entre la morale privée et la morale
sectaire ou, en général, la morale politique.

Pour les classes populaires où se recrutent en grand
nombre les conjurés des sociétés secrètes et tous les criminels politiques de mœurs violentes, le culte du courage (2) est une excitation terrible au crime. Elles ne
redoutent aucune injure autant que celle de lâches, et
pour ne pas passer pour des poltrons, beaucoup d'hommes du peuple vont jusqu'à se rendre coupables d'atrocités.

Il se produit dans les milieux sectaires ce qui se produit au milieu d'une foule. L'individu qui, dans une multitude forcenée, oserait prononcer une parole de paix et
de calme, serait sûr d'être accusé de lâcheté ou d'espion-

1. S'il est nécessaire de commettre l'injustice pour arriver au pouvoir — disait Euripide — commettons l'injustice ; mais en toute autre
circonstance, soyons honnêtes.

2. Voir l'article si souvent cité de FERRERO.

nage. L'épisode de Renzo dans les *Promessi Sposi* (quand, épouvanté par la proposition de quelques personnes dans la multitude d'aller chez le Vicaire et de l'étrangler, il se révolte, qu'il entend tout à coup gronder autour de lui des menaces verbales et matérielles et, qu'il arrive par miracle à échapper à ceux qui voulaient faire de lui justice sommaire), est, bien que du domaine romanesque, un fait d'une psychologie vivante et réelle, dont bien des histoires ont démontré la profonde vérité.

Si donc ce n'est pas par conviction intime, si ce n'est pas par suggestion, c'est assurémeut par nécessité, c'est-à-dire pour ne pas être insulté et frappé, que l'individu qui se trouve dans une foule en doit suivre les humeurs, les amours et les fureurs ; il doit, si la foule est violente et féroce, montrer lui aussi de la férocité et de la violence.

De même dans les sectes. L'atmosphère qui domine dans ces milieux c'est une atmosphère de révolte et de brutalité ; ce sont les instincts ataviques et sauvages de l'homme qu'on cherche à réveiller ; c'est à eux qu'on se fie pour obtenir le but voulu ; et c'est à eux qu'on s'adresse comme moyens naturels et uniques de tactique dans la lutte.

Cette bataille, justement parce qu'elle est livrée par les classes inférieures de la société, mal élevées et peu instruites, a lieu par des moyens primitifs, c'est-à-dire qu'elle met en œuvre les facultés les plus anciennes, et, si je puis dire, les plus animales de l'homme : la force physique et le courage.

La foi en cette force physique, l'adoration de ce cou-

rage, voilà donc de quoi est faite la religion des sectaires. Si le sort ou le vœu des compagnons a désigné l'un
d'eux pour commettre un crime, il doit l'exécuter ; il sait
en effet que, s'il refuse, il sera taxé, comme Renzo, de
lâcheté ou d'espionnage. Et bien souvent ce n'est point
le sort, ce n'est point non plus le vœu des compagnons,
mais c'est une impulsion intime, une auto-suggestion
qui les pousse, et qui, idéalisant le crime et donnant au
sectaire l'illusion qu'il est un apôtre, un martyr, lui
arme le bras et le pousse à l'assassinat.

L'homme qui, enivré par les cris de la multitude qui
l'entoure, frappe ou tue, est au point de vue psychologique fort semblable au sectaire qui, suggestionné par
les idées qu'il a entendu développer dans les sociétés
secrètes, tire un coup de revolver sur le tyran vrai ou
supposé ou le frappe d'un coup de poignard. Ils ne sont
tous les deux que les *exécuteurs* d'un crime *pensé* par
d'autres ; ils sont simplement les *automates* qui accomplissent ce qu'a voulu une autre *pensée*. Il n'y a entre
eux qu'une différence de degré. Le premier est victime
d'une suggestion *immédiate, statique* et partant *plus
inconsciente* ; le second est victime d'une suggestion
médiate, dynamique et partant *moins inconsciente*. La
responsabilité du second sera donc toujours plus grande
que celle du premier ; mais il ne faut pas oublier que le
véritable auteur du crime commis par le premier est un
être collectif, la foule ; et que, de même, le véritable
auteur du crime commis par le second est aussi un être
collectif, la secte.

Dans les deux cas nous sommes en présence d'un vrai

crime par *mimétisme psychique*. Il y a des animaux qui prennent la couleur des milieux végétaux et minéraux où ils vivent ; il y a des hommes qui prennent la couleur morale de la secte ; or, c'est la férocité et le Dieu des hommes féroces c'est le courage (1).

Savoir tuer, savoir mourir, voilà, pour eux, la gloire.

Sans compter que savoir commettre courageusement le crime et en savoir supporter héroïquement la punition, qui est la mort la plupart du temps, contribuent à tenir toujours en haleine cette adoration du courage et élèvent l'échafaud au rang de l'autel.

Les vrais criminels politiques, et assurément tous les anarchistes dernièrement condamnés à mort, ont généralement commis leur crime avec le mépris de la vie, et ont subi avec héroïsme le supplice suprême (2). Vaillant, Léauthier, Henry, Meunier, Caserio à la lecture du verdict et sur l'échafaud infâme ont crié d'un cœur joyeux : « Courage camarades et vive l'anarchie ! (3) »

1. Sur le *mimétisme psychique* qui dérive de l'instinct de conservation (les animaux prennent en effet la couleur du milieu où ils vivent, justement pour ne pas attirer les regards des ennemis possibles et pour être mieux défendus), voir WEISSMANN, *Studien zur Descendenz Theorie*, Leipzig, 1876, p. 10 et suiv. ; GIRARD, *La Nature*, 1878, p. 109 ; DARWIN, *Origine della specie*, Turin, 1875, p. 467 et C. CANESTRINI, *La teoria di Darwin*, Milan, Dumolard, 1887, 2e éd., p. 263.

2. Bayle avait été frappé de l'héroïsme des régicides au moment de leur exécution et avait écrit : « Chose déplorable que des assassins de cette nature témoignent autant de fermeté que les martyrs les plus illustres de la primitive Eglise. »

3. Léauthier et Meunier furent condamnés aux travaux forcés à perpétuité : les autres — inutile de le dire — furent exécutés.

Et c'est un exemple, un exemple terrible qui exalte pour eux la considération non seulement des compagnons, mais aussi de tout le public. Les compagnons auraient honte, dans des circonstances analogues, de n'en pouvoir faire autant ; le public ne saurait s'empêcher d'avouer que, si ce sont des assassins, ce sont aussi des héros (1).

Si pour les criminels politiques à forme violente, l'adoration du courage est l'un des motifs qui les poussent au crime, pour les criminels politiques à forme civilisée et rusée, c'est-à-dire pour ceux qui appartiennent aux classes élevées de la société, députés, ministres, c'est la puissance et la quasi-certitude de l'impunité.

C'est une illusion de croire, si toutefois il y a encore quelqu'un pour le croire, que la plupart des hommes vivent honnêtement pour l'unique désir intime et puissant de faire le bien. Dans la répugnance que nous inspire le mal et qui nous empêche de l'accomplir, la crainte de ses conséquences compte pour beaucoup.

Les hommes dont la nature, selon l'expression de Tommasi (2) « a trempé le caractère de façon que tout événement, d'une nature quelconque, l'ébranle sans l'abattre » sont extrêmement rares. Malheureusement les âmes fortes qui résistent victorieusement à toute tentation et qui savent éviter tous les déréglements représen-

1. Sur l'effet produit par les exécutions capitales sur la multitude, voir P. Aubry, *La Contagion du meurtre*, 2e éd., chap. III, p. 68, et toute l'introduction de mon volume, *Le Crime à deux*, Lyon, Storck, 1893.

2. Voyez Virgilio, *La natura morbosa del dilitto*, p. 9.

tent l'exception. S'il existe, comme disait Balzac, des hommes-chêne et des hommes-roseau, ce sont assurément les seconds qui constituent la majorité. Pour la plupart des hommes la vie n'est qu'un tissu de compromis ; ne pouvant contraindre le milieu à s'adapter à eux, ils doivent, inéluctablement, s'adapter au milieu. Et c'est pourquoi lorsque le milieu fait diminuer ou presque disparaître la crainte du châtiment et la honte de se voir démasqués, il y a beaucoup d'hommes qui ne sentent plus l'impulsion qui les éloignait du mal ; et ils arrivent, souvent, jusqu'au crime.

Mettons tous la main sur notre conscience, et avouons que, si personne ne nous voyait, ne nous entendait, si nous étions certains que personne ne vînt jamais à savoir ce que nous faisons, nous nous permettrions peut-être des indélicatesses, nous dirions peut-être des mensonges, et nous commettrions peut-être quelque crime.

Nous pouvons être découverts ; c'est cela qui nous retient (1).

Or cette possibilité qui devient une probabilité pour les crimes communs (2), devient au contraire improbable quand il s'agit d'actions malhonnêtes accomplies dans un but politique et à l'ombre de la politique.

Voici pour l'Italie un fait qui le prouve. Le procès

---

1. Ces mots, très sceptiques, qui renouvellent l'hypothèse du *Crime du mandarin*, de Rousseau, scandaliseront les nombreux Catons..... de pacotille. La vérité est que *tous*, depuis notre enfance, nous avons dit des mensonges, commis de petits péchés et que la seule crainte d'être pris nous arrêtait, alors.

2. Probabilité, d'ailleurs, toute relative. Voir, ci-dessus, *Introduction*.

commencé il y a quelques années, par la volonté de la
Chambre, contre un de nos ex-ministres n'a jamais
abouti à rien. Un autre fait : malgré des accusations
explicites et documentées, notre magistrature n'a jamais
mis en train les nombreux procès qu'on pouvait intenter
à un autre de nos ex-ministres. Une autre preuve : le
rapport du fameux Comité des Sept qui, chargé de dire
la vérité et toute la vérité sur notre Panama, a su au
contraire fort bien la taire, ou s'est borné à des doléan-
ces toutes platoniques. Ce qui le prouve enfin, c'est la
voix publique, qui ne se trompe pas en ce cas et qui
s'élève de la conscience de tout le peuple, pour désigner
certains députés, encore estimés, comme des corrompus
politiques et raconter comment et à quelle époque les
actes de corruption furent commis.

De tels exemples d'une impunité honteuse ne peuvent
rester sans influence sur les caractères, assurément point
adamantins, d'une grande partie de nos hommes politiques.

Dans le milieu étroit et vigilant de leur province, dans
la vie privée calme et modeste, ils auraient sans nul
doute conservé leur honnêteté ; mais jetez-les dans le
milieu si vaste de la politique, aux tolérances et aux
indulgences infinies, ayant également l'ironie et le sarcasme à servir aux naïfs qui n'ont pas encore su dépouiller leur honnêteté ingénue ; laissez leur apprendre à
goûter le charme qu'exerce le titre d'*honorable* ; donnez-
leur l'aide complaisante du journalisme ; faites-leur
comprendre combien de difficultés disparaissent devant
la promesse d'un vote ou devant la menace d'un refus ;

mettez-les, s'ils sont ministres, assez haut et assez loin
de l'œil scrutateur du public pour qu'ils se figurent qu'ils
ne seront pas vus ; songez que pour résoudre un problème politique la ligne droite et honnête est la plus
longue et la plus ardue ; que la malhonnêteté est un
chemin de traverse ; et dites si, avec tous les moyens de
cacher cette malhonnêteté, avec, en tous cas, l'assurance,
s'ils sont découverts, de pouvoir empêcher qu'elle ne soit
punie, dites si la logique ne leur commande pas de la
commettre.

Et ensuite pour les ministres qui ont une position politique supérieure à celle des autres, et qui personnifient
tout le gouvernement, la quasi-certitude de l'impunité
s'associe à la confiance qu'ils ont dans leur toute-puissance et se complète par elle.

Dans les pays latins il est facile de subir, même sous
un régime constitutionnel, la dictature déguisée d'un
homme. C'est un besoin du peuple, encore barbare par
bien des côtés, de vouloir être guidé, dirigé, commandé
par quelqu'un. Le peuple crie qu'il veut être libre, mais
en réalité c'est l'esclavage qui lui plaît ou auquel il se fait.
Il est comme un cheval de race qui a besoin du mors
pour aller droit et qui ne saurait atteindre le but de lui-
même. Aussi quand il s'élève sur l'eau dormante de la
médiocrité parlementaire un individu qui a, même avec
une foule de défauts, les qualités qui plaisent le plus au
peuple : la force, l'orgueil, l'audace, il se trouvera, tôt
ou tard, à la tête du gouvernement, porté et maintenu
sinon toujours par la faveur populaire, du moins toujours
par cet obscur instinct de servilité, qui est le caractère

fondamental de la psychologie des peuples latins et méridionaux.

Et quand cet individu fait partie du gouvernement, il comprend que c'est la lâcheté des autres qui fait sa toute-puissance et, chose naturelle et fatale, il en use et en abuse.

Toute dictature doit nécessairement aboutir à l'arbitraire, à l'injustice, au crime, parce que c'est une loi générale que qui peut tout ose tout. Jacoby (1) a magistralement décrit le degré d'enivrement moral et d'alcoolisme intellectuel que produit la toute-puissance sur ceux qui sont parvenus au pouvoir suprême. Tacite écrit, pour expliquer la cruauté de Tibère, qu'il avait été entraîné et transformé par le pouvoir : *vi dominationis convulsus et mutatus* (2).

Alfieri disait dans son vers fameux :

Poter mal far grande è al mal far invito (3).

Et les victimes mêmes de cette obsession le reconnaissaient plus encore que les philosophes de l'histoire et que les poètes.

Napoléon avouait à son lit de mort que la « gloire enivre les hommes. »

Or, en tenant compte toutefois de la différence qui sépare les colosses que j'ai cités des *petits grands hommes* de notre petit monde contemporain, il me semble que ce vertige du pouvoir peut aussi être une raison des

1. Jacoby, *Etudes sur la sélection naturelle*, Paris, 1880.
2. *Annales*, lib. IV, § 48.
3. Pouvoir commettre le mal est une invitation puissante à le commettre.

abus, des mensonges, des ruses, en un mot de toutes les immoralités, commises par certains ministres qui dans leur orgueil démesuré semblaient vouloir faire revivre, en fait plutôt qu'en parole, la phrase du Roi Soleil : *L'Etat, c'est moi.*

CHAPITRE IV

LE CRIME SECTAIRE

I

Dans le chapitre précédent nous avons analysé la morale privée et la morale sectaire et nous avons cherché à expliquer la coexistence possible de l'une et de l'autre dans le même individu.

Il est temps maintenant d'essayer de tirer une conclusion de la différence entre ces deux morales.

La première loi que nous pouvons énoncer de par les observations exposées ci-dessus est que la morale sectaire et, en général, la morale politique sont moins développées que la morale privée.

Nous avons vu en effet que certaines actions, pour lesquelles la conscience d'un peuple éprouve de plus en plus de répugnance, disparaissent d'*abord* des habitudes individuelles, et *ensuite* des habitudes politiques et sociales, et survivent même souvent dans la vie politique. Tel est par exemple encore aujourd'hui le mensonge ; tel, dans les siècles passés, l'usage du poison ; tel, en partie et dans quelques pays comme la Romagne (province de Bologne, Imol, Forti) l'homicide, qui déshonore absolument un homme s'il est commis dans des intentions privées et personnelles, mais qui ne le déshonore point du tout s'il est commis dans des vues politiques (1).

1. Voir art. cité de FERRERO.

En un mot l'homme, en tant que *individu*, est beaucoup plus moral qu'en tant que *homme politique*. Plus on élargit la sphère où il doit agir, plus sa moralité devient indulgente.

Cette constatation vient appuyer la théorie que j'ai exposée et soutenue ailleurs, à savoir : que la collectivité est toujours moins morale que l'individu (1).

J'avais appliqué cette théorie aux *foules*, aux *parlements*, aux *jurys*, aux *commissions*, aux réunions *transitoires*, et pour ainsi dire momentanées d'individus : maintenant je peux, par simple déduction logique de ce que je viens de dire, l'appliquer aussi aux autres groupes sociaux, non plus transitoires mais permanents. Les membres d'un parti, d'une secte, d'une nation sont, comme tels, beaucoup moins moraux qu'en tant qu'individus particuliers (2).

Un misanthrope se ferait fort de cette vérité pour haïr encore davantage les hommes et le monde, et il élargi-

1. Et de même au point de vue intellectuel. Voir mon volume, *La Falla Delinquente*, Turin, Fr. Bocca, 2e éd., 1895.

2. Je dois faire remarquer que dans mes études de psychologie collective, j'avais jusqu'alors observé que le *produit complexe* d'un groupe humain donné était pire que celui qu'aurait dû logiquement donner la simple somme des facultés, morales et intellectuelles, des individus qui le composent ; mais, d'autre part, j'avais reconnu que l'individu, *considéré individuellement*, restait, pour employer une expression de Tarde, « identique à lui-même », c'est-à-dire qu'il n'altérait pas ses facultés. Maintenant, au contraire, il reste démontré que l'individu — par le seul fait de sa présence dans un groupe humain donné, et en dehors du phénomène troublant de la psychologie collective — altère ses qualités personnelles et naturellement les altère en pis. Les deux observations se complètent et ont — comme il est facile de le voir — des conséquences d'une importance capitale.

rait un des articles du code philosophique d'Adrien Sixte en disant que non seulement « les attaches sociales doivent être réduites à leur minimum pour celui qui veut connaître et dire la vérité (1) », mais que cela doit aussi avoir lieu pour celui qui veut demeurer honnête.

Nous qui ne sommes point misanthrope, nous constatons sans nous épouvanter que « plus l'union sociale et l'association entre les individus s'étendent, moins la morale est rigide » ; et sachant que ce phénomène douloureux est compensé par d'autres de la plus grande utilité, nous en profitons seulement pour juger avec plus de sévérité et d'impartialité les actions malhonnêtes qui ne sont pas accomplies dans un but individuel et égoïste.

En écrivant, il y a quelque temps, (2) pour la première fois, cette phrase que « plus l'union sociale et l'association entre les individus s'étendent, moins la morale devient rigide » je prévoyais qu'elle attirerait sur moi les foudres de la critique.

En effet les critiques tombèrent dru comme grêle venant tant des esprits timorés, épouvantés de toute idée qui prend la forme d'un paradoxe, que des sociologues socialistes qui virent, à tort, dans mon affirmation la méconnaissance des avantages de l'union sociale et qui se cabrèrent devant une théorie qui leur semblait, erreur ! l'apothéose d'un stupide individualisme.

Je ne répondis pas alors aux attaques ; je voulais me réserver de répondre dans ce livre, où la polémique

1. P. Bourget, *Le Disciple.*
2. Dans l'opuscule déjà cité : *La morale individuale e la morale politica.*

aidera à mettre mon idée plus vivement en relief, et où
le lecteur, connaissant toute ma pensée, sera à même
de juger avec plus de compétence et d'impartialité.

Mes adversaires, ou courtois comme mon maître et
ami Enrico Ferri (1) ou extrêmement désobligeants comme un collaborateur de la *Critica Sociale*(2), m'ont adressé cette objection : « Affirmer que plus l'union sociale
et l'association entre les individus s'étendent, moins la
morale devient rigide, c'est se heurter au fait universel
que la morale est au contraire le produit spécifique de
l'union sociale et progresse en même temps que cette
union puisque l'individu isolé n'est ni moral ni immoral. (2)

Mon ami Ferri a voulu par là m'apprendre une chose
dont il savait bien que j'avais connaissance, et il a voulu
en outre forcer ma pensée, ce que, à dire vrai, je n'at-
tendais point de lui.

C'est une naïveté de vouloir apprendre aujourd'hui,
je ne dis pas à moi, qui pourtant me range parmi les
plus infimes de ceux qui écrivent, mais bien au plus
ignorant des collégiens, « que la morale est le produit
spécifique de la vie sociale ». C'est un axiome tel que la
prétention de l'enseigner comme une nouveauté à qui
n'en est pas à l'alphabet rappelle la peine célèbre qu'on

1. Voir la *Scuola Positiva*, 6ᵉ année, fasc. 6, juin 1896, page
précédente et suiv.

2. Voir la *Critica Sociale*, 1ᵉʳ et 15 juin 1896 et la polémique qui
s'en suivit, plus pour la forme que pour le mérite des critiques,
1ᵉʳ et 15 juillet 1896.

3. E. FERRI, *Delinquenti ed onesti*, dans la *Scuola Positiva*, déjà
cité.

prenait à porter des vases à Samos ou des chauve-souris à Athènes.

Mais qu'est-ce que cet axiome a de commun avec mon affirmation ?

Ai-je nié, moi, que la morale fût « le produit spécifique de la vie sociale ? » Mais qu'on fouille donc dans mes écrits pour voir s'il y a une hérésie scientifique semblable, et si on la trouve, je rends les armes. J'ai cru pouvoir négliger de faire précéder mon travail d'une vérité présentement si banale, car, autant qu'il dépend de moi, je ne répète point les lieux communs.

Considérant donc comme archi-connue cette vérité qu'on me veut révéler aujourd'hui, je me suis borné à recueillir des faits et à tirer une conclusion de ces faits.

Les faits disaient que l'homme, en tant que particulier, est plus moral que comme membre d'une province, d'une classe, d'un parti, d'une nation. Et j'ai conclu de cela que la morale privée est supérieure à toutes les autres morales, sectaires, régionales, patriotiques et que, par conséquent, plus s'élargit la sphère où un individu doit penser et agir, plus sa conscience aussi s'élargit.

J'ai conclu par les lignes suivantes qui ont provoqué le guêpier et qui pourtant sont synonymes de celles que je viens d'écrire tout à l'heure : « plus la vie sociale et l'association entre individus s'étend, moins la morale devient rigide ».

Mes adversaires, ne pouvant nier les faits (1) s'attaquè-

1. Ferri l'admet même explicitement (*loc. cit.*). « Il est très vrai — écrit-il — que la morale politique est toujours inférieure dans son

rent (et je veux bien croire que quelques-uns s'y atta-
quèrent de bonne foi) à la conclusion, et l'isolant du
reste, lui donnèrent une interprétation qui ne pouvait
pourtant pas passer par la tête d'un lecteur attentif et
consciencieux.

L'anecdote de Talleyrand disant : « Donnez-moi deux
lignes de l'écriture d'un homme et je vous le fais condamner » est bien vieille ; mais l'application en est toujours récente.

Il y a aussi bien dans le monde de la littérature que
dans celui de la diplomatie des fourbes, qui, étant donné
un certain nombre de pages, en détachent deux lignes,
les présentent au lecteur sans tenir compte de ce qui
était écrit avant ou après et échafaudent sur elles tout un
réquisitoire : méthode de critique aussi facile que peu
loyale.

Les fourbes m'ont rendu ce service. Ils ont détaché
de mes pages la phrase connue que je ne veux pas répéter pour la centième fois, et ils ont dit qu'en parlant
ainsi je montrais que j'étais un sociologue métaphysi-
cien, bien mieux une espèce, et une espèce primitive, de
théologien qui conçoit l'individu comme un type parfait
sorti des mains du créateur, et sur qui la société humaine
ne peut exercer qu'une influence corruptrice (1).

développement à la morale individuelle. » L'écrivain de la *Critica
Sociale* faisait la même affirmation. — Il me faut reconnaître que
Colajanni, tout socialiste qu'il est n'a pas donné dans l'équivoque de
ses correligionnaires et ne m'a pas attribué des bêtises que je n'ai pas
commises : ce dont je le remercie. Voir dans le *Secolo* du 17 mai 1896
son article sur mon opuscule.

1. Voir la *Critica Sociale*, déjà citée, numéro du 1er juin 1896.

Et tout cela parce que ces fourbes ont commis une équivoque et m'ont fait dire une chose à laquelle je ne songeais pas le moins du monde.

Assurément, et c'est ce que mes adversaires n'ont pas compris ou ont fait semblant de ne pas comprendre, autre chose est d'admettre que la morale, comme du reste tout ce qu'il y a de beau et d'utile dans le monde, est un produit de la vie sociale (moi douter de cela ! mais non seulement l'homme isolé ne pourrait rien faire de bon, mais encore il est impossible de concevoir qu'il existe!) autre chose est de dire que la morale de l'homme, pris en particulier, est plus rigide que celle du sectaire, du citoyen, de l'homme politique, et que par conséquent plus, *en ce sens*, l'association entre les individus s'étend, plus la morale est indulgente.

Ces deux affirmations ne sont nullement contradictoires : elles éclairent au contraire, et font refléter les deux points de vue d'où l'on doit considérer tout phénomène social.

Au point de vue *dynamique*, c'est-à-dire eu égard à son évolution dans le temps, c'est un axiome de dire que « plus l'association entre les individus se développe, plus la morale fait de progrès » ; au point de vue *statique*, c'est-à-dire eu égard à un moment donné de l'histoire, on ne peut nier que « plus la vie sociale s'étend, moins la morale devient rigide ». En effet, dans le cercle restreint de la famille, c'est-à-dire, en tant qu'homme privé, l'homme est plus moral que quand on le considère dans des milieux plus vastes, c'est-à-dire, comme membre d'une association, d'un parti, d'une secte, d'une nation.

Je veux espérer que, cela posé, l'équivoque où mes adversaires sont tombés sera éliminée : il me semble que j'ai été clair et même, si je ne me trompe, que j'ai pu convaincre (1).

Je me résume. La morale est allée se développant toujours de plus en plus au fur et à mesure que l'association entre les hommes s'étendait et se perfectionnait ; et il suffirait pour se convaincre de cette vérité, de cet axiome, de jeter un regard sur l'abîme qui sépare notre morale de celle des premières tribus sauvages ; toutefois en marchant vers une perfection, que peut-être les utopistes seuls pensent atteindre, elle n'a pas procédé

1. Une équivoque semblable est survenue à propos d'une de mes autres publications, et il est bon d'en faire ici rapidement l'histoire pour montrer comme il y a dans les critiques une tendance à exagérer — en l'interprétant — la pensée d'un auteur, pour se donner le plaisir de la combattre. En octobre 1894, j'écrivais dans la *Critica Sociale* une lettre ouverte à Gabriel Tarde, intitulée : *Intelligenza e moralità della folla*. Dans cette lettre, en parlant de la foule et, en général, des réunions *statiques* d'individus (jurys, commissions, parlements, etc.), j'écrivais « l'union des hommes diminue la moralité de chacun d'eux ». Ce n'était, au fond, que la répétition du principe exposé dans l'introduction de mon volume *La Folla Delinquente*, principe qui avait obtenu l'approbation générale du monde scientifique. Ferri interpréta cette phrase à la lettre, c'est-à-dire qu'il lui donna un sens universel et — bien entendu — il eut beau jeu pour la combattre. Je lui répondis qu'il m'avait mal compris, et, en effet, il n'était pas permis de supposer qu'un homme — sans être fou — pût poser en théorie absolue que « l'union des hommes empire tout ».

Autant vaudrait alors nier toute la civilisation ! Je voulais dire que lorsque les hommes sont réunis *statiquement* (foules, jurys, etc.), leur niveau intellectuel et moral, au lieu de s'élever s'abaisse. Voir toute cette polémique dans la 2ᵉ édition de la *Folla Delinquente*, Turin, Bocca, 1895. — Eh bien, cette équivoque n'a pas servi d'enseignement, et, bien mieux, elle a été suivie d'une autre.

comme un organisme unique et indivisible, mais bien comme un corps formé d'autant de parties relativement indépendantes entre elles ; et si toutes ces parties se sont perfectionnées, chacune d'elles s'est perfectionnée à un degré différent suivant les divers milieux sociaux auxquels elle s'appliquait. Et c'est pourquoi nous voyons que la morale privée est plus avancée que la morale sectaire, patriotique, politique, et nous pouvons donc affirmer que *statiquement* « plus le groupe social où l'homme pense et agit s'étend, moins sa morale devient rigide ».

Telle est dans sa limpidité et dans sa précision toute mon idée, et je défie les hommes de bonne foi de la combattre.

II

Après avoir débarrassé le terrain de toutes ces critiques, nous pouvons poursuivre notre raisonnement.

Nous avons démontré l'infériorité de la morale politique par rapport à la morale privée. Ce n'est pas là d'ailleurs chose nouvelle et beaucoup avaient, plus ou moins clairement, mis ce fait en lumière.

Platon, persuadé que la vertu se perd au contact de la politique, conseillait au sage de se tenir loin des affaires publiques. Saint-Just donnait le même conseil, analogie étrange et caractéristique ! Saint-Just, l'élève de Robespierre, féroce par froid calcul et moraliste élevé en paroles, disait:«Les leçons que nous a données l'histoire, l'exemple de tous les grands hommes est-il perdu pour l'univers ? Ils nous conseillent tous la vie obscure ; les

cabanes et les vertus sont les grandeurs du monde ;
allons habiter aux bords des fleuves et bercer nos enfants (1) ».

La Bruyère écrivait avec une fine ironie : « Je ne
mets au-dessus d'un grand politique que celui qui né-
glige de le devenir et qui se persuade de plus en plus
que le monde ne mérite point qu'on s'en occupe (2) »
Littré disait en exagérant: «Tout progresse sauf la politique (3) » et un vieil ambassadeur donnait à Maxime du
Camp cette définition de l'art auquel il avait consacré sa
vie : « Affaire de chantage, de marchandage, et souvent
de brigandage (4) ».

Définition qui dès l'abord peut sembler trop sévère,
mais qui ne l'est point. En effet dans ses origines, dans
son essence, dans ses conséquences la politique, qu'elle
vienne d'en haut ou d'en bas, qu'elle soit sectaire ou
patriotique, a toujours été et est encore une immoralité.

Examinez sa période d'incubation, les élections.

Montesquieu, avec l'ingénuité du génie, avait écrit
que « le peuple est admirable pour choisir ses représentants (5) ». Pauvre peuple ! Si on lui laissait la liberté
de choisir vraiment ses représentants, peut-être Montesquieu aurait-il raison. Mais cette liberté n'existe pas,
c'est un vain nom sans objet, une poudre jetée aux yeux

1. Voir Buchez et Roux, tome XXXII, 314, cité par Taine, *La Révolution*, t. III, p. 247.

2. La Bruyère, *Des jugements*, LXXV.

3. Littré, *De l'établissement de la troisième République*,
p. 363.

4. Maxime du Camp, *Le Crépuscule*, p. 250.

5. Montesquieu, *Esprit des lois*, II, c. II.

du public ; et le philosophe français a donc tout simplement tort.

« La période des élections, dit avec raison Ferrero, constitue pour tous les candidats et pour leurs partisans une vraie phase d'abrutissement moral ; les uns et les autres, même ceux dont la conscience est la plus délicate, recourent sans répugnance aux bassesses les plus indécentes, aux mensonges, à la ruse, aux tromperies, aux promesses fallacieuses et reconnues telles, aux restrictions mentales, aux falsifications, aux fraudes. J'ai vu par exemple un candidat juif porté dans un collège de campagne où sa race et sa religion lui auraient fait tort, se dire catholique et se rendre tout le temps des élections à la messe le dimanche dans le centre principal du collège. Nous ne parlons point des falsifications de procès-verbaux, des morts qui votent, des bulletins mal lus, des résultats calculés suivant l'arithmétique du parti, et de tant d'autres fraudes commises avec l'approbation de gens qui, hors de là, seraient en toute conscience et sincérité certains d'être insultés à tort, s'ils s'entendaient traiter de menteurs et d'intrigants (1) ».

Tout cela est exact, et il y aurait encore beaucoup à dire, pour ce qui a trait à l'origine de la vie politique.

Examinez maintenant la politique en pleine fonction.

Robert Walpole achetait les consciences des parlementaires et se vantait de connaître les tarifs. Ce qui n'empêchait pas Macaulay de juger sa conduite avec une indulgence incroyable : « Au temps où vivait Walpole,

1. FERRERO, *loc. cit.*

écrit-il, il était impossible de gouverner autrement : son seul crime fut d'employer son argent d'une façon plus utile que ne l'avaient fait ses prédécesseurs et que ne le firent ses successeurs. La Chambre des Communes était dans une de ces situations où il faut gouverner l'assemblée par la corruption ou se résigner à ne la point gouverner. Et il serait trop injuste de blâmer les ministres d'avoir gouverné une assemblée à la seule manière qu'il fût possible. Ils se résignèrent à l'escroquerie parce qu'ils ne pouvaient faire autrement (1) ».

Que les corrompus et les corrupteurs modernes se consolent : ils ont de grands avocats ! c'est d'ailleurs le sort des grands criminels !

Aujourd'hui, il n'y a plus de Walpole, mais il y a pourtant quelqu'un qui lui ressemble. Les Chambres des peuples modernes ne seront peut-être pas aussi vénales que l'était alors la Chambre des Communes ; mais si on ne les achète pas avec de l'argent, les députés peuvent s'acheter au moyen de faveurs.Et on réservera l'argent pour acheter les journalistes.Nous n'avons pas,il est vrai, d'historiens illustres comme Macaulay pour justifier cette vénalité, mais l'esprit servile et le consentement tacite du public le permettent.

Comment les Parlements votent-ils, étant donné ce poison de corruption et tous les autres qu'on peut leur faire absorber ?

« Les lois les plus injustes, écrit Proal (2), ont été vo-

1. Macaulay, *Essais sur l'histoire d'Angleterre*, p. 439 et suiv.
2. L. Proal, *La Criminalité politique*, Paris, Alcan, 1895, p. 244.

tées par les assemblées politiques avec la plus grande
docilité. Tous les despotes, les empereurs romains,
Henri VIII d'Angleterre, Robespierre, le Directoire,
Napoléon Ier ont trouvé dans les corps politiques un
appui absolument dévoué pour toutes les lois qu'ils ont
voulu proposer ». Quand Henri VIII eut résolu de se
débarrasser de ses femmes, son Parlement l'aida ; quand
il eut décidé de faire mourir ses premiers ministres, son
Parlement les condamna sans aucune forme de procès ;
quand enfin il eut pris le parti de faire des lois de sa
seule volonté, le Parlement lui en donna le pouvoir (1)».

On pourrait répéter aujourd'hui ces tristes paroles en
tenant compte, bien entendu, de la différence entre les
temps d'alors et le temps présent. Et récemment n'a-
vons-nous pas vu un Parlement faire toutes les volontés
de son Henri VIII, qui n'était pas un roi, mais un ministre ?

Un auteur français parlant de la corruption des lois
par la politique a dit : « Le but de la loi devrait être
de protéger la liberté et la propriété de tous les citoyens.
Au contraire la politique a toujours fait promulguer des
lois dans l'intérêt de ceux qui avaient le pouvoir et a
rempli la législation d'absurdités et de cruautés hypocri-
tes. Et la persécution légale est plus odieuse que la violence brutale parce qu'elle joint l'hypocrisie à l'iniquité.
Les législateurs qui donnent à la persécution le caractère légal sont plus pervers que les bourreaux. Que
peut-on imaginer de plus monstrueux par exemple que

1. JOHN RUSSELL, *Essai sur l'histoire du gouvernement et de la
constitution britannique*, p. **23**.

les lois anglaises qui ont voulu supprimer le catholicisme en Irlande ? Elles étaient telles que Burke a dit en parlant d'elles qu'elles représentaient l'instrument d'oppression le plus habile et le plus puissant qui ait jamais été inventé par le génie pervers de l'homme pour ruiner, avilir et dépraver une nation et pour corrompre en elle jusqu'aux sources les plus pures et les plus inaltérables de la nature humaine (1). »

Ne croyez-vous pas, toujours en tenant compte de la diversité des temps, que certaines lois actuelles de l'empire russe ou que la conduite du gouvernement turc méritent les critiques enflammées de Burke ? Et ne croyez-vous pas aussi que dans d'autres nations, plus civilisées que l'Ours du Nord ou que la Turquie, un système analogue ait été appliqué avec des formes différentes ? Les lois que Bismarck a fait voter contre les socialistes, et qui produisirent par la force fatale des choses un effet contraire à l'effet attendu, n'étaient-elles pas aussi une iniquité ? (2)

Examinez maintenant la politique au point de vue de ses conséquences.

Elle corrompt non seulement les juges, qui malgré la rhétorique qui les veut intègres et incorruptibles tout autant que la femme de César, sont des employés qui subissent plus ou moins l'influence venue de haut, mais

1. Voir PROAL, *op. cit.*, 239-240.
2. Suivant THOMAS MORUS, toutes les lois sont injustes. « Quand je réfléchis aux lois et aux gouvernements de notre monde — écrivait-il — que je meure si j'y trouve seulement l'ombre de justice et d'équité. Mon Dieu ! quelle équité, quelle justice que la nôtre ! » (*Utopia*, chap. II).

même les juristes, individus libres et qui devraient être indépendants.

Il n'y a pas de loi injuste à laquelle les juristes n'aient donné leur approbation en la commentant. Ils n'osent généralement se permettre la moindre critique. Grotius admettait l'esclavage ; Blackstone justifiait l'assimilation du papisme au crime de haute trahison. Merlin, au dire d'Albert Sorel, « prêta sa grande science et sa merveilleuse habileté de légiste à la confection de ce chef-d'œuvre de la tyrannie insidieuse : la loi des suspects (1) ». Le chancelier Pasquier a dit de lui : « Je n'ai jamais connu d'homme pour avoir moins que lui le sentiment du juste et de l'injuste. Tout lui semblait bon et bien pourvu que ce fût une conséquence d'un texte de loi (2) ».

Ainsi, digne pendant de l'immoralité servant la politique, de même que la corruption parlementaire a trouvé son historien pour la louer, les lois les plus injustes ont trouvé leur jurisconsulte pour les approuver.

Et les juges?

Macaulay a écrit au sujet des tribunaux anglais avant la révolution de 1688 : « C'est un ramassis public d'impuretés devant lequel tous les partis traînaient à leur tour leurs propres adversaires et où ils trouvaient les mêmes bourreaux vénaux et féroces qui attendaient leurs victimes (3) ».

Je le sais : ces phrases respireraient l'anachronisme

1. Albert Sorel, *L'Europe et la Révolution française*, 3e partie, II, ch. IV.
2. *Mémoires du chancelier Pasquier*, tome I, p. 268.
3. *Op. cit.*, p. 306. Voir aussi à ce propos Proal, *op. cit.*

et l'hérésie si on les appliquait à la magistrature d'aujour-
d'hui : cependant en limitant nos observations à l'Italie,
je me rappelle qu'un ministre, véritablement et foncièrement honnête, l'a définie : *un point d'interrogation* ; je
me rappelle un arrêt de la Cour de cassation où l'on
définissait les *socialistes* des *malfaiteurs* ; je me rappelle des instructions de procès importants interrom-
pues, et il me semble que tout cela, sans provoquer les
injures, donne le droit d'être sceptique sur l'indépendance de la magistrature et fait penser aux paroles de
Camille Desmoulins: « ce sont les despotes peu rusés qui
se servent des baïonnettes ; l'art de la tyrannie consiste
à faire les mêmes choses avec les juges. »

Tels sont les exemples et les enseignements que nous
donne la politique qu'on pourrait appeler politique de
gouvernement, c'est-à-dire la politique astucieuse et
civilisée de ceux qui sont arrivés au pouvoir.

Voyons maintenant ce que sera la politique qu'on appelle sectaire, politique de ceux qui ne sont pas les maîtres mais les opprimés, qui n'ont pas le pouvoir, mais
qui le désirent ?

« Pouvez-vous dire, me demandait un socialiste italien, que le groupe ennemi de la bourgeoisie se conduit
comme elle dans la vie politique ? Pouvez-vous dire
que le parti du prolétariat se sert des armes dont se servent les partis bourgeois ? Vous ne le pourriez dire sans
avancer un mensonge ridicule (1) ».

Le ton de triomphateur de cette demande est employé
en pure perte. J'ai trop souvent soutenu que les classes

1. Voir l'article déjà cité de la *Critica Sociale,* 16 juin 1896.

dominantes ont une criminalité collective différente de celle des classes dominées, pour qu'on me puisse attribuer, même par hypothèse, l'opinion que les uns et les autres combattent avec les mêmes armes.

Organismes divers, fonctions diverses, voilà une vérité psychologique qui n'est pas neuve ; elle est applicable et on l'a appliquée à la sociologie, et pour la mettre davantage en lumière, j'ai employé pas mal de pages.

Les opprimés n'auront pas comme les oppresseurs recours à la ruse, à la fourberie, à la corruption, mais bien à la violence, à la force, à l'audace. Ils ne voleront pas l'argent des banques, mais ils descendront sur la place pour tenter une révolte ; ils n'achèteront pas les consciences, mais ils jetteront des bombes (1).

Un autre genre de lutte, moins antipathique je l'admets, mais dont l'espèce pourtant est toujours identique : l'immoralité et le crime.

« Il faut avouer, a écrit Taine, que le jacobinisme n'était que la religion de la violence et de l'homicide (2) ».

Ce jugement excessif est assurément faux, si l'on se reporte aux intentions et au but du jacobinisme ; mais il est en partie exact, si l'on se reporte aux moyens dont les Jacobins se sont servis.

Toutes les sectes, à leur naissance, ont plus ou moins recours, par nécessité, aux moyens employés par les Jacobins ; c'est-à-dire que toutes les sectes doivent agir

1. Voir l'*Introduction*.
2. H. TAINE, *Les origines de la France contemporaine, La Révolution*, tome III, p. 553, 13e éd., Paris, 1892.

par la violence, l'immoralité, le crime. Pour les minorités la légalité est un chemin trop long quand ce n'est
pas un chemin qui éloigne au lieu de rapprocher du
but.

Et il est inutile d'insister sur cette affirmation parce
que notre histoire et celle du monde entier nous en four-
nit les preuves.

III

Il me semble qu'on peut tirer de la loi « la morale
sectaire et la morale politique sont toujours moins développées que la morale privée » comme corollaire logique et évident cet autre principe : « le sectaire et
l'homme politique ne peuvent être des hommes vraiment
moraux. »

Principe qui paraîtra à bien des gens, à tout le monde
peut-être, un paradoxe offensant, mais que j'avance et
que je maintiens avec conviction et sérénité.

Il me souvient d'une phrase prononcée il y a quelques années par un de nos Présidents du Conseil : « *nous
serons inhabiles, mais soyons honnêtes* », phrase qui a
provoqué bien des sourires, mais qui, comme toutes
les expressions naïves, reflétait une vérité dont beaucoup
pourtant comprenaient qu'il n'était de l'intérêt de personne de la proclamer. Etre honnête, en politique,
c'est-à-dire être franc, loyal, comme dans la vie privée,
cela veut dire, assurément, être inhabile.

Donc qui est honnête n'est pas habile, c'est-à-dire n'est
et ne peut être un véritable homme politique.

Certes, s'il est vrai que les hommes de génie et en général les hommes de talent sont rarement des hommes d'une honnêteté incorruptible (1), il doit être vrai à plus forte raison que les hommes de génie et de talent de la politique sont rarement des caractères adamantins. Sans aller exagérer comme Buckle, qui prétend difficile de trouver un véritable homme politique qui ne soit pas en même temps un criminel, il ne serait pas possible de trouver dans l'histoire le nom d'un grand homme d'Etat qui ait toujours agi avec la loyauté la plus scrupuleuse et avec la justice la plus calme et la plus sévère.

Entendons-nous bien : je ne soutiens pas que tous les hommes politiques soient des coquins et que l'on puisse dire de tous ce que Chateaubriand dit de Talleyrand et de Fouché un jour qu'il les vit entrer en se donnant le bras dans les appartements de Louis XVIII : « *Voilà le vice appuyé sur le crime.* » Je soutiens seulement que les hommes politiques ne peuvent conformer leur conduite aux règles rigides et absolues de la morale privée, par la simple raison qu'on ne peut gouverner un peuple avec la morale qui sert à se gouverner soi-même, en tant qu'individu.

S'il est fort difficile à un homme politique d'être en même temps honnête, il est presque impossible à un sectaire d'être honnête. L'un doit nécessairement violer

1. Voir MAUDSLEY, *Le Crime et la Folie,* et ci-dessus l'*Introduction.* FERRI, dans son volume récent sur *Les criminels dans l'art,* Paris, Alcan), écrit : « De même que chez les personnnes à sentiments altruistes très développées on trouve souvent un esprit borné, de même, la nature prodigue souvent à celui qui manque de sentiment moral, un esprit sinon profond et solide, du moins fort perçant et fort lucide. »

le sentiment de la probité, parce qu'il doit mentir, qu'il doit acheter la presse ou les consciences parlementaires, — l'autre doit nécessairement violer le sentiment de la pitié, parce que sans violence aucune secte ne s'impose (1).

Le type de l'homme honnête selon la morale privée, est représenté par celui qui ne veut pas répandre le sang, qui ne veut commettre aucune violence, aucune immoralité de quelque genre que ce soit. Un tel homme pourrait-il faire un sectaire ? Evidemment non.

J'ai déjà dit que les sectaires adorent le courage et que cette adoration est une des causes qui les poussent au crime. Or pour être courageux, pour mépriser sa vie et pour oser attenter à celles des autres, soit dans la guerre, où l'homicide est légitime, soit dans les émeutes, dans les révolutions ou dans les attentats, il faut être dépourvu du degré le plus élevé de ce sentiment de pitié, qui est une lente conquête de la civilisation et qui, s'il améliore la moyenne de la morale humaine, empêche pourtant ou, pour le moins, diminue l'apparition d'hommes héroïques.

Un sectaire qui serait vraiment et profondément pitoyable se trouverait dans la position d'un homme

1. On sait que GAROFALO, dans l'analyse des instincts qui constituent le sens moral, mettait parmi les plus importants ceux de la *pitié* et de la *probité,* dont l'absence partielle ou totale donne naissance au crime contre les personnes ou au crime contre la propriété. Nous nous reportons ici à sa théorie du *crime naturel* (voir *La Criminologie,* ch. I), parce qu'il nous semble qu'elle peut s'adapter aux deux formes du crime politique, la forme de la violence et celle du vol. Parmi les criminels sectaires, le sentiment de la pitié est faible ou absent ; parmi les criminels politiques des classes élevées, c'est au contraire le sentiment de la probité qui est faible ou absent.

politique qui serait vraiment et profondément honnête. L'un ne consentirait pas à donner un croc-en-
jambe à ses principes de probité, même pour une exigence impérieuse du gouvernement, l'autre ne consentirait pas à se départir de ses principes de pitié, même
pour atteindre son idéal.

Le premier, si c'était un diplomate, ne mentirait plus
et laisserait aller à vau-l'eau les intérêts de la patrie ; il
serait honnête, mais maladroit ; le second n'oserait ni
conspirer ni agir en conspirateur, et rendrait à sa secte
les plus mauvais services : il serait, en bref, lui aussi,
comme sectaire, honnête, mais maladroit. Et l'histoire
n'aurait point Garibaldi qui fait Aspromonte, ni Antonio
Carra qui supprime l'odieux duc Charles III, ni Cavour
qui feint d'entraver le héros de Caprera pour l'aider
secrètement.

On peut déclamer tant qu'on veut ; mais ce qui reste
vrai c'est que aussi bien au poste resplendissant de ministre ou de gouverneur de peuples, que dans le
rôle ténébreux de conspirateur ou de sectaire, on ne
peut ni agir ni penser avec la conscience pleinement et
rigidement morale de l'homme privé. « Dans toutes les
choses du monde, disait Settembrini, il faut un peu d'imposture ; c'est comme le sel qui donne de la saveur s'il
y en a un peu, et de l'amertume s'il y en a beaucoup. »
Dans les choses politiques il faut de l'imposture et de
l'immoralité, et laissons les naïfs et les jésuites le nier !

IV

Aussi bien il n'en manque pas pour justifier habilement cette imposture et cette immoralité.

Mirabeau disait que la petite morale tue la grande ;
et il avait raison, puisque la petite morale, c'est-à-dire la
morale privée, tue la grande, c'est-à-dire la morale politique en nous donnant des ministres honnêtes mais ma-
ladroits, des sectaires honnêtes mais timides.

La grande morale, qui légitime le crime quand il est
commis dans un but altruiste, est, aux yeux des véritables sectaires et des vrais hommes politiques, beaucoup
plus noble que la petite, qui ne permettrait pas de l'accomplir.

Et l'on ne peut nier qu'en certains cas les sectaires
et les hommes politiques n'aient raison.

S'il y a un milieu où l'on doive appliquer la maxime :
la fin justifie les moyens, c'est bien le milieu politique.
Sauver la patrie est une fin, par exemple, qui peut bien
justifier un crime quelconque employé comme moyen.
Mais on devrait apporter une restriction à cette maxime
qui sent le jésuitisme et le machiavélisme. Il faudrait
dire : la fin justifie les moyens nécessaires au but. La
nécessité en ces cas serait le frein des abus et la sau-
vegarde de la moralité. Si un homme d'Etat ou un sectaire commettait un crime pour atteindre un but qu'il
aurait également pu atteindre d'une autre façon, il serait, même au point de vue politique, un criminel.

Mais ce n'est pas toujours le critérium qu'on emploie
pour se décider. Ce qui importe, surtout en politique,
c'est le succès. Le succès vous lave de tout crime, même
superflu, et au contraire l'insuccès conduit les coupables
sur le banc des accusés.

L'ouverture du canal de Suez a été une filouterie gigantesque accomplie par des artifices aussi criminels que ceux employés pour Panama ; mais elle a reçu l'approbation de tous, parce qu'elle a réussi ; et si Panama n'a abouti qu'à un procès scandaleux, c'est que l'affaire a raté.

De même que dans la vie privée il faut être, dans la politique, un malfaiteur imposant, un malfaiteur de génie si l'on veut retirer du crime, non point la peine des galères, mais la puissance et les honneurs. Les petits filous paraissent devant le tribunal ; les voleurs de millions passent en voiture et appellent leurs vols des spéculations.

De même les sectaires de génie parviennent à la toute puissance au moyen d'un ou de plusieurs crimes ; les sectaire médiocres sont punis ou tombent dans le ridicule et dans l'indifférence. Exemples typiques de ces deux cas : Napoléon et Boulanger.

De même les ministres ou les députés qui ont commis quelques indélicatesse ou quelque crime mais qui, étant d'intelligence médiocre, n'ont pas su tirer de ces actions immorales un succès politique, perdent le pouvoir et la considération publique ; au contraire les députés, qui ont l'esprit fort, auront beau avoir commis les crimes les plus graves et les plus nombreux, s'ils ont su en tirer tout l'avantage qu'il était possible d'en tirer, ils resteront puissants, adulés, enviés.

Malgré notre civilisation nous en sommes encore au stade moral des tribus sauvages qui louent et récompensent le vol commis sur une grande échelle, et qui le méprisent et le punissent s'il se borne à porter sur des choses insignifiantes (1).

Lombroso soutient que la moralité ou l'immoralité de certaines actes politiques est due simplement à leur succès ou à leur insuccès.

En parlant des révoltes et des révolutions il avait dit que les premières se distinguent uniquement des secondes par leur issue (2). En effet, quand un mouvement insurrectionnel politique, religieux ou économique éclate, on ne peut savoir si ce sera une révolution ou une révolte. On pourra le prévoir, on ne peut le savoir. C'est l'issue qui donne à ce mouvement un caractère légal ou illégal. La victoire donne à une insurrection le nom de révolution : la défaite lui donne celui de révolte.

Or la victoire implique l'adhésion de la majorité ; la défaite implique nécessairement le contraire ; et puisque la condition première pour qu'un acte soit anti-social, c'est-à-dire un crime, c'est qu'il soit l'œuvre d'une minorité, il s'en suit que, si la majorité l'approuve, il devient une action normale et légale, donc que la révolution est un acte normal.

Ce raisonnement d'une logique inéluctable peut être accepté à un point de vue historique pour les mouvements politiques collectifs, qui sont justement les révoltes et les révolutions. Dans ces cas la majorité ou le

1. « Il est curieux que les Tekkès, qui admettent comme moyens d'existence le meurtre et le pillage, méprisent le vol s'il se réduit à dérober quelque chose à une personne ou à soustraire un objet à l'étalage d'un bazar. » O'Donovan, *The Merw Oasis*, II, 408, cité par Spencer, *La morale des différents peuples*, p. 79.

2. Lombroso et Laschi, *Le crime politique*, Paris, Alcan.

nombre est toujours juge suprême, bien plus, juge
unique.

Mais que serait-ce si nous voulions appliquer ce raisonnement non plus aux mouvements collectifs, mais
aux personnes ?

Pourrions-nous affirmer que la révolution française
n'étant pas un crime, considérée comme phénomène
collectif, il n'y a pas eu de criminels parmi les auteurs
de quelques-uns de ses épisodes les plus sanglants?

Pourrions-nous affirmer que Napoléon Ier fut un
homme moral par le seul fait que la France voulut l'a-
voir comme consul et comme empereur ?

Ici, chacun le sent, le criterium du succès ne suffit
plus pour légitimer et pour absoudre. Et on peut répéter pour le jugement de l'histoire ce qu'un ministre italien disait pour le jugement des parlements : les questions morales ne se décident pas à coup de majorités.

C'est donc en vain qu'on tente, en employant des arguments plus ou moins subtils et spécieux, de couron-
ner la politique et ses acteurs heureux du laurier de la
moralité.

Mais si l'on admet en général que très souvent la politique et les politiciens ont recours à des moyens déshonnêtes, on soutient toutefois, je ne sais pas si c'est avec
sincérité, et je croirais plutôt à une de ces hypocrisies
qui sont un hommage platonique rendu à la vertu, que
la politique doit être et peut être rigidement morale et
qu'alors seulement elle est une source de bien.

Un philosophe, imitant la phrase de Rabelais :
« science sans conscience est la ruine de l'âme », a écrit :
« politique sans morale est la ruine de .a société ».

Axiome dangereux ! car il faudrait, pour l'accepter, admettre que la société dès qu'elle a existé n'a rien fait d'autre que de courir à sa ruine, puisque la politique n'a jamais eu de morale.

Et il y a, sinon autant de danger, du moins autant de rhétorique dans la phrase de Jules Simon : « Les vertus politiques, si elles n'ont pas leur origine et leur sanction dans les vertus privées ne sont que des vertus théâtrales. »

J'aurais voulu que Jules Simon démontrât que les grands hommes politiques, utiles à leur pays, ont été, en majorité, des hommes capables de vertus privées ; alors il aurait raison ; mais la démonstration serait difficile.

Certes, et qui n'en voudra convenir ? l'idéal serait d'avoir une politique honnête : mais pourrait-elle être, en même temps, une politique de génie et partant utile et féconde ? Pouvez-vous vous figurer une diplomatie grande sans mensonges, un gouvernement fort sans arbitraire, une secte réussissant sans violence ?

Dans le passé et dans le présent, non assurément; dans l'avenir j'en doute.

V

Concluons.

J'ai démontré que la morale politique est forcément de beaucoup inférieure à la morale individuelle : j'ai dit et je repète que, en général, les hommes foncièrement et absolument honnêtes qui s'adonnent à la politique ne réussissent que médiocrement, tandis que les politiciens de génie sont tous, plus ou moins, immoraux.

Or Buckle a démontré qu'un peuple a moins d'avantage à se laisser gouverner par des sots et des ignorants que par des criminels, puisque le sot laisse l'entrée libre à des centaines de filous, tandis que le filou est seul à voler et à commettre ses crimes ; et il faut donc souhaiter à une nation celui-ci de préférence au sot, tout en laissant les naïfs et les sentimentaux soutenir le contraire (1).

Renan a dit d'une façon analogue : « Mieux vaut un peuple immoral qu'un peuple fanatique : car les masses immorales ne sont pas gênantes, tandis que les masses fanatiques abêtissent le monde, et un monde condamné à la bêtise n'a plus de raison pour que je m'y intéresse: j'aime autant le voir mourir » (2).

Cela est triste, mais fatal, et peut-être est-ce moins triste qu'il apparaît tout d'abord.

Il y a dans la nature une loi de compensation étrange et mystérieuse qui veut que le mal donne parfois naissance au bien, qui veut aussi que le mal soit souvent nécessaire pour produire le bien.

Suivant la théorie darwinienne, seuls les institutions et les organes survivent qui ont une utilité quelconque, puisque, s'ils sont inutiles, la sélection les atrophie et les détruit. Or le crime va se développant continuellement s'il n'augmente pas en intensité ; il trouve de nou-

---

1. Le critique de la *Critica Sociale*, s'est scandalisé de cette opinion. C'est toutefois l'opinion de Buckle, et Lombroso l'a acceptée : je préfère leur compagnie à la sienne.

2. E. Renan, *L'avenir de la science*, préf., p. X.

velles formes au fur et à mesure des progrès de la civilisation : force est donc de reconnaître que le crime
même peut produire quelque chose d'utile.

Cette utilité du crime, qu'on n'aperçoit pas facilement
dans le crime vulgaire (1), se laisse facilement apercevoir dans le crime politique, qui, sectaire ou patriotique,
a toujours été un levier fort puissant du progrès humain.

La guerre, qui est plus qu'un crime, qui est un pur
amas de crimes sur une vaste échelle, si elle est nuisi
ble aux cités déjà florissantes, incite, il faut bien le re-
reconnaître, les peuples à moitié barbares à des progrès
extraordinaires.

On peut dire la même chose de l'esclavage : crime
atroce aujourd'hui ! nécessité extrêmement utile aux
premiers stades de l'humanité parce qu'il a permis de
penser à une classe d'hommes, celle qui ne travaillait
point : « Le raffinement des mœurs n'est possible qu'avec
le loisir, et l'esclavage rend pour la première fois le
loisir possible. Il crée une classe de personnes qui travaillent afin que les autres puissent penser » (2).

On peut dire la même chose du crime sectaire qui,
s'il diminue la sécurité publique du milieu dans lequel
il se produit, oblige cependant, on ne peut le nier, les

1. Et elle n'apparaît pas parce qu'elle est beaucoup plus rare. Voir
pourtant quelques exemples de l'utilité du crime u dans vulgaire troisième volume de l'*Homme criminel* de Lombroso. Une institution qui
est assurément vicieuse, quoiqu'on ne puisse dire qu'elle soit criminelle, la prostitution a constitué un véritable progrès en prévenant
une quantité de crimes sexuels. De même l'usure a été l'origine des
premières accumulations importantes de capitaux, point de départ des
plus grandes entreprises humaines.

2. *Lois scientifiques du développement des nations*, p. 79 et 80.

classes riches et dirigeantes à penser à bien des problèmes politiques et sociaux qui autrement auraient été
longtemps négligés ou même oubliés.

Il en fut ainsi, il y a quelques années, en Sicile où la
révolte, l'homicide, l'incendie, le pillage rappelèrent à
l'Italie l'île infortunée.

Il en fut ainsi, au point de vue politique, dans toute
l'Italie dans la première moitié de ce siècle : les crimes
d'alors contre un gouvernement d'oppresseurs exaspé-
rèrent l'esprit d'indépendance du peuple et provoquè-
rent le concours de la maison de Savoie.

On peut, enfin, dire la même chose de l'homme d'Etat
génial qui, criminel ou immoral, compense ses actions
criminelles ou immorales par les avantages immenses
dont il fait jouir son peuple, en vainquant les ennemis
sur le champ de bataille ou sur le terrain plus dangereux
de la diplomatie, en donnant une nouvelle impulsion aux
arts, à l'industrie, au commerce.

Et c'est justement son immoralité qui, en lui faisant
mépriser et sauter tous les obstacles moraux qui arrête-
raient une âme timide et honnête, permet à son génie
de se déployer et de produire le bien.

Il y a donc *une fonction sociale du crime*, qui nous
explique non seulement pourquoi le crime persiste et
augmente avec les progrès de la civilisation, mais qui,
en nous prouvant qu'il est en partie utile, rend aussi moins
triste la constatation qu'il a en politique une primauté
nécessaire.

Cesare Lombroso, en parlant pour la première fois de
cette fonction sociale du crime (1), craignait de se voir

1. Dans son livre cité.   12

compris de travers. Ce n'eût pas été chose nouvelle pour
lui : « Qui sait, écrivait-il, si mes paroles, au lieu d'être
prises pour une expression de protestation contre le tor-
rent de fange qui nous éclabousse jusqu'à la figure et qui
nous salit tous, ne passera pas pour une apologie bizarre du mal et pour une agglomération de paradoxes
destinée à attirer l'attention distraite de la plupart des
gens ! »

Cette fois Lombroso fut bien compris ; mais il n'en fut
pas de même pour moi qui avais repris son idée et qui
lui avais donné une application et une extension plus
grande.

Notre pays est, par malheur, assez fou de rhétorique
pour se révolter contre celui qui a la sincérité et le courage de constater le mal, plutôt que contre ceux qui ont
la perversité de le commettre. On n'ose point dire aux
brigands de la politique : vous êtes des brigands ! Que
dis-je, on les subit, on les loue, mais si quelqu'un affirme
que leur immoralité est un mal nécessaire et ajoute que
par bien des côtés elle est une cause de biens, alors les
Catons de pacotille de la presse se mettent à proclamer
que c'est là une théorie malhonnête, et avec une onction
de séminaristes ils crient à l'anathème.

Je ne me défendrai point de l'accusation d'avoir fait
l'éloge du criminel politique.

Si, par l'observation des faits et sans me laisser séduire
par un faux idéalisme, j'ai constaté (et je n'étais ni le
premier, ni le seul) que l'immoralité fatale de l'homme
politique est souvent fort utile, il me semble que je n'ai
pas fait l'apologie du criminel, mais que j'ai simplement

mis en lumière le mal qui donne parfois naissance au bien.

Qui songerait aujourd'hui à soutenir que Lombroso a fait l'apologie des fous, pour avoir démontré que la folie est la compagne inséparable du génie ?

Il n'est pas vrai que la santé et l'état normal, seuls, soient utiles au monde, puisque les grands malades, les grands déséquilibrés ont toujours été les promoteurs les plus efficaces du progrès humain ; de même il n'est pas vrai que l'honnêteté seule soit l'origine de tout ce qu'il y a de beau et de bon parmi nous ; le crime même, parfois, peut engendrer le bien.

Les psychiâtres, pour qui le génie et à un degré inférieur le talent ne sont que des conséquences et des transformations héréditaires de maladies, ne voient pas seulement un mal dans la foule de dégénérés que la civilisation entraîne dans sa course vertigineuse vers le progrès : ils savent que de ces dégénérés il naîtra plus tard, comme les fleurs du fumier, des manifestations éclatantes du génie.

De même les sociologues ne voient pas seulement le dommage immédiat des crimes commis par un homme politique : ils savent que de ces crimes il sortira plus tard des rapports sociaux plus civilisés et plus élevés.

Et il me semble réconfortant et poétique de penser que, de même que la perle est une maladie du coquillage, de même que le génie n'est que la transformation de douleurs et de malheurs que la nature prépare dans une incubation inconnue et pleine de sagesse, de même le progrès humain n'est souvent que le fruit de crimes atroces.

Mais il y a une autre accusation que je tiens à cœur de ne pas laisser sans réponse.

Nous admettons, disent quelques-uns de mes adversaires, que présentement la morale politique est inférieure à la morale privée, mais nous nions que cette infériorité doive toujours durer : bien plus, nous affirmons que l'unification complète de ces deux morales est possible à atteindre, et qu'elle sera atteinte.

Ceux qui parlent ainsi ce sont les socialistes, c'est-à-dire des personnes qui, polarisées dans une idée encore combattue, en exagèrent, par l'inconvéniente nécessité de la lutte, la valeur et l'efficacité et qui lui prêtent le pouvoir, une fois qu'elle sera réalisée, de changer la face du monde. C'est-à-dire qu'ils croient qu'à l'avènement du socialisme la politique machiavélique de la bourgeoisie disparaîtra ainsi que d'autres infamies de la société bourgeoise.

Ils renouvellent, sans s'en rendre compte et par une loi fatale de la nature, l'illusion dont se sont bercés tous les apôtres de toutes les révolutions.

Les apôtres sincères de la Révolution française ne croyaient-ils pas qu'elle serait le point de départ d'une ère de liberté, d'égalité et de fraternité ?

Et les socialistes ne sont-ils pas les premiers à reconnaître que cette liberté est bien peu de chose, que cette égalité est un mensonge et que cette fraternité est du jésuitisme ?

Entendons-nous bien.

Il faudrait être idiot pour nier le progrès effectué par la Révolution française comme, aussi bien, par toutes les révolutions, qui ne sont que les crises nécessaires aux peuples pour avancer d'un pas sur le chemin de la civilisation, tout de même que la crise de la puberté est nécessaire à l'enfant pour devenir adulte.

Mais il faudrait avoir la vue bien courte pour soutenir que la Révolution française, comme toute révolution, a réalisé *toutes* les espérances de ceux qui en furent les précurseurs. Dans la vie collective, comme dans la vie privée, il faut se souvenir que s'il est logique de demander *beaucoup* pour obtenir *quelque chose*, il est impossible d'obtenir tout ce qu'on demande.

Toutes les révolutions ont oublié que le facteur social peut faire beaucoup mais ne peut détruire du tout au tout et en peu de temps le facteur anthropologique.

L'homme restera l'homme que les siècles passés ont peu à peu formé, et prétendre le réduire à une quantité algébrique qui obéisse aux théorèmes de la théorie socialiste c'est se figurer un avenir irréalisable ou si lointain qu'il ne nous importe en rien de l'étudier.

C'est pourquoi je dis aux socialistes : le fond de votre doctrine est vrai, vous ferez demain une révolution, sanglante ou pacifique, c'est le sort qui en décidera, et ce sera peut-être la plus belle et la plus sainte depuis celle du Christ : mais si le monde, dirigé par vos idées, devient meilleur, il ne deviendra pas parfait.

L'un de vous a écrit, il y a quelques années, un livre de génie pour soutenir qu'avec le socialisme le crime disparaîtra (1). Aujourd'hui l'un de vous a donné deux articles très médiocres pour soutenir qu'avec le socialisme

1. F. Turati, *Il delitto e la questione sociale.*

la morale privée et la morale politique ne feront qu'une seule morale (1).

L'erreur du premier a été combattue par un de vos co-religionnaires actuels (2) et elle est d'ailleurs manifeste, puisque cela revient à dire qu'avec le développement de la médecine et de la chirurgie il n'y aura plus de maladies : et il n'est pas possible de se figurer un climat physique où il ne se puisse produire une maladie.

· L'erreur du second est combattue par cette vérité positive « qu'on ne pourra jamais gouverner une grande collectivité d'hommes avec les mêmes lois que celles qui servent à régler la conduite d'un homme. » Cela veut dire que la morale politique sera toujours différente de la morale privée et partant inférieure.

· Je suis le premier à admettre, et j'ai même démontré que ces deux morales s'élèveront, mais ne pourront jamais se rejoindre : ce sont deux lignes parallèles qui suiventla loi d'évolution, qui se prolongent en même temps, mais qui n'arriveront jamais à se rencontrer.

· L'hypothèse mathématique que les parallèles se rencontrent à l'infini n'est pas applicable en sociologie, et le fût-elle, ce serait une pure satisfaction métaphysique, absolument inutile.

L'esprit grandiose de Herbert Spencer peut se complaire à supposer une société où la morale soit parfaite ; comme un croyant peut se complaire à se figurer un au-delà où l'inconnaissable sera expliqué.

Je ne crois, quant à moi, à la réalisation d'aucune de

1. L. Bissolati, dans la *Critica Sociale, loc. cit.*
2. E. Ferri, *Socialismo e criminalità*, Turin, Bocca, 1883.

ces hypothèses, et quand bien même j'y croirais, la réalisation en serait assez éloignée pour en faire un simple jeu de la pensée plutôt qu'une chose d'utilité pratique.

C'est ainsi qu'il peut faire plaisir à des optimistes de prévoir une époque où la morale sera unique, et où tout le monde sera dirigé par un code unique, et où les millions d'hommes qui le peupleront vivront entre eux dans une amitié honnête et fraternelle ! Mais à cette philosophie trop *bleue,* sans vouloir opposer mon scepticisme personnel qui ne signifierait rien, j'oppose un fait qui a son poids : à savoir que bien des siècles devront s'écouler avant que ce songe devienne une réalité, et nous devons nous préoccuper de l'avenir proche et possible à prévoir, non de l'avenir lointain et qui relève de l'empire des songes.

Le grand problème de notre temps, disait Renan, ce n'est pas Dieu, ce n'est pas la nature, c'est l'humanité. Et je me permets d'ajouter : l'humanité qui se présente à nous maintenant et qui restera telle, il est logique de l'escompter, pendant longtemps.

Cette humanité n'a pas l'air, oh ! malheureusement, de vouloir suivre les idéals nobles mais métaphysiques de certains socialistes, et d'autre · part, fût-elle encore meilleure, je ne croirais pas quelle pût atteindre ces idéals.

Melchior de Vogué a dit que la guerre sera inévitable, tant qu'il y aura entre deux hommes une femme et un bout de pain. Nous pouvons dire, d'une façon moins absolue· et plus vraie, que la concurrence et la lutte entre les hommes seront inévitables, tant que la supériorité intellectuelle, morale ou matérielle des uns excitera l'envie des autres.

Or l'égalité morale et intellectuelle est impossible et l'égalité matérielle, à la supposer possible, est si éloignée ! L'histoire continuera donc à être bien longtemps avec des formes atténuées mais essentiellement égales, une lutte entre les classes supérieures et les classes inférieures de la société. C'est-à-dire que nous aurons toujours nécessairement une morale de classe ou politique qui sera différente et par conséquent moins élevée que la morale privée.

Les classes supérieures emploieront pour lutter des moyens de plus en plus civilisés; les classes inférieures, des armes qui sentent encore la barbarie ; les unes auront l'avantage de traiter de légitimes leurs actions qui sont de vrais crimes sectaires ; les autres auront la gloire posthume d'entendre appeler leurs crimes des actes d'héroïsme, et elles seront nécessaires toutes les deux, tant la violence de ceux qui sont en bas pour faire marcher le progrès, que la puissance de ceux qui sont en haut, pour mettre un frein au progrès qui autrement se précipiterait ; mais les plus dignes d'indulgence, ce seront toujours les criminels sectaires d'en bas parce qu'ils portent en eux le désir du mieux et le grand altruisme qui les fait se sacrifier pour la postérité, ce qui est la seule chose qui distingue l'homme de la brute.

APPENDICE

CONTRE LE PARLEMENTARISME

Je ne sais si, comme beaucoup l'espèrent et comme quelques-uns le croient, l'heure approche où le système parlementaire devra se transformer ou mourir. Je sais bien que les hommes politiques et les penseurs ont lancé contre lui beaucoup d'accusations, et que la grande masse du public ne lui ménage ni les critiques violentes ni parfois l'expression dédaigneuse de son mépris. Et pourtant je crains que dans ce sévère réquisitoire on n'ait oublié que l'accusation la plus grave.

Jusqu'ici on a surtout combattu le parlementarisme en s'en prenant aux personnes : les députés, a-t-on dit, ne sont pas, sauf exception, l'élite de la nation, et même ce ne sont souvent que des médiocres ; une fois leur siège conquis, ils ne s'occupent plus des intérêts de leurs électeurs mais bien de leurs intérêts propres, ou ils ne s'occupent des intérêts de leurs électeurs que pour les avantages personnels qu'ils peuvent en retirer. La discipline de parti est absente ou bien faible, quand elle serait nécessaire ; et on la retrouve au contraire sous la forme louche de la *camorra* ou sous la forme ridicule du point d'honneur dans les questions où les grandes idées politiques n'entrent pas et où les partis extrêmes de la Chambre pourraient marcher d'accord sans offenser la logique et l'intégrité du caractère ; le régionalisme et la politique de clocher, les deux manifestations de l'égoïsme collectif mesquin et à courte vue, dominent et règnent en maîtres conjointement avec l'égoïsme individuel, en portant l'immoralité à l'intérieur et à l'extérieur du Parlement et en faisant du député, qui devrait être un législateur ayant conscience de la grandeur de sa mission, un homme qui est prodigue de faveurs dans l'espoir de recevoir en échange une autre faveur : la réélection. Sans compter le plus ignoble des vices et malheureusement peut-être l'un des vices les plus répandus parmi ceux qui rongent le système parlementaire : l'achat des votes dans les élections.

Personne n'a songé à combattre le Parlement, du moins autant que je sache, dans son essence d'organisme collectif plutôt que dans les personnes qui le constituent. Personne ne s'est posé ce problème : étant donné même, par une hypothèse invraisemblable, que tous les membres qui composent le Parlement fussent moralement et intellectuellement les *meilleurs* du pays, le Parlement pourrait-il donner des résultats parfaits ? En d'autres termes : la raison de tous ces défauts ne tient-elle pas au fait qu'il est une réunion de beaucoup de personnes ?

Voilà la question à laquelle nous essaierons de répondre.

I

C'est une idée répandue, qu'un optimiste pourrait attribuer à la modestie humaine et un pessimiste au désir de n'assumer aucune responsabilité, que *plusieurs personnes* sont plus aptes à trancher une question quelconque *qu'une seule personne*.

Quatre yeux voient plus que deux, dit un proverbe

qui est sans doute vrai en bien des cas mais qui est sans
doute faux en bien d'autres, comme il arrive en général
pour tous les proverbes, nés d'une expérience qui s'est
exercée sur *plusieurs* faits, mais qui ne sont donc pas applicables à *tous*. Et en élargissant le principe contenu dans
ce proverbe, qui paraissait évident comme un axiôme,
on en est arrivé, peu à peu, dans toutes les branches de
la vie civilisée, à établir la règle que les décisions importantes devraient être prises par une réunion d'individus plutôt que par un seul individu. La magistrature
judiciaire, populaire ou revêtue de la toge, a été confiée
à un collège ; les problèmes, concernant les arts, les
sciences, l'industrie, l'administration, ont été soumis
au jugement des conseils et des commissions ; il n'est
pas jusqu'aux lois, et ce sont les problèmes les plus
graves pour les peuples, qui n'aient dû être soumises
au Parlement, c'est-à-dire au vote de beaucoup d'individus.

On croyait obvier par là aux périls que présente tant
du côté moral que du côté intellectuel, le système qui
consiste à faire d'un seul individu l'arbitre de tout. En
additionnant plusieurs intelligences, disait-on, on aura
un résultat supérieur à celui que donnerait une seule
intelligence, et en réunissant plusieurs personnes, elles
se contrôleront réciproquement en évitant ainsi les injustices, autrement si faciles.

Le raisonnement, il faut l'avouer, était simple et semblait reposer sur une logique très forte. Mais était-il
juste à le considérer au point de vue pratique ? Je crois
que non.

Avant tout, pour des raisons que j'appellerai extrinsè-
ques et que Aristide Gabelli a fort bien notées : « On dit,
écrivait-il, que les Assemblées, les Commissions, les
Conseils, en un mot les collectivités qui exercent ensemble le pouvoir, sont une garantie contre les abus. Il se
peut. Mais d'abord il faut voir si elles sont de quelque
utilité. La fin qu'on se propose en donnant des pouvoirs
c'est l'action. Quand les garanties contre les abus sont
telles qu'elles empêchent l'usage, il est encore inutile de
donner ces garanties. Or les collectivités constituent justement une garantie de ce genre, à cause des intrigues,
des discordes que les intérêts font naître dans leur sein,
à cause des opinions et des humeurs contraires, et, outre
ces raisons, l'un vient, l'autre ne vient pas, un troisième
est malade, un quatrième est en voyage, et fort souvent
tout doit être différé : ce qui cause une perte inestima-
ble de temps, et souvent rend tout inopportun et inefficace ; et s'il est difficile de trouver chez tous de l'intelligence, il est encore plus difficile de ne trouver que des
hommes fermes et résolus ; et comme il n'y a pas de
responsabilité personnelle c'est un sauve-qui-peut général ; et avoir le pouvoir sans l'exercer c'est en enlever
l'exercice à ceux qui devraient l'exercer ; et enfin, sans
répéter des raisons que tout le monde connaît, *les forces
des hommes quand ils sont réunis se retranchent et ne
s'ajoutent pas.* Cela est tellement vrai que bien des fois
une assemblée fait une chose médiocre et de nature
telle que chacun de ceux qui la composent aurait pu
faire mieux à lui seul. Les hommes, disait Galilée, ne
sont pas semblables à des chevaux attachés à une voi-

ture et qui tirent tous ; ils sont comme des chevaux libres en train de courir et dont l'un gagne l'enjeu (1). » Cette dernière idée que Gabelli énonce d'une façon très rapide, est suivant moi, la plus importante et la plus profonde de toutes. Il est très beau de dire : plusieurs esprits additionnés donneront un résultat supérieur à celui que donnerait une seule intelligence. Mais pouvons-nous en sociologie appliquer ces critères purement et absolument mathématiques ? Je ne le crois point.

« Que de fois j'ai constaté, écrivait le malheureux Guy de Maupassant, que l'intelligence s'agrandit et s'élève dès qu'on vit seul, qu'elle s'amoindrit et s'abaisse dès qu'on se mêle de nouveau aux autres hommes ! Les contacts, tout ce qu'on dit, tout ce qu'on est forcé d'écouter, d'entendre et de répondre, agissent sur la pensée. Un flux et reflux d'idées va de tête en tête, et un niveau s'établit, une moyenne d'intelligence pour toute agglomération nombreuse d'individus. Les qualités d'initiative intellectuelle, de réflexion sage et même de pénétration de tout homme isolé, disparaissent dès que cet homme est mêlé à un grand nombre d'autres hommes » (2). Maupassant ne faisait que paraphraser deux vers de Lamartine :

> Il faut se séparer, pour penser, de la foule
> Et s'y confondre pour agir.

L'âme humaine n'est pas en effet un chiffre qui puisse être soumis aux lois simples et élémentaires de la science

1. A. GABELLI, *L'istruzione in Italia*, Bologne, Zanichelli, 1891, 1re partie, p. 257-58.
2. GUY DE MAUPASSANT, *Sur l'eau*, p. 149.

des nombres, c'est plutôt une entité étrange qui obéit
aux lois très compliquées de la chimie et qui s'associant
avec d'autres entités semblables donne naissance aux
phénomènes toujours surprenants, souvent inexplicables, qu'on appelle combinaisons et fermentations. Et
c'est pourquoi le résultat d'une réunion d'hommes n'est
pas une somme, mais bien un produit ; c'est un *quid*
inconnu qui se dégage, comme une étincelle psychologique imprévue, des divers éléments psychiques individuels qui se rencontrent et qui se choquent.

Si l'on nous demandait le pourquoi de ce phénomène,
que tout le monde assurément a pu observer, si on nous
demandait la raison qui fait, comme le dit synthétique-
ment Gabelli, que les forces de plusieurs hommes réunis
se retranchent et ne s'ajoutent pas, nous ne pourrions
mieux répondre qu'en citant une page de Max Nordau,
ce savant puissant et profond qui a le tort de commettre
de temps à autre de médiocres romans : « Réunissez vingt
ou trente Gœthe, Kant, Helmholz, Shakespeare, Newton, etc...., écrit-il, et soumettez à leur jugement une
question quelconque de pratique actuelle. Leurs discours seront peut-être différents de ceux que pourrait
prononcer une assemblée de personnes quelconques
(bien que je ne veuille même pas en répondre) ; mais je
suis bien certain que leurs décisions ne différeraient en
rien de celles d'une assemblée quelconque. Et pourquoi ?
Parce que chacun des vingt ou trente hommes choisis
possède, outre son originalité personnelle qui fait de lui
un personnage d'élite, le patrimoine des qualités héri-
tées de l'espèce, qui le rendent semblable à son voisin

dans l'assemblée, et même à tous les inconnus qui passent dans la rue. On peut dire que tous les hommes à l'état normal possèdent certaines qualités qui constituent une valeur commune, identique, égale supposons à x, valeur à laquelle vient s'ajouter chez les individus supérieurs une autre valeur, différente pour un chacun, qui doit donc être indiquée d'une façon diverse pour chacun d'eux, et égale par exemple à b, c, d, etc. Cela posé, il s'ensuit que dans une assemblée de vingt hommes, tous génies de premier ordre, il y aura 20 x et seulement 1 b, 1 c, 1 d, etc., et nécessairement les 20 x l'emporteront sur le b, c, d isolés, c'est-à-dire que l'essence générale humaine l'emportera sur la personnalité individuelle, et que la casquette de l'ouvrier cachera absolument le chapeau du médecin, du penseur, et du philosophe » (1).

Ces mots, qui me font l'effet d'un axiôme plutôt que d'un théorème, sont confirmés, pour ceux qui douteraient de leur exactitude, par une longue série de faits.

A quoi doit-on, sinon au phénomène si finement expliqué par Nordau, les verdicts absurdes si fréquemment rendus par les jurys ? J'ai vu absoudre trois jeunes gens, qui s'étaient, eux-mêmes, avoués coupables d'avoir fait subir à une pauvre fille les derniers outrages et de l'avoir ensuite martyrisée d'une façon obscène. Croyezvous que les jurés, pris chacun en particulier, auraient absous ces trois misérables ? Qu'il me soit permis d'en douter. Raffaele Garofalo rappelle une expérience qu'il a faite dans une réunion de six médecins distingués ; il

1. Max Nordau, *Paradossi,* chap. II.

les pria de juger un homme accusé de vol ; ils le déclarèrent innocent, malgré des preuves évidentes de culpabilité, et ils reconnurent plus tard qu'ils s'étaient trompés.

Dans ces cas, et dans une infinité d'autres qu'on pourrait citer encore, la cause de l'absurdité du verdict tient au simple fait que le verdict a été rendu par *plusieurs individus réunis* au lieu de l'être par des individus *seul* L'union de plusieurs intelligences diminue, au lieu d'augmenter, la valeur de la décision intellectuelle qui doit être prise, et de même que dans l'assemblée d'hommes de génie imaginée par Nordau le résultat serait probablement celui qu'on pourrait attendre de l'esprit d'un homme médiocre, de même dans les jurys, composés d'hommes de bon sens, il est facile d'obtenir un verdict qui soit au-dessous du bon sens et même du sens commun.

Le phénomène identique se vérifie, et naturellement dû à des causes identiques, au sein des trop nombreuses commissions artistiques, scientifiques, industrielles qui forment une des plaies les plus douloureuses de notre système administratif. Il arrive souvent que leurs décisions surprennent le public par leur étrangeté. Comment est-il possible, dit-on, que des hommes comme ceux qui faisaient partie de la Commission aient pu émettre un jugement aussi illogique, aussi faux ? Comment est-il possible que dix ou vingt artistes, dix ou vingt savants prononcent un verdict qui n'est conforme ni aux principes de l'art, ni à ceux de la science ?

L'auteur des « Mensonges conventionnels » répondrait

ici que la casquette de l'ouvrier cache le chapeau du professeur.

Melchior de Vogüé, avec sa finesse accoutumée, disait un jour, à propos d'un des derniers ministères français : « Ces ministres, dont je me plaisais à constater plus haut la valeur individuelle, ces hommes qui, pour la plupart, montrent dans leurs départements respectifs d'éminentes qualités d'administration, il semble qu'une paralysie foudroyante les frappe, quand ils se trouvent réunis autour de la table du Conseil ou au pied de la tribune, devant une résolution collective à prendre. »

Or dans les Parlements pourquoi le même fait devrait-il ne pas se produire ? Le raisonnement de Nordau vaut tout autant, si au lieu du nombre 20 on met les nombres 100 ou 500. Que dis-je ? L'augmentation du nombre ne fait qu'exagérer et que rendre plus sensible le phénomène.

Lord Chesterfield constatait, dans une lettre à son fils, cette fatale élimination des meilleures qualités de l'intelligence dans toute réunion nombreuse d'hommes : « Après moi, écrivait-il, lord Macclefield prit la parole. Il avait eu une très grande part à la préparation du bill, et c'est un des premiers mathématiciens et des premiers astronomes de l'Angleterre. Il montra dans ses paroles une connaissance approfondie de la question et une grande clarté. Mais malgré cela on m'accorda la préférence, bien injustement, je l'avoue. » Et il ajoute : « Il en sera toujours ainsi. Toute assemblée est une foule. Quelles que soient les individualités qui la composent, il ne faut jamais exiger d'elle le langage de la raison ;

une collectivité d'individus n'a pas la faculté de comprendre.... »

Aussi bien l'expérience populaire avait déjà compris
ce que le philosophe allemand a démontré récemment
et ce que lord Chesterfield observait dès 1751. Un vieux
proverbe dit : *Senatores boni viri, senatus autem mala
bestia ;* et le public répète ce dicton quand, à propos de
certains groupes sociaux, il affirme que pris séparément
les individus qui les composent sont de braves gens,
mais qu'en bloc ce ne sont que des filous. Enrico Ferri
avait raison d'écrire : « la réunion de personnes capables n'est pas un gage certain d'une capacité complexe
et définitive : la réunion de personnes de bon sens peut
donner une assemblée dépourvue de sens commun,
comme, en chimie, la réunion de deux gaz peut donner
un corps liquide » (1).

C'est triste, mais c'est vrai : en dépit des lois de la
logique mathématique, la réunion de beaucoup de personnes, même fort intelligentes, ne peut que donner un
résultat intellectuellement médiocre.

II

Mais alors, dira le lecteur qui étant, suivant Aristote,
un animal politique, verra aussitôt les conséquences politiques extrêmement graves qui peuvent dériver de nos
observations, mais alors, si vous condamnez *a priori*
les décisions prises par plusieurs personnes, vous voulez
en revenir à la tyrannie personnelle d'un despote, sans

1. ENRICO FERRI, *Sociologie criminale,* 3ᵉ éd., Turin, Bocca, 1892,
p. 483.

aucun contrôle, sans aucune garantie ? Voulez-vous
prendre à votre compte la phrase de Carti : mieux vaut
être entre les griffes d'un lion qu'entre les ongles de
cent taupes ?

Je ne dis pas cela parce que la conclusion serait exces-
sive et trop absolue : je me borne à critiquer ce que je
considère comme des défauts dans le système actuel.

Ce système est né justement d'une part pour la raison
indiquée ci-dessus, qu'on voit mieux à plusieurs qu'à
un seul, et d'autre part pour réagir contre le vieux système tyrannique et dangereux du pouvoir suprème d'un
seul.

Les tyrannies anciennes avaient deux défauts : elles
étaient héréditaires et individuelles. Le premier était
sans doute plus grave que le second et le meilleur
moyen, mais moyen quasi impossible, de le corriger aurait été de réaliser l'idée de Carlyle en prenant pour
tyrans les hommes de génie, plutôt que les fils du despote
précédent. On a au contraire voulu corriger les deux
vices et surtout le second et on a donné le pouvoir au
peuple. A la tyrannie d'un seul s'est substituée la tyrannie du nombre ; le préjugé du droit divin des rois, dirait Spencer, a été remplacé par le préjugé du droit
divin des Parlements. Jadis on était souverain par la
naissance, maintenant on l'est par le nombre. L'arithmétique a détrôné l'hérédité.

Il y a en réalité encore quelques esprits aristocratiques
solitaires qui ne peuvent voir la raison qui a fait livrer
peut-être imprudemment ce sceptre à la masse. Pourquoi le vote de 100 cordonniers devra-t-il valoir autant

que le vote de 100 hommes instruits? « J'aime mieux
faire ma cour à M. Guizot qu'à mon portier », disait
Beyle en résumant avec son ironie mordante le paradoxe apparent qu'en plaçant l'origine du pouvoir en bas
on semble asservir l'intelligence au nombre. Et on connaît l'orgueilleuse boutade de l'orateur qui entendant
la foule l'applaudir s'interrompit et s'écria : « Ils m'ap-
plaudissent? Ai-je donc dit une sottise ? » Il y a aussi
beaucoup d'esprits qui, méprisant l'opinion publique,
prennent à leur compte les vers superbes du poète :

> Rien ne me plaît, hors ce qui peut déplaire
> Au jugement du rude populaire.

Mais ont-ils vraiment raison ces esprits dédaigneux et
sont-ils vraiment sincères ? Est-ce que le *philistin* tant
méprisé n'est pas le champ fertile sur lequel ils travaillent, la condition nécessaire de leur existence même,
puisque c'est à lui qu'ils doivent les lauriers du triomphe et la consécration de la gloire ?

Si je ne m'abuse, au fond de cette théorie, comme au
fond de la théorie qui soutient le droit absolu de la majorité, il y a une équivoque qui se cache. Aristocrates et
démocrates (appelons-les ainsi pour aller plus vite) ont
tous tort en partie et raison en partie. Les seconds ont
raison s'ils considèrent comme juge suprême la majorité
seulement dans le temps, et les premiers ont raison si les
seconds veulent considérer comme juge la majorité non
seulement dans le temps, mais encore *à tout moment
historique donné et actuel.*

Et je m'explique.

Tout ce qui est et qui est l'œuvre de l'homme, depuis

les objets matériels jusqu'aux idées, n'est que l'imitation ou la répétition plus ou moins modifiée d'une idée déjà inventée par une individualité supérieure. De même que tous les mots de notre vocabulaire aujourd'hui fort usés ont été d'abord des néologismes, de même tout ce qui est commun aujourd'hui a commencé par être unique et original. L'originalité, a-t-on dit avec beaucoup d'esprit, n'est que la première des vulgarités. Si cette originalité n'a pas en soi-même des conditions vitales, les imitateurs manquent et elle meurt dans l'oubli, de même qu'une comédie tombe dans le néant, quand elle a fait four à la première représentation. A-t-elle au contraire en soi un seul germe d'utilité, une âme de vérité, les imitateurs augmentent à l'infini comme les représentations d'un drame bien venu.

Le fond des idées que nous méprisons aujourd'hui comme trop vulgaires, parce qu'elles volent sur toutes les lèvres, est donc dû aux intuitions, jadis merveilleuses, aujourd'hui vieillies, des philosophes de l'antiquité ; et les lieux communs des discours les plus ordinaires ont été au début de leur carrière des étincelles brillantes d'originalité. Ce qui n'était pas digne de vivre est mort, et ce qui aujourd'hui forme la sagesse et la conscience de la grande masse du public c'est ce que le génie a inventé de mieux à travers les siècles.

Il est donc juste de dire que dans le temps l'unique juge de toute idée c'est la majorité. Elle seule par son verdict lent et tardif donne la sanction suprême aux créations et aux inventions des grands hommes.

Mais si en se plaçant à ce point de vue que j'appellerai

dynamique il est nécessaire de reconnaître à la majorité le droit de juger, pouvons-nous également lui reconnaître ce droit, en nous plaçant au point de vue *statique* ? En d'autres termes, la majorité qui est à même de juger et qui même est l'unique juge d'une idée vieille de cent ou de mille ans, est-elle aussi à même de juger l'idée d'un penseur contemporain ? La distance du temps étant supprimée, dans ce phénomène collectif de la pensée, pouvons-nous dire que les autres conditions restent égales ?

Evidemment la réponse ne peut être que négative. Ceux-là mêmes qui s'inclinent devant l'avis donné par la majorité sur une question actuelle, ne peuvent méconnaître que cet avis est souvent ou pour le moins quelquefois erroné, tandis que tous s'inclinent devant l'avis donné par la majorité, et qui s'est inculqué en elle par suite d'une lente évolution, sur une idée datant de plusieurs siècles. En dernière analyse le nombre est juge suprême, au point de vue dynamique : il ne l'est pas au point de vue statique. Et pour m'exprimer en une seule phrase, peut-être en partie inexacte mais qui en tout cas entendue dans un sens relatif fait bien ressortir ma pensée, je dirai que, si pour juger d'une idée il faut *compter* les votes de la postérité, il convient de *peser* ceux des contemporains (1).

Soutenir que *le plus grand nombre* à un moment donné de l'histoire a toujours raison, et que *le plus petit*

1. CHAMPFORT disait que *les étrangers forment la postérité contemporaine* et cette phrase, qui renferme un jeu de mots, est très profonde et confirme ce que nous avons dit, puisque les étrangers, n'appartenant pas à la collectivité nationale, peuvent justement par là être moins emportés, plus libres et plus justes dans leurs jugements.

nombre a toujours tort, c'est constater un fait politiquement irréfragable (et fatalement nécessaire) mais injuste.
Les minorités, au contraire, dans le monde comme dans
les Parlements, ont toujours fait la gloire des nations.

A priori donc le droit de la majorité, tel qu'il est
appliqué à notre vie politique, paraît se heurter contre
la logique, puisque l'opinion de la majorité n'est pas
dans tous les cas l'opinion la meilleure ; elle s'y heurte
spécialement quand on considère que ce droit de la majorité s'applique au moyen des Parlements, c'est-à-dire
de nombreuses réunions d'hommes qui, comme nous
avons tâché de le démontrer plus haut, ravalent toujours,
par une loi fatale de psychologie collective, la valeur
intellectuelle de la décision à prendre.

Et non seulement ils ravalent nécessairement la valeur
des résultats ; mais ces résultats peuvent dépendre de
causes imprévues, inattendues, et disproportionnées à
l'effet produit. Une parole, un geste, un acte quelconque changent tout à coup les tendances d'une assemblée
comme celles d'une foule ; la contagion foudroyante
d'une émotion change en un instant l'opinion de tous,
comme un souffle de vent courbe toutes du même côté
les têtes des épis dans un champ de blé ; et alors, outre
l'*abaissement* du niveau intellectuel, l'*égarement* intellectuel peut aussi se produire instantanément dans une
assemblée ; les résultats seront donc non seulement de
valeur *moindre* que ceux que donnerait chacun de ses
membres, mais ils sont aussi de valeur *absolument différente*.

C'est ce qui arrive dans toute réunion d'hommes : et

surtout dans les Parlements qui, par la manière dont ils
sont formés et dont ils prennent leurs décisions, représentent et réunissent deux phases de psychologie collective qui se superposent ou, pour employer une expression tirée de la chimie et plus exacte, qui se combinent.

En effet, non seulement les votes des députés mais les
élections mêmes des députés sont dues au jeu de hasard
de la psychologie collective.

Quels sont les coefficients les plus importants qui concourent à l'élection d'un député, en laissant de côté l'a-
chat des votes sur lequel il est inutile d'insister puisque
son vice ressort de lui-même ? Ce sont les discours et les
journaux.

Eh bien! ces deux moyens de persuasion ou, pour
mieux dire, de suggestion sur le public sont les plus
forts et en même temps les moins sûrs : c'est-à-dire ceux
qui peuvent donner les résultats les plus imprévus et
les plus illogiques justement parce qu'ils agissent (et
surtout le premier) en profitant des surprises de la psychologie collective.

Mais, pour bien illustrer ma pensée, j'ai besoin d'ouvrir ici une petite parenthèse, afin que le lecteur me
suive, sur un phénomène facile à observer mais peu observé : la psychologie du succès.

III

Dans le domaine intellectuel, la personne qui débute
peut, suivant l'art ou la science qu'elle a adopté, arriver
plus ou moins vite à la notoriété et à la gloire. Abstraction faite de la réclame qu'on achète, nous pouvons dire

que la suggestion sur la masse, et par conséquent le succès peut être *lent* ou *immédiat* ; et il est généralement lent si la suggestion s'exerce d'une façon *diffuse*, soit sur un individu seulement à la fois ; *immédiat* s'il s'exerce soit d'une façon *intense*, soit sur une foule d'individus réunis.

Un livre, par exemple, n'est jamais jugé comme un drame ; ce sont des gens studieux qui lisent le livre à part soi, et qui dans la tranquillité solitaire de leur repos peuvent spontanément se former une opinion sincère ; le drame est écouté par des spectateurs réunis qui se suggestionnent mutuellement d'une façon inconsciente et qui forment tous ensemble un monstre à mille têtes qui semble vouloir renfermer le pauvre auteur dans ce dilemne terrible : divertis-moi ou je te dévore !

Les conditions pour juger sont évidemment différentes. Quelle est celle qui vaut le mieux ?

Avant de répondre, posons une autre question. Avez-vous jamais soumis à une analyse de chimie psychologique ces élans irrésistibles d'enthousiasme qui dans un théâtre ou dans une salle couvrent parfois d'un tonnerre d'applaudissement la fin d'une scène dramatique ou les dernières paroles d'un discours éloquent ? A ce moment le public croit être juste et sincère, parce qu'il éprouve véritablement l'émotion qu'il manifeste ; mais ce degré d'approbation frénétique, auquel les auditeurs sont arrivés, est-il dû purement et simplement au mérite du drame ou de l'orateur, ou bien n'y a-t-il pas quelque autre ferment qui a contribué à faire mousser ce vin enivrant de l'enthousiasme ?

Personne n'ignore la loi psychologique d'une vérité indiscutable, que l'intensité d'une émotion croît en proportion directe du nombre des personnes qui ressentent cette émotion dans le même lieu et en même temps. Alfred Espinas dans son livre magnifique *Des Sociétés animales* a donné la preuve mathématique de ce phénomène. « Je suppose que l'émotion ressentie par l'orateur (qui parle devant le public) puisse être représentée par le chiffre 10 et qu'aux premières paroles, au premier éclat de son éloquence, il en communique au moins la moitié à chacun de ses auditeurs qui seront au moins 300, si vous le voulez bien. Chacun réagira par des applaudissements ou par un redoublement d'attention ; et cela produira ce qu'on appelle dans les comptes-rendus un mouvement (*sensation*). Mais ce mouvement sera ressenti par tous à la fois, car l'auditeur n'est pas moins préoccupé de l'auditoire que de l'orateur, et son imagination est soudainement envahie par le spectacle de ces trois cents personnes frappées d'émotion : spectacle qui ne peut manquer de produire en lui, d'après la loi énoncée tout à l'heure, une émotion réelle. Admettons qu'il ne ressente que la moitié de cette émotion, et voyons le résultat. La secousse ressentie par lui sera représentée non plus par 5, mais par la moitié de 5 multipliée par 300, c'est-à-dire par 750 » (Espinas, *Les Sociétés animales*, p. 361).

Or ces paroles suffisent, si je ne m'abuse, à démontrer que tous les jugements venant d'une foule sont fatalement exagérés, puisque l'opinion unique de l'auditeur est élevée à la n^{me} puissance *par le seul fait* de la présence d'autres personnes. Le nombre est en ce cas le premier coefficient et aussi le plus important du succès, qui n'est assurément pas créé par lui, mais qui est pourtant développé dans des proportions telles qu'elles atteignent parfois à l'invraisemblable.

Ce n'était pas pour rien que Louis de Bavière, un fou, mais aussi un grand artiste, et surtout une grande conscience d'artiste, voulait assister seul dans le théâtre désert aux représentations des œuvres de Wagner. Il sentait que c'était de cette façon seulement que, libre de toute suggestion, il aurait pu juger sincèrement et goûter les manifestations du génie.

Pour un savant ou un artiste qui s'adresse à un public *épars* au lieu de s'adresser à un public *aggloméré*, les effets et la mesure du succès sont essentiellement différents.

Combien de fois ne nous est-il pas arrivé de ressentir de l'émotion à la lecture de certaines pages sublimes ? Mais l'admiration qui nous montait au cœur et qui dans un théâtre ou dans une salle affolée, nous eût conduits instantanément par le seul effet de la contagion au délire des applaudissements, s'éteignait solitaire dans notre âme et entre les murs de notre cabinet.

L'auteur d'un livre ne voit pas et ignore ces manifestations isolées d'enthousiasme : il ne connaît point ce public épars qui l'admire, et s'il entend ses voix individuelles, il n'entend cependant pas sa voix collective et grandiose. Il ne peut jamais, comme un orateur ou comme l'auteur d'un drame ou d'un mélodrame, être le foyer où convergent en une seconde toutes les impres-

sions ressenties par des centaines d'auditeurs, centu-
plées, en ce qui concerne chacune d'elles, dans leur valeur effective par le seul fait de la présence d'autres auditeurs, et c'est pourquoi il ne jouit jamais de la volupté
pénétrante et suprême de voir tout un public ébranlé
et délirant à ses pieds, comme le voient au contraire des
orateurs et des auteurs dramatiques qui valent, parfois,
beaucoup moins que lui.

Autre chose donc est d'agir sur un public aggloméré,
autre chose est d'agir sur un public dispersé. Quelle
est, je le répète, la meilleure condition ?

Au point de vue subjectif, je ne le saurais dire. La réponse dépend du tempérament individuel. Tel se com-
plait aux acclamations d'une foule ; tel autre se contente
de connaître par voie indirecte l'admiration que le public lui consacre. Mascagni et Zola peuvent être également satisfaits dans leur juste orgueil, l'un en assistant à
l'attaque épileptique d'enthousiasme qui frappe les Vien-
nois à la représentation de *Cavalleria Rusticana* et de
L'Ami Fritz, l'autre en apprenant par son éditeur Charpentier que la *Débâcle* avait atteint en quelques mois le
150e mille. Ce sont deux plébiscites, divers dans leur
manifestation, semblables dans leur signification.

Au point de vue objectif il n'y a pas de doute, c'est
le jugement du public épars qui est le plus sûr et le plus
vrai. J'ai déjà démontré que le jugement d'une foule est
toujours exagéré par la seule influence du nombre, qui
élève nécessairement le diapason de chacune des opinions individuelles. Je crois pouvoir ajouter que ce jugement est en plus fréquemment erroné. La psychologie

collective est rarement guidée par la logique et par le
bon sens. L'occasion, le hasard, l'inconscience déterminent ses manifestations dans la plupart des cas. Le
cri d'un seul provoque tous les autres à pousser ce cri.
La contagion de l'approbation ou de la désapprobation
est foudroyante, tout de même que dans une bande
d'oiseaux le moindre battement d'ailes produit une pa-
nique générale irrésistible. Et alors le jugement rendu
et que nous considérons comme la somme des jugements
de tous, n'est que l'opinion d'un seul qui, par suite du
phénomène inconnu de la suggestion est devenu tout à
coup le despote casuel et instantané de la foule.

Le jugement du public épars, en ce qui concerne les
livres, ne présente pas ces dangers. Assurément, même
pour le livre, le verdict collectif se forme peu à peu
puisque tous les lecteurs dispersés se communiquent
leurs impressions et que toutes les opinions particulières se fondent ensemble comme des notes particulières
qui se fondent en un seul accord ; mais c'est là un unisson qui se forme plus graduellement. en réunissant des
opinions plus pondérées et, par conséquent, moins facilement modifiables. plutôt qu'il n'est dû à un élan imprévu
de psychologie collective.

L'effet produit par une idée exprimée ou par une personne louée dans un journal politique quotidien est
analogue à l'effet que produit un discours prononcé en
présence d'une centaine d'individus réunis.

Pour la psychologie collective on peut dire que le
journal, dans ces cas, équivaut au discours. En effet, à
l'impression *instantanément* produite par l'orateur sur

des personnes réunies se substitue une impression produite *après un très court espace de temps* (2 ou 3 heures
après la composition du journal, temps où tous l'ont lu)
où l'impression de l'article ou de la nouvelle se répand
sur les personnes voisines et les gens qui communiquent
entre eux, par suite des occupations de la vie.

Il suffit d'avoir assisté une seule fois, dans la capitale
ou en province, dans un café ou dans une pharmacie, à
l'arrivée du journal attendu pour se convaincre de la
grandeur de l'effet et de l'instantané de la suggestion
produite par la nouvelle qui intéresse et qu'on attendait.

Le contenu de l'article passe de bouche en bouche
avec une rapidité presque égale à celle avec laquelle les
émotions se propagent dans une foule : les commentaires, favorables ou défavorables, ont la force de suggestion des applaudissements ou de la désapprobation qui
accueille un discours et l'opinion de chacun subit, consciemment ou inconsciemment, une véritable contrainte,
comme celle de chacun des spectateurs qui sont dans
un théâtre ou dans une assemblée. En un mot l'effet du
journal est, comme celui d'un discours, *excessif* et même
souvent *trompeur*.

IV

Maintenant fermons la parenthèse et retournons à
notre point de départ.

Je disais que l'élection d'un député est due surtout à
la force de suggestion qui s'est dégagée de ces deux
moyens : *l'art oratoire et les journaux quotidiens.* C'est-
à-dire qu'elle est due aux deux moyens qui servent à

élever le plus facilement et le plus rapidement le *succès* (édifice peu solide assurément s'il n'est mérité, mais dont la solidité et la durée importent peu pour les effets qui nous intéressent ici) et qui troublent extrêmement, par une loi de psychologie collective, la détermination indépendante et sincère de l'électeur.

Qu'advient-il alors ? Il arrive que l'électeur qui dépose son bulletin dans l'urne et qui semble accomplir une action libre et isolée n'est qu'un suggestionné, victime d'une force d'hypnotisme qui peut être aujourd'hui un discours, demain un journal.

Passe encore, s'il avait été suggestionné par une idée ou par une personne qui eussent quelque valeur ; la suggestion dans ce cas ferait œuvre sociale vraiment utile, mais on n'a pas besoin d'être sceptique pour affirmer que de tels cas sont rares.

Dans notre joyeux pays de la rhétorique, il y a pas mal d'individus qui savent fabriquer un discours à effet, et la masse est assez ignorante pour admirer ceux qui font retentir de grands mots, sans éclairer leur phrase du flambeau de la pensée.

L'art oratoire, qui est parmi les plus nobles et les plus difficiles, s'abaisse souvent à la vulgarité d'un simple artifice, employé pour attirer à soi les auditeurs ignorants et naïfs : « Un déluge de paroles sur un désert d'idées. » Voilà la phrase terrible mais juste qui peut servir en bien des cas à définir les discours des candidats et ceux de leurs grands électeurs. Et la puissance suggestive de ces discours de second ou de troisième ordre est

14

démontrée par le nombre si considérable d'avocats qui
pénètrent à la Chambre.

Quant à la presse quotidienne…. qui ne sait la valeur
des éloges qu'elle décerne ? Ces éloges sont payés (en
argent ou en faveurs) ou sont obtenues par l'autorité de
quelque rédacteur, ou sont dûs à la plume même de ceux
qui sont loués. Le bon public de province croit à la sincérité de la réclame, et ne soupçonne pas les petites lâ-
chetés et les petites humiliations que le candidat a dû
subir pour faire mettre près de son nom un adjectif élo-
gieux. Et là-bas, dans le petit village, quand on lit le
journal, l'effet de l'éloge est immanquable. C'est ainsi
malheureusement qu'on fabrique les députés ; et les
milliers de votes obtenus ainsi et par de tels moyens (et
je ne parle pas des moyens délictueux) leur donne l'illusion d'être de grands hommes.

Quand ensuite dans un moment de sincérité et de dé-
couragement, on fait la physiologie du Parlement et
qu'on le voit composé en grande partie de personnalités
inconnues et insignifiantes, on dit, maigre sujet de consolation : la faute en est au pays, il a été interrogé ; et
ce choix a été sa réponse.

La faute en est au pays, soit, nous sommes d'accord,
mais s'il répond ainsi, c'est-à-dire si mal, c'est qu'on
le force à donner une réponse par le moyen trompeur
de la psychologie collective. Si on pouvait interroger
les individus isolément, un par un, le résultat serait, il
me semble, différent, de même que l'absurdité dès verdicts rendus par les jurés serait moins fréquente si chacun de ces douze hommes de mérite pouvait donner son

vote sans être victime de la muette suggestion de ses
collègues, de celle de l'accusateur, du défenseur, et du
public.

Le malheur est que ce remède est introuvable ou du
moins je ne vois pas la possibilité de le trouver.

Une fois formé, le Parlement fonctionne encore et toujours en se basant sur les lois de la psychologie collective. Et le niveau intellectuel de ceux qui le composent,
déjà fort humble, descend encore davantage par suite
de la loi que nous avons énoncée. Les bureaux, les réunions, les commissions, pétits parlements dans le grand,
multiplient les probabilités de résultats médiocres et de
surprises douloureuses La raison politique fait souvent
passer sous son pavillon des illogismes et bien des injustices de contrebande. On supprime et on modifie des
articles de loi, sans penser qu'ils sont en rapport avec
d'autres qui devraient à leur tour être supprimés ou modifiés ; on approuve parfois *tout* un projet par la seule
raison qu'*une partie* en est excellente et doit être approu-
vée. Et on ne manque jamais, dans les moments solen-
nels, d'invoquer les grands noms, le grand idéal de la
patrie, pour arracher le consentement, et pour conquérir d'assaut une approbation que le raisonnement refu-
serait peut être de donner.

Il s'en suit qu'on peut en bien des cas comparer le
Parlement à un filtre à rebours : les projets de loi, au
lieu de s'améliorer, deviennent pires, en traversant toutes
les phases par lesquelles on veut les faire passer.

Un exemple. Un texte de loi vient en discussion. Ce
ne sera assurément pas un chef-d'œuvre, et on peut, à

ce propos, regretter que les projets de loi ne soient pas
confiés à un spécialiste (1). Mais, en tout cas, le texte
de loi a été rédigé par des personnes compétentes et présente une certaine cohésion. Eh bien! voici immédiatement la pluie des amendements qui tombe sur ce malheureux projet; quelques-uns de leurs auteurs, peut-
être, sont mûs par le désir sincère d'améliorer la loi ; la
plupart, assurément, sont guidés par des vues politiqnes
inférieures, et saisissent insidieusement cette loi comme
un prétexte à tendre un piège où tombera le ministère.
La séduction exercée par une belle phrase, la pression
d'un journal, la nécessité momentanée de ne pas mécon-
tenter les adversaires, mille motifs étrangers au véritable objet de la discussion peuvent faire adopter un premier amendement. Le jour suivant des motifs d'un autre ordre en feront accueillir un autre souvent en contradiction avec le premier, et voté par des députés
absents la veille et non au courant, par conséquent, de
la discussion. Et ainsi de suite jusqu'au moment où la
loi ne sera qu'un ensemble confus d'articles hétérogènes,
un monstre devant lequel la Chambre reculera d'épouvante, et qu'elle replongera dans le néant

Joignez à cela que la psychologie collective, en ce semblable à la psychologie féminine, est faite de contradiction et de cruauté, et passe ou plutôt saute d'un sentiment au sentiment opposé. Et de même qu'un auteur ou

---

1. En Autriche, pour citer un cas relativement récent, on a conféré
la rédaction du projet de Code de procédure pénale à un illustre pro-
céduriste, et ce projet a fort bien réussi, parce que justement il était
dû à une intelligence unique et puissante.

un orateur peuvent en prononçant mal un mot provoquer même au moment le plus sérieux un éclat de rire cruel qui compromettra le succès d'une comédie ou d'un discours, de même un député ou un ministre peut, par suite une phrase malheureuse, voir ses amis les plus fidèles et les plus dévoués se transformer en ennemis.

La Chambre n'est en somme au point de vue psychologique qu'une femme, et souvent même une femme hystérique.

Il suffirait, pour prouver la vérité de cette définition humiliante, d'observer la différence qui existe entre les députés quand ils sont dans la salle, et les députés quand ils sont dans les corridors. La mobilité extraordinaire de leur psychologie n'est vraiment comparable qu'à celle des hystériques. Les hommes que vous avez vus, il y a une minute, se menacer de la voix et du geste, se provoquer pour ainsi dire du regard, vous les voyez maintenant marcher l'un vers l'autre le sourire aux lèvres et la main amicalement tendue. Si un ministre passe, ceux qui le couvraient d'injures l'accueillent en riant, le félicitent de sa réponse brillante, et trouvent peut-être (voilà le poison !) le moyen de lui recommander une supplique.

Tout a changé, relations et surtout paroles et jugements. Les discours que l'on applaudit, la proposition que l'on a appuyée de son propre vote, deviennent l'objet d'âpres critiques. L'un parle avec ironie de la doctrine qu'il a défendue, avec amertume de la personne qu'il a soutenue. Un autre s'exprime avec une grande modération sur le compte d'hommes et d'idées qu'il a attaqués avec violence. Les phrases toutes faites que dans la salle ils faisaient retentir avec l'assurance qu'on met à prononcer des axiômes, sont maintenant tournées en ridicule. Celui qui criait que le salut était dans la liberté, implore maintenant un homme, c'est-à-dire une dictature, pour sauver la situation. Vérité en deçà de la porte, erreur au delà. D'une part la scène, de l'autre la réalité (1).

Paul Bourget a dit, je crois, que la vie est « un volume de Labiche interfolié par du Shakespeare ».

On peut dire la même chose, et avec plus de raison, de la vie parlementaire. Une farce dans les corridors, une tragédie dans la salle des séances.

V

Si tels sont les résultats intellectuels probables d'un Parlement, quels seront les résultats moraux? La réunion de beaucoup de personnes, de même qu'elle diminue la force du cerveau, affaiblira-t-elle aussi l'énergie du caractère ?

Malheureusement on ne peut plus discuter aujourd'hui si le Parlement dans sa complexité répond aux fins les plus élevées de la moralité : des faits récents et bien douloureux défendent de douter.

On ne peut donc discuter que sur les causes de cette immoralité.

1. Voir à ce propos l'article : *Explorations parlementaires* de E. MELCHIOR DE VOGÜÉ. dans la *Revue des deux Mondes* du 1er septembre 1894. Dans cet article, Vogüé, répétant une idée exposée ailleurs et que j'ai citée ci-dessus, écrivait : « Je renonce à plaider contre l'évidence, contre l'unanimité des jugements : nous n'offrons aux témoins de nos séances que le choix entre deux diagnostics, celui de la folie furieuse, celui de la paralysie générale. »

La première et la plus évidente se retrouve dans la
manière dont les élections de députés ont lieu. Bombardés
représentants du peuple grâce à Titius et à Caius,
plutôt que pour leurs mérites personnels qui auraient été
reconnus par le peuple, ils traînent le boulet d'une reconnaissance
forcée. Et cette reconnaissance se traduit
par des faveurs qui ne sont que des actes de partialité
et d'injustice. Le député est obligé de récompenser ceux
qui ont fait preuve de dévouement envers lui ; et l'électeur
a droit à cette récompense. Le mandat législatif est
donc déjà dénaturé à sa base, et le terrain est prêt à
d'autres actes d'immoralité plus graves encore.

Et, étant donné de telles prémisses, ils ne se font pas
attendre longtemps. C'est chose notoire que toute compagnie,
de quelque genre qu'elle soit, augmente la petite
ou la grande propension au mal qui couve d'une
façon latente, comme le feu sous la cendre, dans chacun
de nous.

Regardez les enfants : quand ils se trouvent ensemble
ils deviennent plus méchants et plus cruels que jamais.
La niche un peu hardie, le petit vol, l'escalade d'un mur,
qu'aucun n'aurait osé faire ou même méditer tout seul,
ils y songent et ils le font, quand ils se trouvent plusieurs
ou beaucoup ensemble. Nous-mêmes, nous autres
hommes, nous devons reconnaître que s'il y a un cas où
nous pouvons faillir aux lois de la délicatesse ou à celles
de la pitié, c'est justement alors que nous sommes plusieurs
ensemble ; car le courage du mal s'éveille en
nous et nous jugeons à la légère l'action peu correcte
que seuls nous n'aurions jamais été pour accomplir. Qui

n'a, dans sa jeunesse, quelque épisode qui confirme l'exactitude de ce que nous venons de dire? Quel est l'honnête homme qui ne se rappelle avoir commis avec quelques compagnons, et seulement parce qu'il était avec eux, une vilenie qui frisait l'acte immoral, sinon le crime? (1)

La raison de ces faits, assez communs pour qu'il ne soit pas nécessaire d'exiger des démonstrations et pour qu'une indication suffise, est avant tout arithmétique. La moyenne de plusieurs nombres ne peut évidemment être égale aux nombres les plus élevés qui concourent à la former ; de même un agrégat d'hommes ne peut refléter dans ses manifestations les facultés les plus élevées propres à quelques-uns seulement de ces hommes : il ne reflétera que les facultés morales qui se retrouvent chez tous. Giuseppe Sergi dirait, en prenant une de ses comparaisons si belles et si exactes au point de vue biologique, que les dernières et les meilleures stratifications du caractère, celles que la civilisation et l'éducation ont réussi à former dans l'individu privilégié, sont éclipsées par les stratifications moyennes qui sont du domaine de tous, et dans la somme totale celles-ci l'emportent et les premières disparaissent.

Nous retrouverons donc au point de vue *moral* ce que nous avons observé ci-dessus au point de vue intellectuel. La compagnie affaiblit aussi bien le talent que les sentiments moraux. Et cela pour une autre raison aussi.

Il suffit que dans une agglomération d'hommes il y ait un être mauvais pour qu'il ait des disciples, des imita-

1. Voir *Confessions de Saint-Augustin.*

teurs. Les hommes, disait Bagehot, sont guidés par des modèles, non par des raisonnements, et il avait raison, mais il oubliait d'ajouter qu' « ils sont guidés surtout par de mauvais modèles ». C'est la poire pourrie qui gâte les bonnes : on n'a jamais vu celles-ci bonifier celle-là. Le microbe du mal a une puissance d'expansion infiniment supérieure à celle du microbe du bien, à supposer que ce dernier existe, puisque, si bien des maladies sont contagieuses, il n'est pas également prouvé que la bonne santé soit également contagieuse.

Il est bien plus facile de tomber malade par suggestion que de guérir ainsi. Et il est plus facile de subir la corruption sociale, que de raffermir son propre caractère, d'autant plus que la corruption morale présente la grande attraction de l'intérêt. Un petit accroc à la conscience peut avoir pour résultat un avantage économique immense et à l'époque bourgeoise que nous traversons l'argent brille d'un éclat trop resplendissant pour ne pas éblouir ceux mêmes qui se croient, et qui sont jusqu'à un certain point, des hommes honnêtes. Le milieu les entoure comme dans une spirale et c'est vraiment un boa *constrictor* qui étouffe peu à peu délicatesse, honneur, remords même.

Qui peut analyser les différentes raisons de cette dégénérescence ? Avant tout la vie de député, j'entends les heures passées à la Chambre, n'est assurément pas pour fortifier le caractère. Au milieu de ces discours, qu'on débite pour des idées politiques et qui ne sont souvent que du commérage, la volonté se fond en paroles. En côtoyant sans cesse les adversaires, les convictions les

mieux trempées s'émoussent, s'amollissent. Le sarcasme
des collègues roués humilie dès l'abord les naïfs et honnêtes politiciens ; les révoltes spontanées qu'ils ont assez
de pudeur pour montrer, trouvent des sceptiques, des
indifférents, des railleurs ; leur honnêteté rigide commence à vaciller devant ce plébiscite contraire et ils se
demandent si les autres avaient raison et une fois que le
doute a pénétré, comme devant l'honneur hésiter c'est
être déconfit, la victoire de l'immoralité est certaine. Un
caprice d'abord, une injustice microscopique ensuite :
et voilà la brèche ouverte. Et au fur et à mesure qu'on
avance dans cette voie, assez roide pour faire se précipiter
jusqu'au fond ceux qui y ont mis le pied une seule fois, la
conscience cherche à excuser le changement de front
par la consolation la plus jésuite et la plus inutile : tous
font de même ! ma responsabilité, si toutefois elle existe,
est infinitésimale ! Et de la sorte on ne trouve pas seulement dans le fait d'être plusieurs une sorte de corruption, on y trouve aussi, dernier tort, l'illusion d'une
excuse.

Le très petit nombre de ceux qui échappent à cette lèpre,
les réfractaires, ne peut rien pour diminuer l'épidémie.
Rarement ils se font dénonciateurs parce que l'honnête
homme est pitoyable et, je le dis à regret, même lâche
dans certains cas. Lâcheté qui dérive chez lui d'une
vertu, la pitié. En jugeant les autres à son aune, il s'i-
magine et se représente l'humiliation du coquin qui est
déshonoré, et il n'ose lui jeter l'accusation à la face.

Pour se conduire héroïquement sur le champ de bataille, il faut être un peu cruel ; de même pour être cou-

rageux et franc dans le monde politique, il faut être dénué d'une certaine délicatesse de sentiments. Il n'y a qu'un devoir élevé, impérieux qui puisse vaincre cette réserve et changer un collègue en accusateur.

La conséquence en est que les honnêtes gens, avec leur attitude passive, facilitent les louches entreprises des coquins et de tous ces faibles hommes, ces hommes-roseaux comme dirait Balzac, qui plient au souffle du vent et au gré des hommes forts.

Il se forme ainsi peu à peu une association inavouée, latente, inconsciente même, si nous voulons, qui étend ses lacs invisibles sur toute la vie publique. C'est une puissance qu'on n'a pas le courage de nommer, mais qu'on connaît; c'est une force qu'on ne voit pas, mais qu'on sent; elle ressemble aux eaux souterraines qu'on ne soupçonne pas à la surface de certaines terres mais qui sont la cause du genre de végétation qui croît sur le sol.

Et cette végétation c'est le favoritisme, l'immoralité, le crime.

Le public sait que pour obtenir quelque chose il faut s'adresser à un député : que sa demande soit injuste, il n'importe; et le député de demander, de prier, d'imposer et d'obtenir. Il obtient du gouvernement en hypothéquant son vote (sauf ensuite à trahir quand il sent approcher l'odeur du cadavre), il obtient des banques, en vendant la fumée de son influence, il obtient de la bureaucratie, en faisant briller l'or de sa médaille et son titre d'honorable, si peu mérité. Dans les ministères il y a des volumes qui contiennent les recommandations des députés et personne ne trouve extraordinaire qu'il en soit ainsi. Et le gouvernement qui sait et qui tolère tout cela, et qui le tolère parce qu'il en retire des avantages, ne redoute pas certains adversaires à la Chambre, parce qu'ils sont liés à lui par des nœuds trop inavouables pour qu'ils aient l'audace de dire la vérité pleine et entière. Sous les injures les plus graves des adversaires, faites pour la galerie et pour donner le change aux naïfs, l'accord persiste et la conspiration du silence. Ils ne peuvent révéler tous les crimes des adversaires, parce qu'ils seraient entraînés dans leurs ruine, eux leurs complices !

Et voilà les vrais crimes de la politique moderne faite de subterfuges et d'hypocrisie, crimes sectaires de la minorité qui est arrivée au sommet de l'échelle sociale, et qui sont un digne pendant des crimes sectaires des basses classes sociales.

Celles-ci plus franches, emploient la violence, et leurs moyens de lutte s'appellent l'assassinat, la dynamite ; celle-là, avec sa civilisation plus jésuite, emploie la fourberie, et ses moyens de lutte s'appellent le vol, le faux, le dol.

Immoralité de personnes, immoralité de parti, immoralité de gouvernement, tout cela dérive nécessairement et fatalement d'un système qui semble créé exprès pour rendre les hommes plus mauvais et non pour les rendre meilleurs.

Le député, avant de devenir tel, stigmatisait l'attitude et la conduite de ceux qui étaient alors députés ; de même que les ministres, avant d'être ministres, c'est-à-dire quand ils étaient sur les bancs de l'opposition,

criaient contre le gouvernement. C'est que n'étant pas
encore pris dans les dents de la roue fatale, ils avaient
l'illusion qu'ils y pourraient résister. Ils ne savaient pas
que la politique est une lente dépravation, à laquelle bien
peu savent échapper ; et même les meilleurs, en venant
des provinces éloignées avec des idées élevées et des
songes tout roses ne soupçonnaient pas que la lumière
qui les attirait devait brûler leur honnêteté.

VI

Le réquisitoire est terminé et le modeste ministère public qui l'a prononcé devrait maintenant, au lieu de re-
quérir la peine, indiquer les remèdes au mal qu'il a
déploré.

Mais en vérité ce mal a des causes si profondes et si
enracinées dans la nature humaine qu'il semble bien
difficile de l'éliminer. On pourrait le comparer à la mort,
phénomène fatal dont on cherche toujours à atténuer
la gravité, mais qu'on ne supprime point.

Qui oserait combattre le droit suprême de la majorité
et par conséquent le pouvoir des Parlements ?

Et quel remède peut-on apporter au fait que toute
réunion, tout groupe d'hommes est moralement et intellectuellement inférieur aux éléments qui le composent,
si la vie sociale n'est autre chose que la résultante ou
le complexus de tous les groupes infinis qui s'agitent
en elle, et qu'on appelle classes, églises, associations,
partis ?

De remède il n'y en a pas, c'est évident, et la constatation de cette triste vérité est peut-être l'hypothèse la

plus pessimiste qui ait jamais été formulée. S'unir, dans le monde humain, cela veut dire devenir pire ; que voulez-vous trouver de plus désolant?

Gabriel Tarde, quand j'ai exposé cette idée pour la première fois (1), en a tiré avec cette pénétration de logique, qui n'est pas la moindre de ses qualités, une déduction extrêmement osée.

« Je signale sans y insister la portée inattendue dont cette loi est susceptible. On sait que les organismes ont été considérés avec raison comme des sociétés de cellules, et l'on a pu voir dans les cellules elles-mêmes des sociétés de molécules, etc... Or, supposons que notre principe s'applique à ces sociétés biologiques ou chimiques, que, là aussi, le composé ne soit pas supérieur à ses éléments, qu'il leur soit inférieur ou tout au plus les égale ; nous voyons l'Univers tout entier nous apparaître sous un nouvel aspect et c'est aux perfectionnements du microscope, non du télescope, que nous aurons à demander la révélation des plus admirables merveilles du monde. Peut-être, en effet, est-ce en vertu d'un pur préjugé, injustifiable, que le *moi de l'atome* a toujours été réputé plus simple, plus pauvre, plus bas que le moi animal ou humain. Peut-être, se dépense-t-il invisiblement au fond caché des êtres vivants, dans leurs intimités élémentaires, beaucoup plus d'intelligence et d'art qu'il ne s'en exprime à leur surface.... Mais arrêtons-nous sur la pente de ces conjectures : si peu solides qu'elles soient d'ailleurs, elles le sont toujours autant

1. Voir mon volume : *La Folla delinquente*, 2e éd., Turin, Bocca, 1895.

que les jugements tout faits irraisonnés auxquelles je les oppose » (1).

Nous-mêmes, arrêtons-nous sur la pente de ces conjectures paradoxales. L'invraisemblance de notre théorie quand on la pousse à l'extrême n'ôte rien à sa valeur quand on l'applique au cas où nous l'avons appliquée. Qu'une réunion d'hommes soit dans ses résultats collectifs inférieure à la moyenne des individus qui la composent, c'est là une affirmation dont nous nous faisons fort d'avoir donné les preuves, et nous nous en contentons (2).

Quant au droit de la majorité, tout en négligeant de faire remarquer qu'il s'explique par les Parlements, c'est-à-dire par la psychologie collective, il a été aussi combattu au point de vue pratique et théorique.

En effet, c'est en lui que repose la première raison, la raison fondamentale de la bassesse politique à laquelle nous sommes arrivés.

« Le gouvernement de la médiocrité, écrivait Stuart Mill, ne peut être qu'un gouvernement médiocre. Aucun État gouverné par la démocratie ou par une aristocratie nombreuse n'a jamais pu s'élever au-dessus de la médiocrité, ni dans sa conduite politique, ni dans ses opinions, ni dans ses mœurs, sauf quand le peuple souve-

---

1. G. TARDE, *Les crimes des foules*, Lyon, Storck, t. VII des *Archives d'anthropologie criminelle*.

2. Sur ce sujet auquel je fais seulement allusion ici très rapidement, voir la polémique que j'ai eue avec Gabriel Tarde, Enrico Ferri et Silvio Venturi, dans la *Critica Sociale* (nᵒˢ. 21, 22 et 23 de 1894). J'ai expliqué là, mieux et plus clairement que je ne puis le faire ici, toute ma pensée.

rain s'est laissé diriger par les conseils et par l'influence d'un homme ou de plusieurs hommes supérieurs » (1).

Stuart Mill condamnait donc absolument le gouvernement de la multitude, tout en admettant la possibilité d'une exception : « quand le peuple souverain se laissait guider par un homme de génie. »

Mais dans un tel cas, au lieu d'une exception, n'est-ce pas une confirmation de la règle établie ?

Nous savons aussi que souvent les assemblées politiques peuvent atteindre à des hauteurs sublimes de pensée ou de sentiment, quand elles sont enflammées par les paroles ardentes d'un Mirabeau ou par l'idée grandiose d'un Camille Cavour. Mais qu'est-ce que prouvent ces faits en faveur du droit de la majorité ?

Ils ne prouvent rien parce que, en de tels cas, ce n'est

1. Pour éviter toute équivoque et pour qu'on ne dise pas que je donne trop d'importance à *l'individu* et trop peu à la *collectivité* ou au milieu, je rappelle que je parle ici au point de vue *actuel, statique* et non *dynamique. Au point de vue dynamique*, il est vrai que les hommes de génie sont un produit nécessaire du milieu où ils naissent, enfantements merveilleux de la collectivité, raccourcis inconscients d'un moment historique donné, — et je l'ai trop de fois reconnu ailleurs pour devoir le répéter ici. Mais au point de vue statique, il est vrai aussi que les hommes de génie sont plus qu'acteurs, qu'ils sont auteurs du drame humain, qu'ils sont, comme disait Sainte-Beuve, des rois qui créent leur peuple. A ceux qui nieraient l'influence du *grand homme* sur la masse, je rappelle les paroles de Bagehot : « Une opinion bizarre veut que ceux qui considèrent l'histoire d'un point de vue scientifique soient disposés à ne pas évaluer assez haut l'influence des caractères individuels. Il serait tout aussi raisonnable de dire que ceux qui considèrent la nature à un point de vue scientifique, sont disposés à ne pas évaluer assez haut l'influence du soleil ». — *Lois scientifiques du dev. des nations*, Alcan, 1885, p. 106.

pas la voix de la majorité qui s'impose, mais bien le despotisme d'un seul, despotisme qui se fonde non plus, comme jadis, sur la force matérielle, mais bien sur la suggestion inconsciente.

Toutes les fois qu'une assemblée a proclamé une vérité ou conquis un droit, toutes les fois, en somme, qu'elle n'a pas été médiocre dans ses manifestations, elle a dû suivre, comme l'hypnotisé suit son magnétiseur, un homme qui la fascinait et qui la possédait intellectuellement. Vous pouvez dire, en des cas semblables, que le résultat est dû à l'assemblée ou à sa majorité. C'est une illusion. Ce résultat a été voulu par *un seul*, et c'est *un seul* qui l'a imposé *par force suggestive* à ceux qui l'entouraient (1).

La vie sociale, et partant la vie politique aussi, pivote sur le phénomène de la suggestion. Heureux les temps et les peuples qui ont un génie pour polariser tous les désirs, toutes les aspirations, tous les sentiments, et que la foule suit aveuglément !

Mais ces cas sont rares dans la vie des nations, et quand il n'y a pas de génie, quand ce foyer manque pour attirer toutes les énergies individuelles, nous avons alors vraiment le règne de la médiocrité, parce que la force de suggestion, au lieu de s'individualiser, se dissémine et se disperse, en donnant lieu aux mille surprises de la psychologie collective.

C'est dans ces cas, qui sont les cas les plus communs et les plus habituels, que se vérifient dans les Parlements les tristes effets que nous avons signalés et c'est pour ces cas qu'on pourrait trouver, sinon un véritable re-

15

mède, du moins une atténuation du mal dans la diminution du nombre des députés.

Si, par exemple, les représentants de la nation étaient réduits à 100, il est certain que la moyenne de ces 100 personnes serait supérieure au point de vue intellectuel et au point de vue moral à la moyenne des 500 députés actuels. Et pourquoi ? Parce qu'en adoptant cette diminution il serait difficile de laisser les hommes de valeur de côté, et qu'il serait au contraire facile d'exclure les hommes sans mérite. Quand il y a trop de places, la médiocrité pénètre presque nécessairement. Il faut pourtant élire le député ! et s'il n'y a personne qui mérite d'être élu, il faudra se contenter du premier venu. Il arrive pour les sièges du Parlement ce qu'il arrive pour les chaires des Universités. Tant qu'elles seront trop nombreuses, nous verrons beaucoup de professeurs qui ne sont pas dignes du poste qu'ils occupent ; diminuez le nombre des chaires, les bons professeurs prendront de l'avance, occuperont les places, et le niveau du corps enseignant s'élèvera.

De plus on évitera, avec un nombre de députés plus restreint, un autre inconvénient. Aujourd'hui, il suffit qu'une personne s'élève dans une branche quelconque de la science ou de l'art pour que sa province, sa ville, un peu vaines de leurs concitoyens, comme les mères le sont d'un fils qui a bien réussi, se croient obligées de les jeter dans la chaudière de Montecitorio. C'est un homme de talent. Fort bien ! Mais sera-t-il, parce qu'il fait de beaux vers ou de bons livres, un homme politique laborieux et utile ? C'est généralement le contraire.

Et c'est ainsi qu'on fait un député médiocre, en arra-
chant à l'art ou à la science un artiste excellent ou un
savant d'élite. Non. Que se voue à la politique celui qui
le veut, et que les électeurs envoient au Parlement celui
qui a fait preuve de facultés politiques. Nous croyons
que pour gouverner le peuple, ou pour faire des lois, les
hommes intelligents suffisent. Mais c'est une intelligence
spéciale qu'il faut avoir, comme il faut une intelligence
spéciale pour chaque profession. Autrement nous verrons des avocats ministres ou sous-secrétaires d'Etat à
la marine ou aux finances, des ingénieurs à la justice,
et des individus qui déraisonnent d'un cœur léger au
ministère de l'instruction publique.

En limitant le nombre des sièges, ces *méli-mélos* seront plus rares et moins faciles, et on aura tout à gagner
en rendant hommage à la loi de la spécialisation du
travail.

Joignez à cela qu'on rendra enfin possible le paye-
ment d'une indemnité aux députés, en les obligeant à
s'occuper exclusivement de remplir leur mandat. La qualité de représentant du peuple qui est une *sinécure* présentement et qui ne sert qu'à obtenir partout des coups
de chapeau et des faveurs, deviendra une charge exi-
geant du travail ; la responsabilité répartie sur 100 au
lieu de l'être sur 500 individus, sera plus fortement
sentie, et les élus devront s'occuper des choses importantes et de l'intérêt général, en laissant toutes les provinces pourvoir, dans leur autonomie et dans leur indépendance, à leurs intérêts personnels et privés, et en
laissant surtout les intrigants se charger à Rome des

commissions et de la correspondance des électeurs ayant à faire valoir leurs exigences mesquines et personnelles.

Et alors il y aura peut-être une amélioration, et cet organisme parlementaire, maintenant si vieux, pourra, en se simplifiant, vivre encore quelque temps sans infamie et peut-être avec gloire. Je crois qu'on en peut dire ce qu'on dit de certains poisons : ils tuent ou raniment suivant la dose où on les emploie.

Or la dose, ou pour laisser la métaphore de côté, l'extension et l'importance que le parlementarisme a prises peu à peu, sont si grandes qu'elles menacent de tuer la vie publique. Qui sait si, en limitant la dose, on ne pourrait, au lieu de la tuer, la ranimer !

TABLE DES MATIÈRES

CHAPITRE II
Psychologie de la secte.

CHAPITRE III
La morale privée et la morale sectaire.

CHAPITRE IV
Le crime sectaire.

APPENDICE

Laval. — Imprimerie Parisienne L. BARNEOUD et Cⁱᵉ

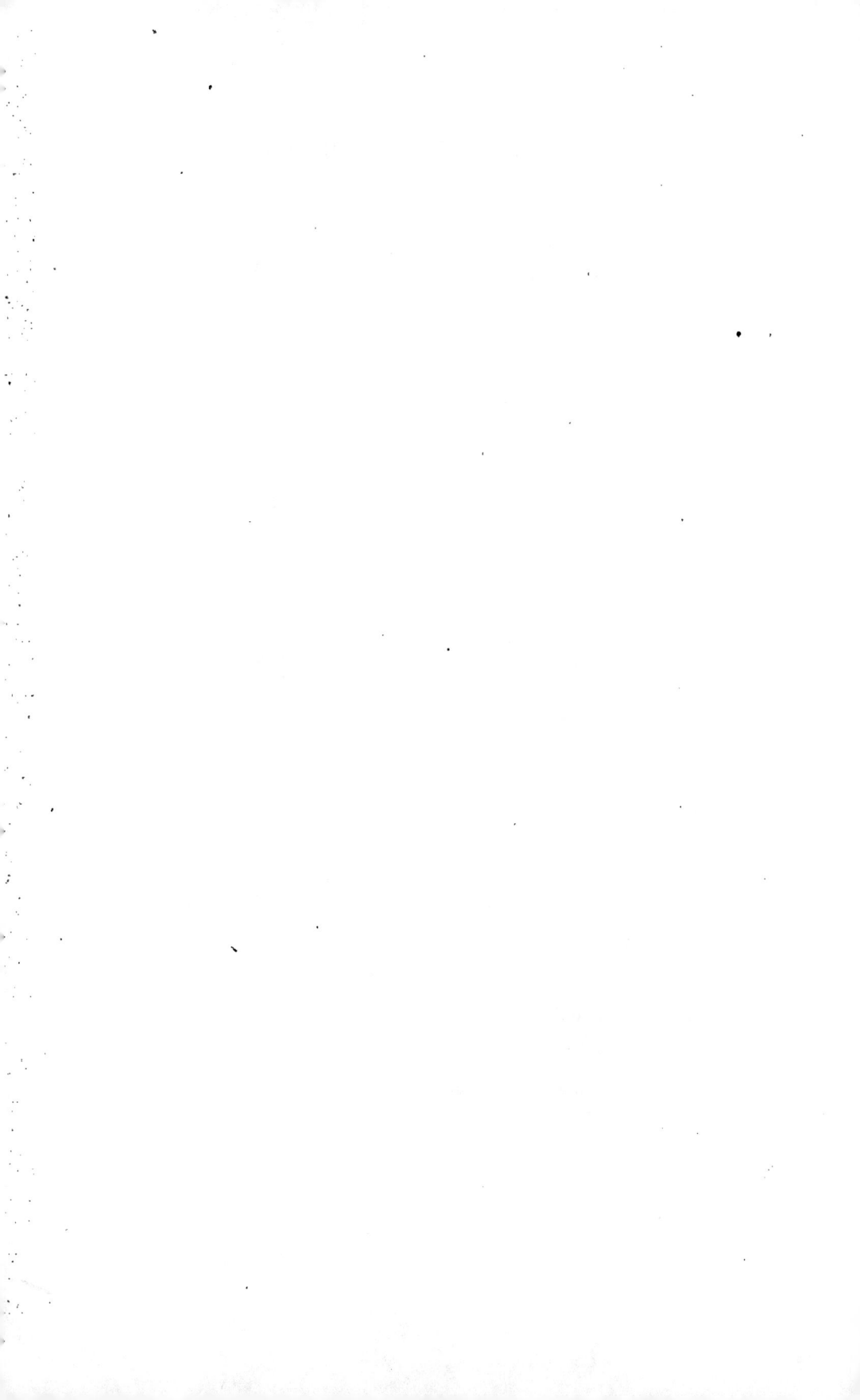

V. GIARD & E. BRIÈRE

LIBRAIRES-ÉDITEURS

16, Rue Soufflot, PARIS

CATALOGUE

OUVRAGES DE FONDS

A

ACCARIAS (C.), *professeur à la Faculté de droit de Paris.* — **Précis de droit romain** contenant l'exposé des principes généraux, le texte, la traduction et l'explication des Institutes de Justinien et suivi: 1° d'une table alphabétique des matières; 2° d'une table des textes des Institutes; 3° d'une table des textes littéraires indiqués ou expliqués. 1891-92. 2 forts volumes in-8 . . . . 28 fr. »

— *Chaque volume* séparément . . . . 14 fr. »

ACOLLAS (E.). — **La Déclaration des droits de l'homme** de 1793, commentée. 1885. 1 vol. in-18 . . . . · . . . . 3 fr. »

AHRENS (H.), *professeur de philosophie à l'Université de Leipzig.* — **Cours de droit naturel ou de philosophie du droit** complété dans les principales matières par des aperçus historiques et politiques. *Huitième édition* entièrement refondue et complétée par la théorie du droit public et du droit des gens. 1892. 2 vol. in-8 . . . . . 13 fr. »

—— **Encyclopédie juridique** ou exposition organique de la science du droit privé, public et international, sur les bases de l'éthique, traduit de l'allemand par Chauffard. 1880. 2 vol. in-8 . . . . . . 20 fr. »

Annales de l'Institut international de Sociologie, publiées sous la direction de René WORMS, *secrétaire général.* — I. Travaux du premier Congrès tenu à Paris en octobre 1894, 1895. 1 v. in-8. 7 fr. »

Ce volume contient des études de MM. Abrikossof, Combes de Lestrade, Dorado, Enrico Ferri, Fiamingo, Douglas Galton, Louis Gumplowicz, Maxime Kovalewsky, C. de Krauz, Paul de Lilienfeld, John Lubbock, J. Mandello, J. Novicow, Posada, Simmel, G. Tarde, Tœnnies, Emile Worms et René Worms.

Annales de l'Institut international de Sociologie, publiées sous la direction de René WORMS, *secrétaire général*. — II. Travaux du deuxième Congrès tenu à Paris en 1895, 1896. 1 vol. in-8 .   7 fr.   »

Ce volume contient des études de MM. Maxime Kowalewsky, Ch. Letourneau, Paul de Lilienfeld, Louis Gumplowicz, J. Novicow, G. Tarde, Enrico Ferri, Émile et René Worms, F. Tœnnies, S. R. Steinmetz, G. Garofalo, J.-J. Tavareis de Médeiros, Ed. Westermarck, L. Manouvrier, A. Raffalovich, G. Combes de Lestrade, N. Abrikossof, R. de la Grasserie, C. de Krauz, M. Golberg, F. Puglia, A. Piche, Ch. Limousin, H. Monnin, H. Décugis, S. Kergall.

APPLETON (C.), *professeur à la Faculté de droit de Lyon*. — **Histoire de la propriété prétorienne et de l'action publicienne.** 1889. 2 vol. gr. in-8 . . . . 18 fr.   »

ARAUJO (O. d'), *associé de l'Institut international de Sociologie*. — **Le Mouvement social au Brésil** de 1890 à 1896. Une brochure gr. in-8 . . . . 1 fr.   »

ARION (Ch.-C.), *avocat à la Cour d'appel de Bucarest*. — **La Situation économique et sociale du paysan en Roumanie.** 1895. 1 vol. in-8. 3 fr.   »

AUBERT (A.), *percepteur-receveur*. — **Régime légal et financier des associations syndicales.** Étude pratique destinée aux maires, conseillers de préfecture, ingénieurs des ponts et chaussées, etc., précédée du règlement d'administration publique du 9 mars 1894. 1 vol. in-12. . . . . 3 fr.   »

AUMAITRE (Th.), *docteur en droit, répétiteur de droit*. — **Manuel de droit constitutionnel**, spécialement destiné aux élèves des Facultés de droit. 1893. 1 vol. in-18. . . . . 5 fr.   »

AVENEL (G. d'). — **La Réforme administrative.** Les ministères de l'intérieur et de la justice. Les cultes et les rapports de l'Église et de l'État. L'extension du fonctionnarisme. 1892. 1 vol. in-12 .   3 fr. 50

AZIZ (G.), *substitut du procureur général au parquet de la Cour d'appel mixte d'Alexandrie*. — **Concordance des codes égyptiens** mixte et indigène avec le code Napoléon, suivi d'un appendice relatant la jurisprudence de la Cour d'appel mixte d'Alexandrie.
Première partie. *Code civil.* 1886. 1 vol. in-4, 1/2 reliure .   18 fr.   »
Deuxième partie. *Code de commerce.* 1 vol. in-4, 1/2 reliure.   18 fr.   »

B

BACHAN (J.-J.), *apiculteur, ancien magistrat*. — **L'Avocat de l'apiculteur.** Texte et commentaire des lois, décrets et décisions de la jurisprudence sur l'apiculture. 1894. 1 vol. in-16 . . . . 1 fr.   »

BAILEY (John Rand). — **Manuel pratique de procédure anglaise,** et recueil des lois à l'usage des Français et des Belges dans leurs relations d'affaires avec l'Angleterre. 1873. 1 vol. in-12. . . . .   5 fr. »

BALICKI (S.). — **L'Organisation spontanée de la société politique.** 1895. Une brochure gr. in-8. . . . .   2 fr. »

BALICKI (S.), *docteur en droit.* — **L'Etat comme organisation coercitive de la société politique.** 1896. 1 vol. in-8, reliure souple spéciale. . . . .   6 fr. »

━ **Le même ouvrage** broché. . . . .   4 fr. »

☞ Cet ouvrage fait partie de la *Bibliothèque sociologique internationale.*

> L'auteur de ce livre analyse la distinction admise aujourd'hui entre l'Etat et la Société, et il la caractérise en indiquant que la Société correspond à l'organisation spontanée de la vie en commun, et l'Etat à l'organisation coercitive de cette existence sous l'action d'un groupe dominateur. Il montre dans le détail au moyen de quels procédés cette coercition s'opère, et quelles formes elle revêt successivement dans le temps et dans l'espace. Il démontre ainsi les divers rouages du mécanisme politique, en faisant voir à quelles fins réelles chacun d'eux correspond. C'est une très remarquable application — qui n'avait pas encore été faite en France — des principes de la Sociologie contemporaine à la théorie de l'Etat et à la philosophie du droit public.

BALLESTEROS (M. E.), *ministre de la Cour suprême de Santiago.* — **La Lei de organizacion y attribuciones de los tribunales de Chile.** Antecedentes, concordancia y application practica de sus disposiciones, 1890. 2 forts volumes gr. in-8. . . . .   40 fr. »

BARBERET (J.), *chef du bureau des Sociétés professionnelles au Ministère de l'intérieur.* — **Le Travail en France.** Monographies professionnelles. Tomes I à VII. 1886-1889. Chaque vol . .   7 fr. 50

Tome I (*Introduction; Apprêteurs d'étoffes à Boulangers*). — Tome II (*Boutonniers à Céramistes*). — Tome III (*Chapeliers à Chaudronniers*). — Tome IV (*Chemisiers à Comptables*). — Tome V (*Cordiers à Couvreurs*). — Tome VI (*Cravaches à Cultivateurs*). — Tome VII (*Débitants de boissons*).

Ouvrage honoré de souscriptions par les ministères.

BASTIDE (L.), *substitut du procureur de la République.* — **L'Union de Berne en 1886** et la protection internationale des droits des auteurs et des artistes. Suivie du texte de l'avant-projet de la Conférence de Berne de 1883. De la convention définitive du 9 septembre 1886, de la loi espagnole du 9 janvier 1879 sur la propriété intellectuelle, et de la loi belge du 22 mars 1886 sur le droit d'auteur. 1890. 1 vol. in-8 . . . .   4 fr. ›

> « M. Bastide étudie toute la matière de la propriété littéraire et artistique, san « d'ailleurs abandonner le point de vue spécial auquel il s'est placé; il défend ave « chaleur, dans un style facile, imagé et toujours élégant, les solutions qu'il estim « être les plus conformes aux principes théoriques et au droit international. So « ouvrage, documenté et rempli de détails intéressants, dénote une grande érudition « en même temps qu'une connaissance irréprochable du droit. » (*Gazette du Palais,* **31 oct. 1890.**)

BATBIE (A.), *professeur à la Faculté de droit de Paris, membre de l'Institut.* — **Cours d'économie politique** professé à la Faculté de droit de Paris. 2 vol. in-8. . . . . 12 fr. »

BAZENET (Edg.), *substitut du procureur de la République.* — **De l'assurance sur la vie** contractée par l'un des époux au profit de l'autre. 1889. 1 vol. in-8. . . . . 5 fr. »

« M. Bazenet a choisi dans l'assurance sur la vie l'un des points les plus pratiques
« et les plus intéressants ; son ouvrage est mis au courant de la jurisprudence la plus
« récente, puisqu'il contient le commentaire de plusieurs arrêts de la Cour de cassa-
« tion rendus au cours de l'année 1888. La conclusion de l'auteur est que l'assurance
« sur la vie doit être mise hors du droit commun, mais que cette tâche appartient au
« législateur et non aux tribunaux.
   « Ce livre sera lu avec fruit par les hommes prévoyants qui voudront assurer
« l'avenir de leurs femmes, et qui ne se préoccupent pas toujours des conséquences
« de l'assurance qu'ils ont à contracter dans ce but. » (Extrait.)

BEAUME et MILLION. — **Compétence des juges de paix.** Voy. MILLION.

BEAURIN-GRESSIER (L.), *vice-président de la Société de Sociologie de Paris.* — **Des forces qui déterminent l'évolution du milieu social.** 1896. Une brochure gr. in-8 . . . . 1 fr. 50

BEAUVERGER (Ed. de). — **Les Institutions civiles de la France** considérées dans leurs principes, leur histoire, leurs analogies. 1864. 1 vol. in-8. . . . . 3 fr. »

BÉCHADE, *docteur en droit, receveur de l'enregistrement.* — **Du contrat d'assurance sur la vie** dans ses rapports avec le droit civil et l'enregistrement. 1889. 1 vol. in-8 . . . . 5 fr. »

« Dans le cours de son ouvrage, M. Béchade reste toujours dominé par ce principe
« d'équité, que le droit civil et le droit fiscal sont destinés, dans leurs rapports réci-
« proques, à demeurer autant que possible unis dans une étroite intimité. L'excellent
« esprit dans lequel est rédigé cet ouvrage donne à sa lecture un grand intérêt. »
(Extrait du journal *la Loi*, 8 oct. 1890.)

BÉCHET (Ed.), *docteur en droit.* — **Le Droit des pauvres.** De l'impôt sur les billets d'entrée dans les théâtres et autres spectacles publics. 1891. 1 vol. in-8 . . . . 3 fr. »

Ouvrage honoré d'une souscription de l'Assistance publique.

« Le droit des pauvres a été souvent attaqué. Il est peu d'impôts qui aient soulevé
« plus de réclamations, qui aient donné lieu à des polémiques de presse plus vives
« et plus fréquentes. À l'encontre de ces protestations, M. Béchet prend la défense
« du droit des pauvres et montre victorieusement que cette taxe est absolument
« légitime, et qu'il n'existe aucun motif sérieux d'en demander la suppression ou la
« modification. Son travail, qui contient des renseignements utiles sur le caractère
« de cet impôt, sur le mode de recouvrement, sur le contentieux, intéressera non
« seulement les directeurs de spectacles publics mais encore tous les jurisconsultes. »
(*Gazette du Palais*.)

BÉDARRIDE (G.), *avocat près la Cour d'appel d'Aix, ancien bâtonnier.* **Droit commercial, Commentaire du Code de commerce.**
— **Des chemins de fer par rapport au transport des voyageurs et des marchandises.** 2 vol. in-8. . . . . 18 fr. »

— **Question de droit commercial** et de droit civil avec leurs solutions. 1 vol. in-8 . . . . 8 fr. »

— **Brevets d'invention.** Commentaire des lois sur les noms des fabricants et des lieux de fabrication, et sur les marques de commerce suivi des documents officiels législatifs. 3 vol. in-8 . . . . . 24 fr. »

— **Chèques** (Commentaire de la loi du 14 juin 1865 sur les). 1 vol. in-8 . . . . 7 fr. »

— **Hypothèques maritimes** (Commentaire de la loi du 10 décembre 1874 sur les). 1 vol. in-8 . . . . 9 fr. »

— **Commerçants et livres de commerce** (Comment. des art. 1 à 17). In-8 . . . . 9 fr. »

— **Les Sociétés** (Commentaire des art. 18 à 64). 3 vol. in-8 . 27 fr. »

— **Les Bourses de Commerce,** agents de change et courtiers (Commentaire des art. 71 à 90). 1 vol. in-8. . . . . 10 fr. »

— **Les Commissionnaires** (Comment. des art. 91 à 108). 1 vol. in-8 . . . . 10 fr. »

— **Achats et ventes** (Commentaire de l'art. 109). 1 vol. in-8. 9 fr. »

— **De la Lettre de Change,** des billets à ordre et de la prescription (Commentaire des art. 110 à 189). 2 vol. in-8 . . . . 18 fr. »

— **Du droit maritime** (Commentaire des articles 190 à 436). 5 vol. in-8 . . . . 45 fr. »

— **De la Juridiction commerciale** (Commentaire des art. 615 à 648). 1 vol. in-8 . . . . 9 fr. »

— **Traité du dol et de la fraude** en matière civile et commerciale. 1 vol. in-8 . . . . 36 fr. »

BELLAN et **SALIVAS.** — **Droit romain.** Voy. : SALIVAS.

BÉNARD (Paul et **A. RENDU.** — **Répertoire alphabétique du Droit usuel.** Voy. : RENDU.

BERTON (P.), *conseiller à la Cour d'appel d'Orléans.* — **L'art de faire soi-même son testament,** ou traité pratique du testament olographe avec toutes les formules de testament dont on peut avoir besoin dans les diverses circonstances de la vie. *Sixième édition,* revue, augmentée et mise en harmonie avec la jurisprudence et les lois nouvelles, 1893. 1 vol. in-8 . . . . 3 fr. 50

Six éditions successives de cet ouvrage confirment l'éloge qui en a été fait par un grand nombre de journaux et la faveur avec laquelle le public a accueilli ce petit traité.

Nous ne pouvons donner que quelques extraits des articles bibliographiques qui ont paru à son sujet.

. M. Paul Berton a mis sa remarquable science juridique à la portée de tous.

« *L'art de faire son testament* est plus rare qu'on ne se le figure ; des professeurs
« de droit eux-mêmes ont libellé leurs dispositions dern'ères en une telle forme que
« les tribunaux ont dû les annuler pour oubli de quelque formule sacramentelle.
« Le guide de M. Berton mettra désormais les testateurs à l'abri des irrégularités : il
« leur permettra de disposer de leur fortune en toute sécurité, sans confidents, sans
« intermédiaire et sans indiscrets. « (ALBERT BATAILLE. *Figaro*, 21 janv. 1891)

    M. Paul Berton, magistrat distingué de la Cour d'appel d'Orléans, auteur de
nombreux ouvrages où la science juridique s'unit à des connaissances économiques,
littéraires et historiques étendues, et dont les remarquables travaux sur la relégation
sont connus de tout le monde, a eu l'heureuse inspiration de venir au secours du
citoyen qui veut faire son testament lui-même sans posséder d'ailleurs — *non rara
avis* — aucune connaissance de droit spécial . . . .
    L'auteur, qui semble posséder à fond le don et le secret des choses pratiques, ne
craint pas de descendre dans tous les menus détails d'ordre matériel ; grâce à lui, on
saisit sur le vif l'utilité de telle formalité, le danger de telle expression. Afin de
mieux mettre en relief sa pensée, il a l'heureuse idée de citer un certain nombre de
testaments viciés, et de montrer à quoi tient le défaut qui les affecte (Recueil *Sirey*).

    Mentionnons les articles parus dans : *le Petit Journal, Moniteur de l'Est, Recueil
Dalloz, Défense, Revue Britannique, Revue critique, Polybiblion, Bulletin agricole,
Patriote Orléanais, Radical, Gazette du Palais, Gazette des tribunaux*, dans les
annales et les semaines religieuses, etc., et dans toute la presse française.

BERTON (P.), *conseiller à la Cour.* — **Liguons-nous** contre le
  Socialisme. 1896. 1 vol. in-18 . . . . 1 fr. 50

BESSON (Emmanuel), *sous-chef à la Direction de l'Enregistrement.*
  — Les Frais de justice. Traité pratique de l'enregistrement des
actes judiciaires et extrajudiciaires. Commentaire méthodique des
articles 11 à 25 de la loi du 26 janvier 1892 et des articles 22 à 27 de la
loi du 28 avril 1893. *Troisième édition* entièrement refondue et
augmentée des solutions les plus récentes. 1894. 1 vol. in-18. 4 fr. 50

BICKART (Ed.), *avocat à la Cour d'appel d'Angers.* — **La Natura-**
lisation. Etude historique et commentaire des dispositions de la loi
de 1889. 1 vol. gr. in-8 . . . . 3 fr. »

BIDOIRE et **A. SIMONIN**, *anciens élèves de l'Ecole libre des
sciences politiques.* —-Législation financière : **Les Budgets fran-**
çais. Etude analytique et pratique. Budget de 1895. Première partie :
Projet de budget, par P. BIDOIRE, 1895. 1 vol. in-18 . . 3 fr. »

    « En rendant accessible à chacun l'étude du budget et en permettant à tous les
contribuables, que les questions financières ne devraient jamais laisser indifférents,
de se tenir au courant de la gestion des finances publiques, MM. P. Bidoire et
A. Simonin ont visé un but dont l'utilité n'échappera à personne et dont il n'est
que juste de les féliciter. »

BIDOIRE (P.) et **A. SIMONIN**, *anciens élèves de l'Ecole libre des
sciences politiques.* — Législation financière : **Les Budgets fran-**
çais. Etude analytique et pratique : 1° **Budget de 1895**, Droit
d'accroissement, **Emprunt à la Caisse des dépôts et consigna-**
tions, etc., par A. SIMONIN ; 2° **Projet de Budget de 1896**,
Dépenses, Recettes, Nouveaux impôts, Loi des boissons,
Monopole de l'alcool, par P. BIDOIRE. 1896. 1 vol. in-18. 3 fr. »

    ☞ Les deux volumes ci-dessus font partie de la *Petite Encyclo-
pédie sociale, économique et financière.*

Combien peu de personnes peuvent se rendre compte des impôts qu'elles doivent payer et de motifs des augmentations ou des modifications fréquentes que ceux-ci subissent.

L'ouvrage de MM. Armand Simonin et Pierre Bidoire a pour objet d'éclairer·les contribuables sur tous ces points.

Il comprend tout d'abord un commentaire raisonné de la loi de finances pour 1895, dans lequel la plus large place a été faite à l'explication des dispositions concernant le droit d'accroissement.

La seconde partie est consacrée au projet de budget de 1896, aux nouveaux impôts qu'il contient et notamment aux droits de succession et à la loi des boissons.

Ce volume, continuant le précédent, publié l'année dernière, renferme l'examen complet et succinct de toutes les graves questions économiques et financières qui préoccupent actuellement, à tant de titres, l'opinion publique.

BIELAWSKI (J.-B.-M.). Souvenirs d'un petit fonctionnaire. Etude historique, administrative et sociale par un républicain démo-crate. 1894. 1 vol. in-18. . . . . 2 fr. 50

BIOLLEY (P.), *professeur au Lycée de San Jose de Costa Rica.* — **Costa Rica et son avenir.** Etude accompagnée d'une carte en couleurs. 1889. 1 vol. in-8. . . . . 4 fr. »

BIRÉ (A.), *docteur en droit, avocat à la Cour d'appel.* — Etude sur **la condition juridique des Eglises, Temples, Presbytères.** Concordat, Articles organiques, Décret de 1809, Lois municipales de 1837 et de 1884. 1890. 1 vol. in-8. . . . . 5 fr. »

« M. Biré énumère les différentes sortes d'églises, pose en principe qu'elles font « partie du domaine public et en donne les motifs. La plupart des auteurs s'accordent « a classer les églises métropolitaines et cathédrales dans le domaine public. Quant « aux églises et aux chapelles, on est loin d'être d'accord. L'auteur expose avec « détails quatre systèmes. Pour les uns, en effet, les églises paroissiales appartiennent « à l'État; pour d'autres, aux communes; pour d'autres encore, aux fabriques; enfin, « suivant certains jurisconsultes, les communes et les fabriques sont copropriétaires « des églises paroissiales. Suivant M. Biré, le Concordat a affecté les églises au service « public qu'il a créé; elles rentrent, par conséquent, selon l'expression de Proudhon, « dans la catégorie des choses « asservies à l'usage de tous et dont la propriété n'est « à personne ». Ni l'État, ni les communes ne possèdent propriétairement les églises, « ils n'en ont, comme dit M. Ducrocq, dans son traité du Droit administratif « que la « garde et la surintendance, avec mission de les conserver aux générations à venir. » *(La Loi, 8 août 1890.)*

BIVILLE (Raoul), *professeur agrégé à la Faculté de droit de Caen.* — **Les conséquences de la mauvaise foi** du second acquéreur d'un immeuble qui a transcrit son contrat avant le premier. 1893. Une brochure in-8. . . . . 1 fr. 50

BLANCHARD (E.), *architecte-gérant de propriétés.* — **Le Conseiller des propriétaires et des locataires.** Traité pratique suivant la jurisprudence actuelle de toutes les questions relatives à la propriété. Gestion, entretien, location, baux, réparations, mitoyen-neté, etc. Lois, décrets et ordonnances. 1879. 1 vol. gr. in-8. 5 fr. »

BLEY (G.), *ancien élève de l'Ecole des sciences politiques.* — **La Roumanie.** Etude économique et commerciale. 1896. 1 vol. in-8. 4 fr. »

Au moment où la Bulgarie semble se disposer, elle aussi, à se soustraire à la suzeraineté de la Porte, un livre sur la Roumanie est tout d'actualité, puisqu'il montre ce que peuvent devenir les anciennes provinces turques une fois indépendantes.

On peut dire que, comme avocat, M. Gustave Bley plaidé vraiment avec chaleur la cause des principautés balkaniques que l'on connaît trop peu.

M. Bley expose avec soin le développement de la Roumanie. Rappelant ses origines lointaines, il la décrit sous tous les rapports : les institutions, l'organisation politique, l'administration, l'armée, la littérature et la presse sont passées en revue.

Le commerce, qui fait surtout l'objet de cette étude, est traité d'une façon très consciencieuse ; d'ailleurs l'auteur, attaché au Cabinet du Ministre du commerce, était placé mieux que personne pour fournir aux exportateurs français de précieuses indications. Cet ouvrage s'adresse donc autant au grand public des commerçants et des industriels qu'à ceux qui s'intéressent spécialement aux questions économique et financières.

BLIN (Em.). — **Les droits du chasseurs.** Commentaire de la loi du 3 mai 1844 et résumé de la doctrine et de la jurisprudence en matière de chasse. Responsabilités, dommages causés par le gibier, louveterie, etc. 1892. 1 vol. in-18. . . . . 2 fr. »

BLOCK (Maurice), *membre de l'Institut.* — **Dictionnaire de l'administration française.** *Troisième édition.* 1894. 1 vol. gr. in-8. 35 fr. »

BLOCK (Maurice), *membre de l'Institut.* — **Les Communes et la Liberté.** Etude d'administration comparée. 1876. 1 vol. in-12. 3 fr. 50

BLOCK (Raoul), *docteur en droit, lauréat de la Faculté de droit de Paris.* — **Etude sur la faillite en droit international privé.** 1892. 1 vol. in-8. . . . . 4 fr. »

« Plus augmente le nombre des étrangers qui viennent faire le commerce en France, plus il importe d'étudier les lois commerciales en usage dans les différents pays en vue d'en coordonner les dispositions avec celles de nos Codes.

« M. Bloch a entendu se placer à ce point de vue, par rapport à la faillite. Il examine l'état du droit en cette matière chez les principaux peuples et il montre les similitudes et les conflits qui existent entre les législations étrangères et la législation française.

« Son travail est intéressant et consciencieux et traite un sujet dont les commerçants et les hommes d'affaires ont à tout instant l'occasion de s'occuper » (*Gaz. des Tribunaux*).

BLUMENTHAL (J.), *docteur en droit, avocat à la Cour d'appel.* — **Des droits du vendeur non payé** en cas de faillite ou de liquidation judiciaire de l'acheteur. 1890. 1 vol. gr. in-8. . . . . . 2 fr. 50

« Cette matière exclusivement juridique était bien faite pour tenter un esprit aussi amoureux du droit pur que l'est M. Blumenthal ; nous sommes heureux de constater qu'il a justifié dans cette brochure substantielle tout ce que l'on était en droit d'attendre de lui après ses fortes études juridiques et après la collaboration si appréciée qu'il a apportée pendant longtemps à l'un de nos principaux recueils judiciaires » (*Gazette du Palais*, 3 août 1890).

BOCQUET (L.), *docteur en droit, avocat à la Cour d'appel, lauréat des facultés de droit.* — **Le Célibat dans l'antiquité** envisagé au point de vue civil. Les Ancêtres, l'Etat, l'Inde, l'Iran, Israël, Grèce, Rome, Christianisme. 1895. 1 vol. in-8. . . . . 5 fr. »

BOCQUET (L.), *docteur en droit, avocat à la Cour d'appel, lauréat des facultés de droit.* — **Le Célibat ecclésiastique** jusqu'au Concile de Trente. Religions anciennes, Christianisme : les Origines, la Règle, l'Eglise, la Papauté, la Réforme et le Concile de Trente. 1895. 1 vol. in-8. . . . . 6 fr. »

M. Rocquet n'hésite pas à dire qu'à l'opposé des sociétés antiques qui encourageaient le mariage, le christianisme professa un véritable dédain pour l'union conjugale et conseilla ouvertement le célibat. Elle a été, suivant lui, l'origine du célibat ecclésiastique qui lui parait dériver de l'exaltation de .a virginité. L'histoire qu'il retrace des origines du célibat religieux s'arrête au Concile de Trente qui l'a maintenu dans la discipline de l'Eglise. Il y a dans cet exposé historique beaucoup de points controversables; on ne le lira pas moins avec intérêt, même après les nombreux écrits qui ont déjà été publiés sur ce sujet. (Ext. du *Dalloz*.)

BORNO (Louis), *avocat, professeur à l'Ecole nationale de droit à Port-au-Prince*. — **Code civil d'Haïti**, avec une conférence des articles entre eux et leur correspondance avec les articles du Code civil français. Précédé de la Constitution du 9 octobre 1889 et suivi d'un appendice contenant les principales lois ayant trait au Code civil d'Haïti. 1892. 1 vol. in-12, broché . . . . 10 fr. »

 Le même ouvrage, relié cartonnage anglais. . . . . . 11 fr. »

BOUCARD (Max.), *Maître des Requêtes au Conseil d'État* et **G. JÈZE**. *avocat, docteur en droit*. — **Éléments de la Science des Finances et de la Législation financière française**. 1896. 1 vol. in-8
8 fr. »

« Les questions financières ont pris depuis quelque temps une importance capitale dans notre pays ; mais si de savantes études ont été publiées sur chacune d'elles, il restait à faire un traité général élémentaire. L'ouvrage actuel vient combler cette lacune regrettable ; il rendra les plus grands services à ceux qui désirent connaître dans son ensemble le système financier de notre pays ; le budget, l'Etat débiteur et l'Etat créancier, la responsabilité des ministres, les impôts, etc.

« Nous félicitons MM. Max Boucard et Jèze d'avoir facilité à tous l'étude de ces délicates questions qui, jusqu'ici, étaient réservées à un public trop restreint » (*Agence Havas*).

BOUQUET (Louis). — **Le travail des enfants, des filles mineures et des femmes dans l'industrie**. *Commentaire de la loi du 2 novembre 1892*. 3e édition, 1893. 1 vol. in-8. . . . . 6 fr. »

BRAY (de) et **GORGES**. — **Transferts et mutations**. Voy: GORGES.

BRISSAC H.). — **Leurs arguments anti-collectivistes**. 1896. Une brochure in-8. 0 fr. 15

BRUGAIROLLES (Jules), *avocat à la Cour de Paris*. — **Des droits de l'époux survivant** dans la succession de son conjoint prédécédé, en droit romain et en droit français, 1893. 1 vol. in-8 . . . 5 fr. »

« L'auteur étudie les droits du conjoint survivant dans le droit romain, dans notre ancien droit coutumier et écrit. Puis abordant le droit moderne, il expose la législation du Code civil, les diverses réformes proposées et présente un commentaire très complet de la loi du 9 mars 1891.

« A cette étude est joint un exposé des principales législations étrangères sur cette matière.

« L'ouvrage de M. Jules Brugairolles est une œuvre historique et juridique de grande valeur et la plus complète qui existe jusqu'à ce jour sur cette importante question. » (Extrait de la *Gazette des Tribunaux*.)

BRUNET (Ch.), *avocat au tribunal de Saint-Jean-de-Maurienne*. — **Conséquences juridiques de l'Annexion de la Savoie et de Nice à la France**. 1890. 1 vol. in-8 . . . . 6 fr. »

« Après avoir recherché dans les règles du droit public et du droit international les
« principes de l'annexion des territoires et de sa légitimité, M. Brunet arrive à cette
« formule irréprochable : « L'annexion est légitime quand les populations des pays
« annexés sont de même nationalité, ont les mêmes intérêts et les mêmes aspirations
« que celles de l'État annexant, et lorsque cette annexion se fait par voie de cession
« aimable, sanctionnée par le vote des populations intéressées. » M. Brunet divise ses
« explications en deux parties : le droit public et le droit privé. Il étudie dans tous
« ses détails la jurisprudence locale qu'il connaît mieux que personne pour avoir vu
« les affaires dont il parle se dérouler sous ses yeux, souvent même pour les avoir
« plaidées lui-même.
   « En terminant, l'auteur constate que les conflits de législations sont de plus
« en plus rares en Savoie, au fur et à mesure que l'époque de l'annexion s'éloigne.
« La prescription de trente ans contribuera à éteindre les prétentions encore fondées,
« et à consolider les situations qui se sont créées. Les questions qui peuvent
« encore se soulever sont de pur intérêt privé. L'ouvrage très soigné et très docu-
« menté de M. Brunet contribuera puissamment à les résoudre, en donnant aux
« praticiens de Nice et de la Savoie toutes les indications utiles. » (La Loi.)

BRUNOT, *chef du cabinet du sous-secrétaire d'État au ministère de
l'Intérieur.* — **Commentaire de la loi sur les Syndicats professionnels.** 1885. 1 vol. in-8 . . . . 7 fr. 50

(Ouvrage honoré d'une souscription par le Ministre de l'intérieur.)

BRUSSAUX (P.) et GUITTIER (P.), *inspecteurs des contributions
directes.* — **Dictionnaire des patentes,** contenant le texte des lois
en vigueur au 1er janvier 1891, les tarifs annexés à ces lois et la définition de chaque profession. 1891. 1 vol. gr. in-8 . . . . . 15 fr. »

BUTEL (P.), *docteur en droit, juge suppléant au tribunal civil d'Orléans.* — **Les Institutions de prévoyance des ouvriers mineurs
en France.** (Loi du 29 juin 1894). 1895. Une brochure gr. in-8   2 fr.

C

CAPELLE (M.), *avocat à la Cour d'appel, docteur en droit.* — **Courtiers maritimes et d'assurances maritimes.** Règles professionnelles. — Attributions et Rétributions. — Responsabilité. 1891. 1 vol.
in-8. . . . . 3 fr. 50

   « Après avoir examiné les règles communes à tous les courtiers privilégiés (carac-
« tère, monopole, courtage clandestin), l'auteur étudie les règles qui sont spéciales
« aux courtiers maritimes et aux courtiers d'assurances maritimes ; puis il termine
« son travail en indiquant les modifications qu'il y aurait lieu d'apporter à notre
« législation sur le courtage, et il conclut à la suppression du monopole. La mono-
« graphie de M. Capelle sera consultée avec profit à cause des nombreuses notes de
« jurisprudence dont elle est enrichie » (Gazette du Palais.)

CARRÉ, *juge de paix à Paris.* — **Nos petits procès.** Maîtres et domestiques ; propriétaires et locataires ; hôteliers et voyageurs ; mar-
chands et acheteurs ; entre voisins ; au théâtre, etc., 6e édition. 1891.
1 vol. in-18. . . . . 3 fr. 50

CHABANEL (P.), *sous-chef de l'administration des communes au
ministère de l'Intérieur.* — **Traité pratique de comptabilité** et de

finances municipales à l'usage des administrateurs et des comptables. 1892. 1 vol. gr. in-8 . . . . 7 fr. 50

CHABRILLAT (E.), *examinateur à l'Ecole des hautes Études commerciales* et **SAILLARD (A.)**, *rédacteur au ministère de l'agriculture.* — **Les Carrières administratives.** Nouveau guide des candidats aux emplois des ministères et des grandes administrations, préface de M. Frédéric PASSY, membre de l'Institut. 1894. 1 vol. in-8
5 fr.

CHARBONNIER (J.). — **Organisation électorale et représentative de tous les pays civilisés**, 2ᵉ édition. 1883. 1 vol. in-8. . . 10 fr.

CHAUVIN (Mlle Jeanne), *docteur en droit. Licencié ès lettres (Philosophie). Lauréat de la Faculté de droit de Paris.* — **Etude historique sur les professions accessibles aux femmes.** Influence du sémitisme sur l'évolution de la position économique de la femme dans la société. 1892. 1 vol. in-8. . . . . 6 fr.

Mlle Jeanne Chauvin est la première femme française à laquelle la Faculté de droit ait conféré le titre de Docteur en droit.

Toute la presse s'est occupée de cette étude où l'auteur revendique en ces termes l'accessibilité de la femme aux professions jusqu'ici réservées aux hommes.

« Le Progrès social qui relèvera la condition de la femme et lui permettra d'être
« dans la vie politique, administrative, juridique, industrielle, l'égale de l'homme,
« si d'ailleurs, ses aptitudes justifient cette prétention à l'égalité, ce progrès ne
« saurait être ni anéanti, ni enrayé. . . . .
. . . .
« Il ne s'agit pas de déposséder d'un droit ceux qui le possèdent. Il s'agit d'élargir
« la notion du droit. Cet agrandissement de justice apportera nécessairement une
« force nouvelle à la société, car la prospérité de celle-ci dépend du concours de
« tous ; là où des énergies, des puissances, des capacités sont tenues à l'écart, volon-
« tairement amoindries, il y a germe de dépérissement et de faiblesse ; là où de par la
« loi et les mœurs, toutes les virtualités peuvent vivre et se développer, il y a au
« contraire, occasion de prospérité et de grandeur. »

CHAUVIN (Mlle J.), *Licencié ès lettres (Philosophie), Docteur en droit, Lauréat de la Faculté de droit de Paris.* — **Cours de droit** professé dans les lycées de jeunes filles de Paris, avec une préface de M. COLMET DE SANTERRE, *Doyen de la Faculté de droit de Paris.* 1895. 1 vol. in-18 . . . . 4 fr.

« Le plan de l'ouvrage est original, il appartient à Mlle Chauvin ; elle ne se contente pas d'expliquer telle ou telle loi, tel ou tel code, elle envisage l'ensemble de la législation, et son livre est pour ainsi dire une encyclopédie juridique en miniature. La première partie de l'ouvrage est un résumé des règles constitutionnelles et adminis-tratives qui régissent l'organisation des pouvoirs publics et leur fonctionnement. Dans la seconde partie, c'est la vie juridique de la femme et de la mère qui est étudiée ; il s'agit du mariage, de la puissance paternelle, de la tutelle, puis des con-trats civils et commerciaux. Le sujet est immense ; mais Mlle Chauvin le restreint habilement, en évitant les discussions et en se réduisant aux côtés pratiques des dispositions qu'elle étudie. Ainsi, quand elle parle des contrats, elle choisit les plus usuels, la vente, le bail, le prêt, et elle se borne à donner des idées sur les précautions à prendre pour contracter valablement et pour assurer la preuve du contrat formé.

« Je n'essaye pas d'analyser un ouvrage si complet et si condensé ; je veux seule-ment constater que le *Cours de droit usuel*, bien distribué, clairement écrit, renfer-mant nombre d'idées utiles, est digne du titre sous lequel il est offert au public. Je dirai, enfin, en souhaitant à cette œuvre un grand succès, que c'est un livre écrit pour les femmes, qui pourra être utile à bien des hommes. » (Extrait de la préface de M. Colmet de Santerre.)

CHERBULIEZ. — Théorie des garanties constitutionnelles, 1838, 2 volumes in-8. . . . . 10 fr. »

CHEVALIER (Michel), *membre de l'Institut*. **— De la baisse probable de l'or**; des conséquences commerciales et sociales qu'elle peut avoir, 1859. 1 vol. in-8. . . . . 8 fr. 50

— **Cours d'Economie politique**, fait au Collège de France. Leçons, 2ᵉ édition. 1858. 1 vol. in-8. . . . . 9 fr. 50

— **La Monnaie** 2ᵉ édition, 1863. 1 vol. in-8 . . . . 12 fr. »

CHEYSSON (E.), *inspecteur des ponts et chaussées*. **— La Lutte des classes**, 1893; Une brochure gr. in-8 . . . . 1 fr. 50

CILLEULS (A. des), *chef de division à la Préfecture de la Seine.* **— Traité de la Législation et de l'Administration de la voirie urbaine**, 1877. 1 vol. gr. in-8. . . . . 10 fr. »

CODE des comptes de gestions. Répertoire des règles relatives à la présentation, aux justifications, au jugement et à l'apurement des comptes d'exercices de receveurs remplacés, intérimaires et installés, en ce qui concerne les communes, établissements de bienfaisance, association syndicales, fabriques et consistoires. 7ᵉ édition, entièrement revisée, remaniée, augmentée et mise à jour, 1894; 1 vol. in-12 . . . . 6 fr. »

CODIGOS Y LEYES USUALES DE LA REPUBLICA ARGENTINA, contenant les constitutions, Code civil, Code de commerce, Code pénal, Code de procédure civile, Code rural, Code de procédure criminelle, Code des mines, lois usuelles. 6ᵉ édition, 1894. Deux forts volumes gr. in-8, demi-rel. chagr. plats toile. . . . . . . 50 fr. »

COHENDY (E.), *professeur à la Faculté de droit et à l'Ecole supérieure de commerce de Lyon.* **— Code de commerce et lois commerciales usuelles**, avec des notions de législation comparée, à l'usage des élèves des facultés de droit et des écoles de commerce, 1892; 1 vol. in-18, rel. en perc. gauf. . . . . 2 fr. »

COHENDY (E.). **— Recueil des lois industrielles**, avec des notions de législation comparée, à l'usage des élèves des facultés de droit et des écoles industrielles et commerciales, 1893; 1 vol. in-18. 2 fr. ».

COLLART (J.). *docteur en droit.* **— Des cessions d'offices**, 1892, 1 vol. in-8. . . . . 3 fr. 50

« L'auteur a recherché et tiré au clair une foule de difficultés qui arrêtaient la « jurisprudence, dont il analyse scrupuleusement les diverses décisions. Ainsi il « étudie si les contre-lettres sont efficaces entre le cédant et le cessionnaire de l'office. « Il indique aussi, sauf à la discuter parfois, la pratique de la chancellerie sur une « foule de questions intéressantes.

« Nous recommandons cet ouvrage aux officiers ministériels qui ont intérêt a con- « naître l'étendue et la limite de leurs droits, aux candidats aux charges publiques

« et spécialement aux magistrats des parquets qui, chargés de préparer les dossiers
« de cessions, sont obligés de discuter les traités et d'exiger des modifications tant
« que les clauses y relatées ne sont pas en rapport avec les exigences du ministère »
(*La Loi*, 22 avril 1892.)

OMBARIEU. — **Traité de procédure administrative devant les
conseils de préfecture.** (Loi du 22 juillet 1889 et décret du 11 janvier 1890). 1 vol. in-8. . . . . 6 fr. »

COMBES DE LESTRADE, *membre de l'Institut international de
Sociologie.* — **Eléments de Sociologie.** *Deuxième edition* augmentée d'un appendice, 1896; 1 vol. in-8. . . . . 5 fr. »

CONSEILS GÉNÉRAUX (les). Interprétation de la loi organique du
10 août 1871. Recueil des lois, décrets, arrêts ou avis du Conseil d'É-
tat, arrêts de la Cour de cassation, instructions et décisions ministérielles, classés par ordre chronologique, 1878 ; 1 vol. in-8, cart.
perc. . . . . 15 fr. »

Tome II, contenant toutes les décisions rendues de 1878 à 1890.
avec une table alphabétique des matières (164 p.) comprenant l'ensemble des deux volumes ; 1 vol. in-8, cart. perc. . . . . . 15 fr. »

CONSTANT (Ch.). — **Petit manuel des électeurs et candidats.**
1889, 1 vol. in-16. . . . . 0 fr. 50
Ce petit manuel, composé par M. Charles Constant, avocat à la Cour d'appel de
Paris, avec cette épigraphe : « Le suffrage universel, c'est le droit et le salut », n'a
d'autre prétention que de résumer les lois, décrets et circulaires ministérielles qui
composent, à l'heure actuelle, notre législation électorale. Les formules que contient
ce petit livre seront notamment d'une grande utilité publique.

COOPERATION DES IDÉES. — **Revue mensuelle de Sociologie**
positive. Cette Revue paraît tous les mois par fascicule de 16 pages
in-8. Abonnement annuel, France 3 fr., Union postale 4 fr. Le n° 0 fr. 15

COQUEUGNIOT (E.), *ex-avoué à la Cour, avocat à la Cour d'appel.*
— **L'avocat des propriétaires et des locataires.** Guide pratique
contenant tous les modèles d'actes sous seings privés usités dans les
ventes et locations diverses ; toutes les questions usuelles sur le droit
de propriété, sur les acquisitions d'immeubles, de meubles et de droits
mobiliers, sur les baux de maison et les baux ruraux, avec les principaux usages locaux de tous les départements et de l'Algérie. *Nouvelle
édition,* entièrement refondue mise au courant jusqu'à ce jour et
suivie d'un index vocabulaire. 1893, 1 vol. in-12 broché . . 4 fr. »

Le même ouvrage, relié cartonnage anglais. . . . . 4 fr. 50
(*Ouvrage adopté par la ville de Paris pour ses bibliothèques municipales*).
Par les nombreux exemples disséminés dans le texte, l'ouvrage de M. Coqueugniot,
est indispensable à tous les propriétaires, locataires, hôteliers, aubergistes, logeurs,
et usiniers, etc.

L'Avocat des commerçants et des industriels, des voyageurs
et des représentants de commerce. Guide pratique traitant de toute la
législation qui régit le commerce et l'industrie de la comptabilité

exigée par les lois, des Sociétés et des associations commerciales, des effets de commerce, des Tribunaux de commerce et des Conseils de prud'hommes, de la faillite et de la liquidation judiciaire, et la propriété industrielle, des marques de fabrique et des brevets, de la concurrence déloyale, etc. Ouvrage tenu au courant des lois et arrêts les plus récents et contenant de nombreux modèles d'actes, de pièces de contrat et de livres de commerce, 1892. 1 vol. in-12, broché.   4 fr. »

— **Le même ouvrage,** relié, cartonnage anglais . . . . .   4 fr. 50

COR (Henri), *docteur en droit.* Questions coloniales : **De la Transportation** considérée comme moyen de répression et comme force colonisatrice, 1895 ; 1 vol. in-8. . . . .   4 fr. »

M. Henri Cor, qui a habité la Guyane pendant de longues années, a étudié très consciencieusement toutes les questions qui se rapportent à la transportation ; il a pu voir ainsi par lui-même les défauts et les inconvénients des différents systèmes préconisés. Nous recommandons son ouvrage à tous ceux que préoccupe la question de la transportation.

COSSON (E.), *avocat à la Cour d'appel de Paris.* — Recueil alphabétique des **Documents législatifs et administratifs** parus de **1884 à 1891,** et de nature à intéresser les Maires, Adjoints, Conseillers municipaux et Secrétaires de mairie, 1891. 1 vol. gr. in-8 . . . .   3 fr. 50

M. Emile Cosson a eu l'excellente idée de réunir, sous forme de dictionnaire, tous les renseignements utiles aux maires, adjoints, conseillers municipaux et secrétaires de mairie. Ces renseignements sont extraits non seulement des lois, mais encore des décrets, règlements et circulaires. C'est en réalité un véritable complément très clairement présenté de la loi du 5 avril 1884. Ce recueil peut être consulté avec profit par tous ceux qui, à un titre quelconque, s'occupent d'administration communale ; il permet d'éviter de longues et fastidieuses recherches.

COSTE (A.), *docteur en droit.* — **De la convention de prête-nom.** Ses caractères. Ses divers modes de formation. Ses effets entre les parties contractantes et à l'égard des tiers. Son emploi dans les principales fraudes à la personne et à la loi. Action en déclaration de simulation, 1891, 1 vol. in-8. . . . .   3 fr. 50

« La convention de prête-nom, d'un usage si fréquent, présente des questions qu'il
« est difficile de résoudre à cause du mystère dont les contractants l'entourent.
   « En effet, ce contrat a pour but de mettre, d'une façon occulte, une personne entre
« les tiers et le commettant, qui demeure inconnu. C'est une simulation par personne
« interposée dont on se sert souvent pour frauder les tiers et violer la loi. M. Coste,
« dans l'excellente étude qu'il offre aujourd'hui au public, considère la convention
« du prête-nom sous deux aspects. D'abord au point de vue non frauduleux il exa-
« mine la constitution du prête-nom, les rapports entre le prête-nom et les tiers et
« entre le commettant et les tiers, les décisions de jurisprudence intervenues au
« sujet des créanciers du prête-nom et de l'administration de l'enregistrement, les
« obligations du prête-nom et du commettant l'un envers l'autre et la preuve de la
« simulation ; puis il étudie la simulation frauduleuse qui porte préjudice aux tiers
« ou qui dissimule une nullité. Il dit aussi quelques mots sur le prête-nom au point
« de vue pénal. Cette étude si complète se recommande à tous par sa grande clarté
« dans l'exposition des principes qui dominent la matière et par l'indication des
« nombreuses décisions de jurisprudence qui en ont été l'application. » (*Gazette du
Palais,* 15 mai 1891.)

COUDER (Ch.), *directeur général honoraire de la comptabilité pu-*

blique au ministère des finances. — **La comptabilité publique en France.** Avec une annexe sur la comptabilité publique de l'Angleterre et de l'Italie, par A.-A. et E. CAMPAGNOLE, 1888 ; 1 vol. in-12, br. . . . . 2 fr. »

COURTOIS (B.), *avocat à la Cour d'appel d'Angers, docteur en droit.* — **Traité théorique et pratique de la liquidation judiciaire** Commentaire des lois du 4 mars 1889 et du 4 avril 1890. Historique et droit comparé. Travaux préparatoires. Jurisprudence. Examen critique de la liquidation judiciaire. 1894. 1 vol. gr. in-8 . . . . . 7 fr. »

L'auteur a su réunir tous les éléments de cette question, encore insuffisamment connue de la liquidation judiciaire. C'est dire que son livre a une place toute désignée dans la bibliothèque aussi bien du magistrat que de l'avocat et même du commerçant.

Esprit indépendant et juridique, M. Courtois a fait ressortir, avec une égale compétence et une commune bonne foi, les avantages et les insuffisances des lois qui régissent la liquidation judiciaire. Il a dit, dans sa conclusion, dans d'excellents termes ce qui l'avait dominé dans son étude : « Notre préoccupation constante a été que nos efforts de critique procèdent d'un esprit sincère, impartial, respectueux, de la courte expérience des faits et de l'autorité des documents. »

Il est rare de trouver un ouvrage juridique pouvant intéresser également l'homme de la loi et le futur plaideur. La liquidation judiciaire de M. Courtois possède cette double qualité, ce qui nous permet d'exprimer le regret que toutes les lois d'application répétées ne soient pas expliquées, et commentées comme vient de l'être la liquidation judiciaire.

Nous tenons à rappeler que les lois de 1889 et de 1890, sur la liquidation, étant applicables à nos anciennes colonies, afin de bien montrer que l'ouvrage de M. Courtois sera d'une grande utilité à nos lecteurs magistrats ou commerçants.

(Extrait.)

COURTOIS (B.) — **De la bonorum venditio** ou de la vente en masse des biens du débiteur à Rome. 1894. 1 vol. gr. in-8 . 5 fr. »

COUTURIER (R.), *fondé de pouvoirs de perception.* — **Organisation politique, administrative et judiciaire de la France.** Attributions des ministères et des grands corps de l'État. *Deuxième édition.* 1886. in-8 . . . . 2 fr. »

CRESP et LAURIN, *ancien professeur à la Faculté de droit d'Aix.* — **Cours de droit maritime.** 4 vol. in-8 . . . . 34 fr. »

CROS-MAYREVIELLE (Gabriel), *membre du Conseil supérieur de l'assistance publique.* — **Le droit des pauvres sur les spectacles en Europe.** Origine, législation, jurisprudence. 1889. 1 vol. gr. in-8. . . . . 6 fr. »

CUNISSET-CARNOT, *avocat général docteur en droit* — **L'avocat de tout le monde.** Guide pratique contenant les principes de droit politique du Code civil, de la procédure, du droit pénal, les dispositions du Code rural et un grand nombre de matières usuelles appartenant à l'ensemble du droit, avec toutes les formules et modèles d'actes usités dans la pratique. 1894. 1 vol. in-12. . . . . 4 fr. »

— **Le même,** relié cartonnage anglais . . . . 4 fr. 50

Mettre à la portée de chacun les ardus principes du droit n'est pas chose facile.

Beaucoup l'ont tenté déjà, M. l'avocat général Cunisset-Carnot vient de l'essayer à son tour avec son livre l'*Avocat de tout le monde*, guide pratique de législation usuelle, destiné par l'auteur aux « illettrés du droit », à l'aide duquel tout lecteur peut, en consultant la table, trouver promptement les réponses aux questions que les nécessités quotidiennes de la vie imposent à tous. Cet utile volume comprend, en outre, toutes les formules usitées dans la pratique.

CUSSY et MARTENS. — Actes diplomatiques. Voy. MARTENS.

D

DALLA VOLTA. — **Philosophie du droit et socialisme.** 1894. brochure grand in-8 . . . . '1 fr. »

DANY (A.), *directeur de l'Ecole supérieure de commerce du Havre.* — **Manuel pratique des opérations commerciales.** 1895. 1 vol. in-8 . . . . 3 fr. 50

DARESTE (F. R.), *ancien magistrat, avocat à Bourg.* — **Les Constitutions modernes.** Recueil des constitutions en vigueur dans les divers états d'Europe, d'Amérique et du monde civilisé. Traduites sur les textes et accompagnées de notices historiques et de notes explicatives. Avec la collaboration de P. Dareste, avocat au conseil d'État et à la cour de Cassation. *Deuxième édition.* Revue, corrigée et mise au courant des modifications les plus récentes. 1891. 2 vol. in-8. 20 fr. »

DARESTE (R.), *avocat au Conseil d'Etat et à la Cour de cassation.* — **La justice administrative en France** ou traité du contentieux de l'administration. 1862. 1 vol. in-8. . . . . 8 fr. »

DARESTE et LABOULAYE — **Grand coutumier de France**, voy. LABOULAYE.

DAUVERT (Paul), *sous-chef au greffe du Conseil de préfecture de la Seine.* — **Les Conseils de préfecture.** Procédure. Travaux. Législation. 1881. 1 vol. gr. in-8 . . . . 3 fr. 50

DELAMARRE et PEYRONNY. — **Expropriation.** Voy. PEYRONNY.

DECUGIS (H.). — **De l'influence du progrès des communications sur l'évolution des sociétés.** 1893 ; brochure gr. in-8 . 1 fr. 50

DEJAMME (Jean), *auditeur au Conseil d'Etat.* — **La vaine pâture.** Commentaire des lois du 9 juillet 1889 et du 22 juin 1890 ; 1 volume in-12 . . . . 1 fr. 50

DELACOURTIE (L.), *docteur en droit, avocat à la Cour d'appel.* — **Droits du syndic dans la faillite des Sociétés par actions**, 1891. 1 vol. gr. in-8 . . . . 3 fr. »

« Le rôle des syndics dans les faillites des sociétés par actions a pris, depuis quelques années, une importance égale à celui que jouent dans le monde commercial ces

« grandes sociétés elles-mêmes dont la chute entraine de si graves conséquences
« financières.

« Il est donc intéressant de préciser autant qu'il est possible les droits appartenant
« aux syndics des faillites de sociétés par actions, afin de préparer les décisions
« futures. C'est la tâche que s'est imposée M. Louis Delacourtie, avocat à Paris, dans
« une récente brochure où il examine successivement le fondement juridique de la
« mission du syndic et ses droits contre les actionnaires, la forme et les limites dans
« lesquelles il peut exercer les actions en nullité ou en responsabilité, enfin les
« transactions et les traités à forfait passés sur les contestations intéressant la masse.
« Un court appendice sur la liquidation judiciaire et sur le comité de contrôleurs
« institué par la loi du 4 mars 1889, termine son travail, qui résume les monuments
« les plus récents de la jurisprudence. » (Recueil *Dalloz*, 3e cahier, 1892.)

DELANNEY (L.), *rédacteur au ministère de l'intérieur*. — **De l'alignement**. Jurisprudence et pratique administrative. 1893. 1 vol. in-12. . . . . 3 fr. 50

(*Ouvrage honoré d'une souscription par M. le Ministre de l'intérieur*.)

DELANNEY (L.). — **Les Occupations temporaires** et la loi du 29 décembre 1892-1893 ; 1 vol. in-12, br . . . . 3 fr. 50

DEMANTE (G.), *professeur à la Faculté de droit de Paris*. — **Exposé raisonné des principes de l'Enregistrement**, en forme de commentaire de la loi du 22 frimaire an VII, avec l'explication des lois postérieures sur l'enregistrement et la transcription, 4e *édition*, dans laquelle a été refondue l'explication des lois récentes, 1882, 2 volumes in-8 . . . . 15 fr. »

DENIS (E.), *professeur à la Faculté des lettres de Caen*. — **Histoire des théories et des idées morales dans l'antiquité**, 1879, 2 volumes in-8 . . . . 10 fr. »

DENIS DE LAGARDE (G.) et André **GODFERNAUX**. — **Guide de procédure devant les sections administratives du Conseil d'État**. 1890. 1 vol. in-12. . . . . 2 fr. 50

DENIZOT, *avocat à Châlons-sur-Marne*. — **Du droit de plaider, écrire et consulter** attaché par la loi au serment professionnel du licencié et du projet de la suppression de l'ordre des avocats et des collèges d'agréés, 1894. Une brochure in-8 . . . . 2 fr. 25

DESCHAMPS (A.), *professeur à la Faculté de droit de Lille*. — **Du rapport des dettes**, théorie du prélèvement dans le partage des successions, des sociétés et de la communauté entre époux, 1889. 1 vol. in-8 . . . . 7 fr. »

(*Ouvrage couronné par la Faculté de droit de Paris et l'Académie de législation de Toulouse*.)

« Nous avons profité beaucoup d'un mémoire présenté à la Faculté de droit de
« Paris sur le rapport des dettes, par M. Deschamps, docteur de cette Faculté. Nous
« encourageons M. Deschamps à publier sa dissertation remarquable par la vigueur
« du raisonnement, plus complète et plus approfondie sur le sujet qu'aucun travail
« antérieur. » — J.-E. Labbé, professeur à la Faculté de droit de Paris. — (Extrait de
Sirey, 1888, 1, 5, note sous arrêt, *in fine*.)

« L'étude de l'ancien droit, base nécessaire de la théorie, est vraiment remarquable.
« Les questions fondamentales sont très solidement discutées. L'auteur est très au

« courant de la doctrine et de la jurisprudence : mais il a surtout beaucoup réfléchi
« et beaucoup pris dans son propre fonds. Il s'est rendu pleinement maître de son
« sujet et a construit un système dont les parties se tiennent bien, et qui, dans ses
« solutions, n'intéressera pas moins la pratique qu'il doit, dans son principe, inté-
« resser la doctrine. Une lacune considérable dans l'interprétation du Code est ainsi
« comblée. » (Extrait de la *Gazette du Palais*.)

━━ Étude sur la Responsabilité civile des incapables et particulièrement de la femme dotale, 1889. Un vol. in-8 . . . . 7 fr. »

« L'auteur a divisé son travail en deux parties. Dans la première partie il traite
« du dol et de la faute commis par des incapables en dehors de tout contrat. La
« seconde partie, de beaucoup la plus considérable (car les questions qui y sont
« agitées ont donné lieu à de nombreuses et vives controverses), est consacrée à
« l'étude du dol et de la faute commis par des incapables à l'occasion d'un contrat. »
(Recueil *Dalloz*.)

DESCHAMPS (H.), *docteur en droit, ancien bâtonnier, maire à
Pont-Audemer (Eure).* De la cession forcée de la mitoyenneté.
1896 1 vol. gr. in-8 . . . . 3 fr. 50

L'art. 661 c. civ. qui donne au propriétaire joignant un mur la faculté de le rendre
mitoyen en tout ou en partie en remboursant au maître du mur la moitié de sa
valeur est une dérogation à la règle essentielle de l'art. 545, d'après lequel nul ne
peut être contraint de céder sa propriété. Ce caractère exceptionnel qui tient à
diverses causes, mérite l'attention du jurisconsulte, parce qu'il provoque de fréquents
procès souvent fort délicats. Mais il l'attire davantage encore depuis que la spécula-
tion s'est portée sur les terrains à bâtir dans les villes, y a élevé des constructions
rapides en utilisant les murs voisins sans s'être mise d'accord au préalable avec les
propriétaires et a contraint les tribunaux à intervenir pour le règlement des indem-
nités, lorsque déjà les bâtiments avaient passé en d'autres mains. De là des controverses subtiles que le code n'avait pu prévoir, et que la jurisprudence n'est pas
encore parvenue à faire cesser. Le but de la présente étude est d'expliquer dans
quels cas on peut user du bénéfice de l'art. 661, dans quelle mesure on peut le faire, à
quelles conditions on acquiert la mitoyenneté, enfin de préciser la nature et les effets
de l'acquisition, quant à l'utilisation future du mur et aux travaux déjà existants.
M. H. Deschamps n'a rien négligé pour satisfaire son lecteur sur tous ces points et
il y a réussi. (Recueil *Dalloz*.)

DETHAN (G.), *docteur en droit.* — De l'organisation des conseils
généraux, 1889. 1 vol. in-8 . . . . 7 fr. »

DETOURBET (Ed.), *ancien avocat général.* — Loi du 28 mars
1882 sur l'enseignement primaire obligatoire. Commentaire,
exposé de doctrine, jurisprudence, formules, 1884 ; 1 vol. in-12. . 4 fr. 50

DEVAUX (L.), *docteur en droit, avocat à la Cour d'appel de Paris.* —
Protection internationale des inventions brevetées « Étude de
droit industriel ». Législations intérieures et conventions du 20 mars
1883. Conférences de Rome et de Madrid, 1892. 1 vol. in-8. . 4 fr. »

« M. L. Devaux, étudie, dans un intéressant ouvrage, le principe fondamental de
« la territorialité des brevets, principe consacré par toutes les législations, et auquel
« le droit conventionnel n'a jamais apporté de dérogation. Puis il examine de quelle
« façon le droit pour le breveté de se faire protéger par les gouvernements lui est
« reconnu par les législations intérieures. Enfin il passe en revue les dispositions
exceptionnelles plus favorables aux inventeurs, résultant des conventions intervenues entre divers États, principalement de l'Union du 20 mars 1883.
« Ce sujet touche à un grand nombre de problèmes économiques, à une foule de
« difficultés du droit industriel et du droit international privé. L'auteur en profite

« pour étudier ces divers points avec beaucoup de tact, et pour exprimer d'excellentes
« idées personnelles. » (Loi.)

DEVENIR SOCIAL (Le). — Revue internationale d'économie, d'histoire et de philosophie. Première année (avril à décembre 1895). 1 très
fort volume grand in-8 . . . . 13 fr. 50
Deuxième année, 1896, 1 très fort vol. gr. in-8. . . . . . 18 fr. »

Le Devenir Social paraît tous les mois en un fascicule de 96 pages
gr. in-8. Prix de l'abonnement annuel : France, 18 fr. ; Union postale,
20 fr.

DEVILLE (**G.**), *député*. — **Principes socialistes**. 1896. 1 vol. in-18
3 fr. 50

☞ Ce volume fait partie de la *Bibliothèque socialiste internationale.*

M. Gabriel Deville qui a publié en 1883 un résumé du Capital de Karl Marx, était
particulièrement désigné pour exposer les principales thèses du socialisme, dont
les données fondamentales ont été établies par Marx. Tous ceux qui se plaignaient de
ne pouvoir trouver d'exposé du socialisme que dans des brochures éparses, auxquels
la lecture du Marx paraît aussi abstraite qu'un traité de mathématiques, un vrai
casse-tête, pourront désormais correctement « parler du Marxisme sans lire Marx ». La
langue de M. Deville est claire et son exposition bien ordonnée.
Une table analytique très complète fait de cet ouvrage comme une petite encyclopédie du socialisme. De nombreuses références permettent aux studieux de recourir
à des explications plus complètes.

DEVILLE (**V.**), *agrégé, professeur au lycée Lakanal*. — **Manuel de
géographie commerciale**. 2 vol. in-8, avec cartes et diagrammes,
brochés . . . . 7 fr. »

☞ Reliés en percaline gaufrée . . . . 8 fr. »

DISSARD (Clotilde), *directrice de la Revue féministe*. — **Opinions
féministes** à propos du Congrès féministe de Paris de 1896. Une brochure gr. in-8. . . . . 1 fr. »

DJUVARA (**T.-G.**), *agent diplomatique et consul général de Roumanie en Bulgarie*. — **Traités**, conventions et arrangements internationaux de la Roumanie, actuellement en vigueur, publiés d'ordre
de M. le ministre des affaires étrangères. 1888. 1 beau vol. in-4. 30 fr.

☞ **Etude** sur les négociations commerciales de la Roumanie avec l'Autriche-Hongrie et la Suisse, suivie du traité de commerce conclu le 20
mai, 7 juin 1883, entre la Roumanie et la Suisse. 1886. 1 v. in-12, br. 2 fr. 50

☞ **Les Juifs de la Roumanie** (conférence faite dans la séance du
lundi 1er mars 1880, sous la présidence de M. Carnot, sénateur). 1880.
Une broch. in-8 . . . . 1 fr. 50

☞ **Introduction** à l'étude du **droit conventionnel de la Roumanie**
basée sur les traités et arrangements internationaux actuellement en
vigueur. 1 vol. gr. in-8, br. . . . . 3 fr.

— **Un péril national.** — La politique d'asservissement politique des conservateurs. 1 vol. in-12, br. . . . .   3 fr. »

— **Raport** asupra situtiunei comerciale, economice si financiare a Bulgariei. 1890. Une brochure gr. in-8. . . . .   1 fr. 50

DJUVARA et **OLANESCU** (Gr.), *secrétaire général du ministère des affaires étrangères de Roumanie.* — **Raport** asupra congresul international de statistica din Viena. 1891. Une brochure in-8. 1 fr. 50

— **La Succession au trône de Roumanie.** 1886, 1 vol. petit in-12 br.
1 fr. 50

DORADO (Pedro), *professeur à l'Université de Salamanque.* — De la responsabilité en matière de délit et de son extension. Broch. gr. in-8 . . . .   1 fr. »

DORLHAC (D.), *docteur en droit, avocat à la Cour d'appel d'Aix.* — De l'Electorat politique. Etude sur la capacité électorale et les conditions d'exercice du droit de vote. 1890. 1 vol. in-8 . . .   4 fr. 50

« Sous ce titre : *De l'électorat politique*, M. Joseph Dorlhac, docteur en droit, « avocat à la Cour d'appel d'Aix, a écrit une substantielle étude sur la capacité « électorale et les conditions d'exercice du droit de vote. L'ouvrage de M. Dorlhac « aura certainement de nombreux lecteurs ; car il peut être consulté non seulement « par les jurisconsultes, mais aussi par tout citoyen curieux d'étudier le fondement « et le mode d'exercice de son droit d'électeur. » (Recueil *Dalloz*.)

DRAMARD (E.), *conseiller à la Cour d'appel de Limoges.* — Bibliographie raisonnée du droit civil comprenant les matières du droit civil et des lois postérieures qui en forment le complément, accompagnée d'une table alphabétique des noms d'auteurs. 1879. 1 vol. in-8. . . . .   12 fr. »

DRION (Ch.), *juge.* — **Du notaire en second**, et de la nécessité de modifier l'art. 9 de la loi du 25 ventôse, an XI. 1836. 1 vol. in-8. 1 fr. 50

DROUAUX (L.), *avocat agréé au tribunal de commerce de Tours.* — Commentaire de la loi du 4 mars 1889 sur les **liquidations judiciaires**, suivi d'un formulaire rédigé par la commission des greffiers des tribunaux de commerce de France. 2e *édition*. 1893. 1 vol. in-8. 4 fr.

— **Guide pratique du commerçant.** 1887. 1 vol. in-18. .   1 fr. 50

DUBARRY (G.), *sous-préfet.* — **Formulaire des maires** et des conseillers municipaux contenant les formules des actes que ces fonctionnaires ont à rédiger et des délibérations que ces assemblées ont à prendre pour les affaires qui intéressent les communes, les bureaux de bienfaisance, les hospices et les fabriques. 3e *édition* mise au courant de la législation et de la jurisprudence, 1891. 1 vol. in-8, br. 10 fr.

— Relié en cartonnage anglais . . . .   11 fr. 50

— **Le Secrétaire de mairie.** Ouvrage pratique à l'usage des maires, adjoints, conseillers municipaux, secrétaires et employés de mairie,

des membres des commissions scolaires, des commissions administratives, des hospices et des bureaux de bienfaisance, des conseils de
fabrique et marguilliers, des percepteurs, receveurs municipaux, etc.
Quatorzième édition mise au courant de la législation et de la jurisprudence. 1892. 1 vol. in-8, broché. . . . . 7 fr. 50

— Relié cartonnage anglais . . . . 8 fr. 50

DUBIEF (**Adrien**), *ancien auditeur au Conseil d'État, chef de bureau
au ministère de la justice et des cultes.* — **Manuel formulaire des
Conseils de fabrique**, à l'usage des bureaux de préfectures et de
sous-préfectures, des maires et des conseillers municipaux, des fabri-
ciens et des marguilliers, des curés et desservants, mis au courant de
la législation et de la jurisprudence et contenant les modèles de tous
les actes que les fabriques ont à dresser. 1892. 1 vol. in-18. 3 fr. 50

DUFOURMANTELLE (**A.**), *avocat à la Cour d'appel de Paris,
docteur en droit.* — **Précis de législation industrielle** (examen de
licence), *deuxième édition*, mise au courant de la législation. 1893.
1 vol. in-18. . . . . 6 fr.

« M. Maurice Dufourmantelle nous paraît destiné à rendre de réels services, non
seulement aux élèves de nos Facultés et de nos écoles spéciales, auxquels il s'adresse
particulièrement, mais à tous ceux que leur profession ou leurs intérêts rattachent au
monde de l'industrie. L'auteur a réuni dans ce traité élémentaire, aussi clair que
substantiel, la législation du travail industriel et celle qui est relative aux inventions
industrie les. On trouvera, dans la première partie, une analyse des lois qui régissent
les syndicats professionnels, de celles qui réglementent le travail des enfants, des
filles mineures et, dans certains cas, des adultes ; de celles qui ont trait aux établissements insalubres ; de la législation relative aux contrats industriels, apprentissages,
louage d'ouvrage et de service, assurances contre les accidents, la maladie et le
chômage. La seconde partie est consacrée aux brevets d'invention, aux marques de
fabrique, à la concurrence déloyale en général. Après avoir exposé, sur chacune de
ces matières, les principes de notre droit et indiqué les solutions que la doctrine et la
jurisprudence ont données aux questions les plus importantes, l'auteur a pris soin de
rapprocher de notre législation, pour l'éclaircir, une analyse sommaire de celle des
principales nations étrangères. On ne saurait faire, sous une forme plus sobre et plus
nette, un meilleur résumé d'une partie, aujourd'hui considérable, de la législation
française (Extrait du Recueil *Dalloz*.) .

— **Code manuel de Droit industriel**, comprenant l'étude des lois de
la jurisprudence française sur la législation ouvrière et la propriété
industrielle, avec l'exposé des principales législations étrangères, 3 volumes :

Tome Ier. — **Législation ouvrière** en France et à l'étranger, *deuxième
édition*. 1893. 1 vol. in-18. . . . . 3 fr.

Tome II. — Des **Brevets d'invention** et de la **Contrefaçon**. 1893.
1 vol. in-18. . . . . 3 fr.

Tome III. — **Marques de fabrique**, dessins et modèles, nom commercial, concurrence déloyale. 1894. 1 vol. in-18. . . . . 3 fr.

☞ Ces trois volumes font partie de la petite *Encyclopédie sociale, économique et financière.*

« Parmi les nombreuses publications qui se succèdent depuis plusieurs années sur
la législation industrielle, l'ouvrage de M. Dufourmantelle arrive a son heure et

répond à un réel besoin du jour. Aucun ouvrage d'ensemble n'existait encore, en effet, sur la matière : des traités isolés ou des monographies éparses avaient été seuls édités jusqu'ici ; nous devons savoir gré à l'auteur du *Code manuel de Droit industriel* d'avoir, en trois petits volumes bien nourris, condensé tous les principes importants de cette branche du droit.

L'ouvrage se divise en deux parties : la première, qui forme le premier volume, est consacrée à la législation ouvrière en France et à l'étranger ; la seconde, qui fait l'objet des tomes deuxième et troisième, comprend la théorie de la propriété industrielle.

L'ensemble embrasse donc tout le travail industriel dans ses manifestations les plus variées d'invention et de mise en œuvre.

M. Dufourmantelle a parfaitement compris que l'étude des lois étrangères et leur comparaison avec la législation française s'imposait, et chaque chapitre contient un aperçu critique de législation comparée.

Les trois livres seront utiles à la fois au jurisconsulte et à l'industriel qui veut connaître l'étendue de ses droits et la protection qu'il peut attendre des tribunaux, car chaque volume contient, après l'exposé doctrinal des matières, un précieux appendice consacré à un relevé, par ordre alphabétique, de la jurisprudence.

Ajoutons, enfin, que le Tome III se termine par une table détaillée qui aidera aux recherches.

— **De la Concurrence déloyale** à l'aide de fausses indications sur la provenance des produits, 1895. Une brochure gr. in-8. . . . . 1 fr. 50

DUFRÊCHE, *docteur en droit.* — **De la tentative en matière criminelle.** 1889. 1 vol. in-8. . . . . 2 fr. 50

DUGUIT (L.), *professeur à la Faculté de droit de Bordeaux* — **Des fonctions de l'Etat moderne.** Etude de sociologie juridique. 1894. Une brochure gr. in-8 . . . . 1 fr. 50

DUPLESSIS (C.-D.), *docteur en droit, vice-président au tribunal de St-Etienne.* — **Du Contentieux des contraventions en matière de contributions indirectes et d'octrois,** contenant les règles de la procédure relative à la recherche, la constatation, la poursuite et le jugement des infractions diverses, avec les qualifications par ordre alphabétique des principales contraventions et des lois pénales applicables. 1880. 1 vol. in-8. . . . . 5 fr. »

E

EMION (V.), *juge de paix du 15e arrondissement de Paris, officier de l'Instruction publique.* — **La saisie-arrêt sur les salaires et petits traitements.** Commentaire pratique de la loi du 12 janvier 1895. *Deuxième édition revue et augmentée,* 1896. 1 vol. in-18. . 3 fr. »

Personne autant que M. Emion, le savant juge de paix du 15e arrondissement de Paris n'était autorisé à publier un commentaire de la loi du 12 janvier 1895, don l'application offre parfois certaines difficultés. L'auteur s'est surtout préoccupé de rechercher l'esprit de la nouvelle loi et d'écrire un livre clair et pratique.

Les juges de paix ne sauraient suivre un meilleur guide. L'épuisement, en quelques mois, de la première édition, suffit d'ailleurs à prouver combien ce commentaire a été apprécié par tous ceux que la nouvelle loi intéresse.

ENGELS. — **La force et l'économie dans le développement social**, 1897. Une brochure gr. in-8. . . . . 2 fr. 50

ESPINAS (A.). — **Leçon d'ouverture d'un cours d'histoire de l'Economie sociale.** 1894. Une brochure gr. in-8 . . . . 1 fr. 50

F .

FAURE (F.), *professeur à la Faculté de droit de Paris.* — **La Sociologie dans les Facultés de droit de France.** 1893. Une brochure gr. in-8. . . . . 1 fr. »

FAY (E.), *chef de division à la préfecture de la Somme.* — **Les Cimetières et la Police des sépultures.** Traité pratique de législation. 1890. 1 vol. in-8 . . . . 3 fr. »

FERRI (E.), *pro'esseur à la Faculté de Rome.* — **Socialisme et science positive.** (Darwin-Spencer-Marx.) 1897. 1 vol. in-8. 4 fr. »

FIAMINGO (G.), *directeur de la Rivista di Sociologia.* — **La Question sicilienne en Italie.** 1895. Une brochure gr. in-8. . 2 fr. 50

━ **Une loi sociologique.** 1894. Une brochure gr. in-8 . . 1 fr. »

FIERFORT (S.). — **Le contrat humanitaire.** Exposé philosophique de la question sociale ainsi que de la théorie de sa solution pratique. 1896. 1 vol. in-18 . . . . 1 fr. 50

FILIPPINI (A.-M.), *préfet de la Manche.* — **Traité pratique du Budget départemental.** Compte départemental. Budget de report. Budget rectificatif. Budget primitif. Budget de l'instruction publique. 1885. 1 vol. in-8. . . . . 4 fr. »

FLEURY (Claude). — **Institution au droit français,** publiée par M. Ed. Laboulaye, avocat à la Cour, professeur de législation comparée au collège de France, membre de l'Institut, et M. Rod. Dareste, avocat au Conseil d'Etat. 1858. 2 vol. in-8 . . . . 4 fr. »

FOLLEVILLE (D. de), *avocat, professeur à la Faculté de droit de Paris.* — **Essai sur la vente de la chose d'autrui.** 1874. 1 vol. in-8 . . . . 3 fr. 50

FOUCHIER (Ch. de), *avocat, docteur en droit.* — **Règles sur la profession d'avocat** à Rome et dans l'ancienne législation française jusqu'à la loi des 2-11 septembre 1790. 1895. 1 vol gr. in-8. 6 fr. »

FOUILLÉE (A.), *de l'Institut.* — **Les études récentes de Sociologie.** 1896. Une brochure gr. in-8. . . . . 1 fr. »

FOUQUIER (A.). — **Causes célèbres** de tous les peuples. 9 vol. in-4. . . . . 63 fr. »

FOURNIER (C.), *sénateur,* et **DAVELUY,** *administrateur à la direction générale des contributions directes.* — **Traité des contributions directes.** 2ᵉ *édition.* 1885. 1 vol. in-12. . . . . . 5 fr. »

FRANÇOIS (G). — **Les Banques d'émission.** 1896. 1 vol. in-18. 3 fr. »

☞ Cet ouvrage fait partie de la petite *Encyclopédie sociale, économique et financière.*

Au moment où la discussion du renouvellement du privilège de la Banque de France peut venir d'un jour à l'autre devant les Chambres, l'ouvrage de M. G. François, qui traite des banques d'émission, a un intérêt d'actualité qui est pour lui un élément certain de succès. Cette grosse question de la circulation fiduciaire et des banques d'émission préoccupe, comme le fait remarquer M. G. François, beaucoup de pays : l'Italie a dû modifier son système de banques ; la Suisse est arrivée au système de la banque unique l'organisation de la banque d'Angleterre est depuis quelques années l'objet de critiques dont quelques-unes paraissent fondées ; enfin aux Etats-Unis, l'organisation des banques nationales soulève de nombreuses controverses et appelle des modifications.

M. G. François ne préconise aucune solution, il présente seulement les arguments donnés pour tel ou tel système. C'est un tableau de tout ce qui est fait, de tout ce qui se fait actuellement pour les émissions de billets au porteur dans les principaux pays. Le livre de M. G. François est donc une réunion de documents clairement présentés, appelés à instruire non seulement ceux qui s'occupent spécialement de ces questions, mais aussi le public. (Recueil *Dalloz*).

FREMONT (R). — **Code de l'abordage maritime.** 1892. 1 vol. in-18 . . . . « Sous presse ».

☞ Cet ouvrage fait partie de la petite *Encyclopédie sociale, économique et financière.*

FRÉMONT (R.) et **PIERMÉ (A.).** — **Les lois françaises.** Guide pratique de législation permettant de gérer soi-même ses affaires et d'éviter les procès. Conseiller indispensable en affaires donnant toutes les notions de droit usuel à l'usage des propriétaires, commerçants, industriels, cultivateurs, fermiers, locataires, etc. Architectes, entrepreneurs, courtiers, ouvriers, etc. Maires, adjoints, conseillers municipaux, secrétaires de mairies, prud'hommes, instituteurs, gendarmes, gardes-champêtres, gardes-forestiers, cantonniers, etc. Les matières sont classées par ordre alphabétique afin de faciliter les recherches. 1891. 1 fort vol. in-16, cartonnage anglais. . . . . 7 fr. 50

(Ouvrage adopté pour les bibliothèques pédagogiques et honoré de la souscription de M. le Ministre de l'Instruction publique).

FRISANGE (E. de). — **M. Léon Say et la Sociologie.** 1896. Une brochure gr. in-8. 1 fr. 50

G

GAMAIN (R.), *docteur en droit, avocat à la Cour d'appel.* — **Des demandes reconventionnelles** et de la compensation judiciaire. 1885. 1 vol. gr. in-8. . . . . 2 fr. 50

GANDOUIN (P.), *avocat à la Cour d'appel.* — **Les accidents du travail**, responsabilité des patrons. Assurance. 1889. 1 vol. in-8. 5 fr.

« C'est un livre d'une lecture fort intéressante que M. P. Gandouin, avocat docteur « en droit, vient de consacrer à l'étude des accidents du travail et des responsabilités « qui les suivent.
« Le volume s'ouvre par une nomenclature qui attirera l'attention de tous les assu- « reurs. C'est la liste des ouvrages publiés en France et qui traite spécialement de « cette question. Or, cette liste ne comprend pas moins de soixante noms d'auteurs et « titres d'ouvrages.... Si la prochaine législature n'arrive pas à une solution, on voit « que les éléments propres à former sa conviction et les documents de tout ordre ne « lui auront pas manqué. Au premier rang de ces documents nous n'hésitons pas à « mettre l'excellent livre de M. P. Gandouin. » (Extrait.)

GARNIER (L.), *chef de div. à la préfecture de la Seine*, et **DAU- VERT** (P.), *secrétaire-greffier du conseil de préfecture.* — **La contr.bution foncière sur les propriétés bâties.** — Commentaire pratique des articles 4 à 13, 26 et 27 de la loi du 8 août 1890-1891. 1 vol. in-12. 3 fr.

GENTILE (P. de), *avocat à la Cour d'appel d'Aix, docteur en droit.* — **De l'hypothèque maritime** (Loi du 10 juillet 1885). 1889, 1 vol. in-8. . . . . 7 fr.

— M. Pierre de Gentile, avocat à la Cour d'appel d'Aix, docteur en droit, publie un « bon travail sur la loi du 10 juill. 1885, relative à *l'hypothèque maritime*. On sait « que cette loi a refondu, amendé et complété la loi du 19 déc. 1874, laquelle avait « décidé que par dérogation à l'article 2119 C. civ., les navires seraient désormais « susceptibles d'hypothèque.
« M. Pierre de Gentile a d'abord examiné l'utilité de l'hypothèque maritime, l'histo- « rique de la loi et les moyens pratiques dans lesquels, avant 1874, on cherchait un « remède à l'insuffisance de la législation. Puis il a exposé l'économie de la loi de 1885 « et donné quelques renseignements de législation comparée. Ces points une fois « traités, l'auteur a arboré l'objet même de son étude, c'est-à-dire le commentaire de « la loi du 10 juillet 1885, commentaire qu'il a su faire intéressant, complet et clair. » (Recueil *Dalloz*.)

GEOUFFRE DE LAPRADELLE (A.) — **De la nationalité d'o- rigine.** Droit comparé, droit international. 1893, 1 vol. in-8. . 8 fr.

(*Ouvrage couronné par la Faculté de droit de Paris.*)

Cet ouvrage se distingue par une érudition peu commune et des aperçus très personnels et très séduisants. M. de Lapradelle a étudié la nationalité, non seulement en remontant aux temps écoulés, mais en se reportant aux législations étrangères, anciennes et modernes.
Pour la solution du problème très délicat de la nationalité d'origine, M. de Lapradelle estime que la filiation ne doit plus se confondre avec la notion pure et simple d'une race nationale qui se perpétue, qu'il faut considérer surtout l'éducation donnée ; et

comme l'éducation dépend de la puissance paternelle, la patrie des parents servira à fixer celle des enfants, à la condition de ne pas perdre de vue que, par la force même des faits, les traditions de famille se modifient lorsqu'on demeure longtemps loin de son pays.

Le livre de M. Geouffre de Lapradelle, fort bien composé et fort bien écrit, rencontrera auprès des lecteurs le même succès et méritera les mêmes éloges qu'auprès des juges qui l'ont couronné. (*Gazette des Tribunaux.*)

— **Théorie et pratique des fondations perpétuelles.** Histoire, jurisprudence, vues critiques, droit français et étranger, 1895. 1 vol. in-8 . . . . 10 fr. »

« M. Geouffre de Lapradelle remonte au droit grec et poursuit son étude historique à travers le droit romain, les origines germaniques et le moyen âge. Il arrive ensuite à l'édit de 1749, dans lequel apparaît le principe de l'autorisation préalable, et qui renferme la fondation dans le cadre du don ou du legs.

« Quant au droit moderne, M. de Lapradelle donne sa formule, ses applications et fait connaître ses vues théoriques. Sa monographie, soigneusement écrite, très documentée au point de vue de la doctrine et de la jurisprudence, sera un guide précieux pour les hommes d'affaires et les magistrats, les uns portant souvent devant les tribunaux des procès qui roulent sur une question de fondation perpétuelle, les autres chargés de trancher les différends nés de cette même question. » (Extrait de « *la Loi* ».)

GÉRARD (M.-P.), *sous-chef au ministère de l'Intérieur.* — **Manuel formulaire des élections municipales,** à l'usage des préfets, sous-préfets et conseillers de préfecture, des maires et adjoints, des conseils municipaux, des bureaux de vote et scrutateurs, des candidats aux fonctions municipales et des électeurs. *Mis au courant de la législation et de la jurisprudence.* 1892, 1 vol. in-18. . . . . . . 3 fr.

GIDDINGS. — *Professeur à*
Principes de sociologie. 1897, 1 vol. in-8. Reliure spéciale. 8 fr.
— **Le même ouvrage,** broché. . . . . 6 fr.

☞ Cet ouvrage fait partie de la *Bibliothèque sociologique internationale.*

GIDE (Charles), *professeur d'économie politique à la Faculté de droit de Montpellier.* — **L'idée de solidarité** en tant que programme économique. 1893. Une brochure gr. in-8. . . . . 1 fr.

GILLES (F.), *ancien receveur de l'enregistrement et des domaines.* — **Manuel théorique et pratique des actes sous seing privé** avec supplément sur les déclarations et les droits de succession, 6e *édition.* 1892. 1 vol. in-8. . . . . 2 fr.

GIRAUD (Ch.), *membre de l'Institut.* — **Essai sur l'histoire de droit français au moyen âge.** 1846. 2 vol. in-8. . . . . 14 fr.

GIROD (L.), *ancien avocat, secrétaire général de la préfecture de de l'Aisne.* — **Traité pratique de l'administration des fabriques paroissiales, cathédrales ou métropolitaines,** mis au courant de la législation et de la jurisprudence, et contenant notamment toutes les modifications résultant de la loi municipale du 5 avril 1884. — 1886. 1 vol. in-8. . . . . 4 fr.

GLASSON, *professeur à la Faculté de droit de Paris, membre de l'Institut.* — **Histoire du Droit et des Institutions de France.** Ont paru :

Tome I. — *La Gaule Celtique et la Gà le Romaine.* 1887. 1 vol. in-8
.... 10 fr.

Tome II. — *Époque franque.* 1888. 1 vol. in-8 . . . . 10 fr.

Tome III. — *Époque franque* (fin). 1889. 1 vol. in-8 . . . . 10 fr.

Tome IV. — *La féodalité.* 1891. 1 vol. in-8 . . . . 10 fr.

Tome V. — *Le moyen âge.* 1894. 1 vol. in-8 . . . . 10 fr.

Tome VI. — *La féodalité* (suite). *Les finances et la justice du roi.* 1895. 1 vol. in-8 . . . . 10 fr.

Tome VII. — *La féodalité* (fin). *Le droit civil.* 1896. 1 vol. in-8.
.... 10 fr.

Le plan et la méthode de cet ouvrage sont très personnels à l'auteur. Les temps celtiques, la domination romaine, la formation de l'empire franc, le régime de la féodalité, celui de la monarchie absolue, l'époque révolutionnaire, enfin le dix-neuvième siècle forment en effet autant de périodes tout à fait distinctes et faciles à séparer les unes des autres. L'auteur a adopté pour chaque période la division en un certain nombre de chapitres toujours identiques, de sorte que le lecteur peut suivre une institution au travers des âges en se reportant pour chaque période au chapitre spécial qui lui est consacré. Il y a là un procédé d'enchaînement que le public a vivement goûté dans l'ouvrage déjà paru du même auteur sur les *Institutions de l'Angleterre.*

GODFERNAUX et **DENIS DE LAGARDE**. — **Procédure devant les sections administratives du Conseil d'Etat.** Voy. DENIS DE LAGARDE.

GOLBERG (M.). — **L'Immoralité de la science.** 1895. Une broch. gr. in-8 . . . . 1 fr. 50

GORGES et **BEZARD**. — **Manuel des transferts et mutations de rentes sur l'Etat,** contenant une étude historique de la dette publique ; les principaux éléments de régularité des certificats de propriété, procurations, formules, libellés, etc., et un recueil des lois, décrets et instructions concernant la matière, 2e *édition* mise à jour et augmentée de nombreuses additions par J.-M. Gorges, ancien sous-directeur de la Dette inscrite au ministère des finances et E. de Bray, chef de bureau au ministère des finances. 1891. 1 vol. in-8 . . . . . . 10 fr.

Jusqu'en 1883, aucun ouvrage n'avait été inspiré par la pensée de guider les officiers ministériels dans l'accomplissement de leur tâche délicate en leur indiquant tous les éléments d'une certification régulière. A cette époque, deux chefs des services administratifs spéciaux, MM. Gorges et Bezard ont voulu combler cette regrettable lacune. Ils ont réuni à cet effet, sous la forme concise d'un *Manuel,* les notions essentielles de la théorie et les détails précis de la pratique, rendus plus saisissables par des modèles où sont traduites les situations juridiques relatées dans des articles correspondants.

Cet ouvrage a été rapidement épuisé et pour répondre à un désir souvent exprimé, il en est offert au public une seconde édition, corrigée et fortement augmentée. Elle est due à la collaboration de M. Gorges, ancien sous-directeur de la Dette inscrite, et de M. de Bray, chef de bureau au ministère des Finances, précédemment sous-chef de bureau au serviec des transferts et mutations de rentes.

Les auteurs, dont la compétence ne saurait être mise en doute, n'ont rien négligé pour réaliser avec tout le soin désirable cette nouvelle publication, qui, comme la première, a été encouragée par des souscriptions de M. le ministre des Finances, de la Chambre des notaires de Paris et de la Chambre syndicale des agents de change.

GOUGET (C.), *inspecteur de l'enregistrement.* — **Timbre. Enregistrement. Hypothèques.** Règles pratiques à l'usage de tous les français et de la jeunesse des écoles pour se conformer aux lois sur le timbre, l'enregistrement et les hypothèques et éviter les amendes édictées par ces lois. 1893. 1 vol. in-18. . . . . 2 fr. 50

GOURGEOIS (H.). — **Code manuel des Conseillers municipaux** contenant le texte de la loi municipale du 5 avril 1884 avec commentaires sous chaque article. Le texte des circulaires ministérielles des 10 avril et 15 mai 1884. Suivi de l'indication des textes de lois et décrets restés en vigueur. 1890. 1 vol. gr. in-8. . . . . . . 4 fr. »

GRELOT (Félix), *secrétaire général de la Gironde.* — **Commentaire de la loi du 5 avril 1884** sur l'organisation municipale. 2e *édition.* 1888. 1 fort vol. in-12. . . . . 5 fr. »

GRIMAL (M.), *receveur de l'Enregistrement et des Domaines, à Châteauroux.* — **Notions populaires d'économie politique.** 2e *édition.* 1896. 1 vol. in-18 . . . . 1 fr. »

En quelques pages, M. Grimal passe en revue les phénomènes principaux de la production, de la circulation, de la distribution et de la consommation des richesses. Les lois essentielles et inéluctables de la vie économique y sont clairement expliquées. Il s'en dégage une leçon salutaire de sagesse politique pour ceux qui s'aviseraient de méconnaître ces lois ou d'en contrarier les effets.

La conclusion essentielle morale de ces pages de vulgarisation scientifique est à citer : « Le but du travailleur est de bien vivre, mais pour lui la vie n'est qu'un » outil de travail — et un outil qui se fortifie et s'aiguise par l'exercice. »

GERLIN DE GUER, *chef de division à la préfecture du Calvados.* — **Manuel électoral.** Guide pratique de l'électeur et du maire comprenant les élections municipales, départementales et législatives, etc. 7e *edition*, mise en harmonie avec les lois récentes, y compris celles du 13 février et du 17 juillet 1889. 1 vol. in-12. . . . . . 3 fr. 50

GUILBON (N.-A.), *juge de paix du 9e arrondissement.* — **Le Jury en matière criminelle.** Formation des listes par les commissions de canton et d'arrondissement. Commentaire explicatif de la loi du 21 novembre 1872. 1 vol. in-12 . . . . 1 fr. »

GUILLÉMINOT (A.). — **Etudes sociales.** Femme, enfant, humanité. Avec une préface du Dr Georges Martin. 1896. 1 vol. in-18. 1 fr. 25

GUITTIER et BRUSSAUX. — **Dictionnaire des patentes.** Voy. Brussaux.

GUMPLOWICZ (L.), *professeur à l'Université de Gratz.* — **Le mouvement social en Autriche.** La question polonaise. 1895. Une broch. gr. in-8. . . . . 1 fr. »

— **Le mouvement social en Autriche.** — La question Slovène. 1896. Une broch. gr. in-8. . . . . 1 fr. »

— **Sociologie et politique.** 1 vol. in-8. 1897. Reliure souple spéciale . . . . « Sous presse »

Le même ouvrage, broché . . . . »   »

☞ Cet ouvrage fait partie de la *Bibliothèque sociologique internationale.*

H

HAMON (G.), *professeur d'assurance à l'Institut commercial de Paris et à l'Association philotechnique.* — **Histoire générale de l'Assurance en France et à l'Étranger.** (En cours de publication.) L'ouvrage formera environ dix-huit fascicules. Chaque fascicule grand in-8. . . . . 2 fr. »

HAUSER (H.), *docteur ès lettres, maître de conférences d'histoire à la Faculté des lettres de Clermont.* — **Une Grève d'Imprimeurs parisiens au XVIe siècle** (1539-1542). 1895. Une br. gr. in-8. 1 fr. 50)

— **Histoire d'une grève au XVIe siècle.** Les Imprimeurs lyonnais, de 1539 à 1542. Une broch. gr. in-8. . . . . 1 fr. 50

HAUTMONT et **LEVAREY,** *professeur à l'École supérieure de commerce au Havre.* — **Les transports maritimes,** éléments de droit maritime appliqué, 1 vol. in-8 broché. . . . . 3 fr. 50

— Relié en percaline gaufrée . . . . 4 fr. »

HEDDE (E.). — **Le parti libéral.** 1895. Une broch. in-18.   0 fr. 40

HEFFTER, *conseiller à la Cour suprême de Justice, professeur à l'Université de Berlin.* — **Le droit international public de l'Europe,** traduit par J. Bergson. *Quatrième édition française* augmentée et annotée par H. Geffcken. 1883. 1 vol. in-8. . . 18 fr. »

HENRICET (J.-C.). — **Cadastre et livre foncier,** ou exposé d'un moyen d'effectuer la réforme hypothécaire et d'assurer la péréquation de l'impôt foncier sans refaire le cadastre. 1891. 1 vol. gr. in-8. 3 fr. »

HENRICET et **STOLLON.** — **Droit fiscal.** Voy. STOLLON.

HENRIET (M.), *juge d'instruction à Clermont (Oise).* — Guide du maire officier de l'État civil. **De la rédaction des actes de l'État civil.** Règles et conseils pratiques. 1891. 1 vol. gr. in-8. . . 8 fr. »

(Ouvrage honoré de la Souscription des ministères de la justice, de

l'intérieur, de l'instruction publique et des affaires etrangères, du Conseil municipal de Paris et d'un grand nombre de préfectures).

M. Henriet a pensé, non sans raison, que, dans notre organisation administrative et judiciaire actuelle, la tenue des registres de l'état-civil est au nombre des plus graves et des plus délicates attributions des municipalités, puisque les faits qu'ils constatent peuvent apporter les modifications de la plus haute importance dans l'état juridique des citoyens au sein de leur famille ou de la société.

« Ce n'est donc pas un traité doctrinal qu'il a cherché à composer, et nous ne pou-
« vons que l'en féliciter, car il aurait mal répondu à ses vues, en ce que la portée
« scientifique d'un pareil livre eût été d'un bien faible secours pour ceux à qui il
« entend s'adresser. Ici, surtout, il convenait d'être élémentaire, et ce n'est pas le
« moindre mérite de M. Henriet que celui de l'avoir compris.

« Nous n'ajouterons plus qu'un seul mot à cette rapide esquisse, suffisante à
« montrer tout l'intérêt qui s'attache à cette excellente et très complète monogra-
« phie : c'est qu'elle se distingue par des qualités d'ordre, de netteté, de précision,
« d'exactitude et de clarté, grâce auxquelles elle ne manquera pas de faire désormais
« autorité. Œuvre d'un jurisconsulte consommé et d'un magistrat d'une compétence
« exceptionnelle, elle s'impose à l'attention de tous les intéressés et a sa place mar-
« quée dans chaque parquet et dans chaque mairie. » (Recueil *Sirey*).

HENRION DE PANSEY. — **Œuvres judiciaires du président,** contenant les fonctions et la compétence des juges de paix : la nature du pouvoir municipal, les fonctions qui lui sont propres et la police intérieure des communes, l'organisation du Conseil d'Etat, et une instruction sur l'administration de la justice annotées et précédées d'une notice biographique sur l'auteur, par M. Rozet, avocat. 1 vol. gr. in-8 . . . . 4 fr. »

HENRY (E.), *ingénieur en chef, agent-voyer en chef du département de la Marne.* — **Les formes des enquêtes administratives en** matière d'intérêt public. 1891. 1 vol. gr. in-8 . . . . . 4 fr. »

HENRY (V.). —**Parti solidariste évolutionnaire** : Suppression de la misère générale par le concours de tous au bien être universel. 1895. Une brochure gr. in-8 . . . . 1 fr. 50

HERVÉ-BAZIN, *docteur en droit, professeur à l'Université catholique d'Angers.* — **Traité d'économie politique.** 1885. 1 vol. in-12 . . . . 4 fr. »

HIVER DE BEAUVOIR, *président de chambre.* — **Histoire criti-**que des institutions judiciaires de la France, de 1789 à 1848. 1 vol. in-18 . . . . 6 fr. »

HORION (V.), *notaire.* — **L'A. B. C. du Notariat,** résumé des connaissances professionnelles du notaire. Théorie et pratique usuelles. 1 fort vol. gr. in-8 . . . . 20 fr. »

JOUYVET (A.). — **Les tribunaux de commerce.** 1 vol. in-8 broché. . . . . 3 fr. 50

— Relié en percaline gaufrée. . . . . 4 fr. »

IUC (Théophile), *conseiller à la Cour d'appel de Paris, professeur* *honoraire des Facultés de droit.* — **Commentaire théorique** et **pratique du Code civil.** Cet ouvrage doit former 12 vol. in-8.

Ont paru :

Tome I. — Art. 1 à 143 . . . .   9 fr. »

Tome II. — Art. 144 à 311 . . . .   9 fr. »

Tome III. — Art. 312 à 515 . . . .   9 fr. »

Tome IV. — Art. 516 à 710 . . . .   9 fr. »

Tome V. — Art. 711 à 892 . . . .   9 fr. »

Tome VI. — Art. 893 à 1100. . . . .   9 fr. »

Tome VII. — Art. 1101 à 1233 . . . .   9 fr. »

Tome VIII. — Art. 1234 à 1386 . . . .   9 fr. »

Tome IX. — Art. 1387 à 1581. . . . .   9 fr. »

(Il paraît un volume tous les quatre mois).

Le Commentaire théorique et pratique du Code civil de M. Théophile HUC est conçu et traité d'apres une méthode nouvelle intéressante. Cet ouvrage arrive à un moment opportun, les publications du même genre ayant vieilli à la suite des modifications considérables apportées au Code civil en quelque sorte rajeuni par les lois importantes qui le mettent tous les jours en harmonie avec les besoins de l'époque actuelle. — L'éminent auteur a étudié chaque matière, d'abord en elle-même, et ensuite dans ses rapports avec le droit international privé, la réglementation coloniale, et les autres parties de la législation, droit administratif, droit répressif, droit commercial, etc. — Sur chaque question, le dernier état de la jurisprudence soit de la Cour de cassation, soit du Conseil d'Etat est indiquée, satisfaction étant donnée ainsi aux besoins de la théorie et de la pratique. — L'intercalation du texte même du Code dans le commentaire ajoute à la clarté et rend les recherches faciles.

— **Traité théorique et pratique de la cession et de la transmission des créances.** 1891. 2 vol. in-8 . . . .   18 fr. »

HUGOT (C.), *contrôleur des contributions indirectes.* — **Manuel du droit de dénaturation.** 1894. 1 vol. in-12 . . . .   3 fr. 50

HUGOT (C.), *commis principal des contributions indirectes.* — **Guide pratique des receveurs et des commis principaux des contributions indirectes.** 1885. 1 vol. in-12 . . . .   3 fr. 50

HUMBERT (G.), *professeur honoraire à la Faculté de droit de Toulouse.* — **Essai sur les finances** et la comptabilité publique chez les Romains. 1887, 2 vol. gr. in-8 . . . .   18 fr. »

I

BANEZ (Max.), *docteur en droit. Diplômé de l'école libre des sciences politiques.* — **La démocratie moderne.** Etude précédée d'une lettre de M. Emile Boutmy, membre de l'Institut, 1892. 1 vol. in-8 .   2 fr. 50

ISAURE-TOULOUSE, *avocat, officier de l'Instruction publique.* —

Traité formulaire de procédure pratique en matière civile, commerciale, criminelle, administrative et militaire, contenant pour chaque juridiction, depuis la justice de paix jusqu'à la Cour de cassation:

    1° L'exposé de chaque procédure..

    2° Les formules y relatives.

    3° L'état des frais en trois colonnes.

Quatrième édition, 1895; un fort vol. in-8 . . . . 15 fr. »

(Ouvrage honoré des souscriptions de plusieurs chambres d'avoués et de notaires).

On dit d'un bon livre « qu'il a sa place marquée dans toutes les bibliothèques » ; de celui-ci. on peut dire qu'il a sa place attitrée sur le bureau de tout jurisconsulte et qu'il est aussi indispensable que le code.

D'ailleurs, le succès très affirmé des précédentes éditions en a consacré l'incontestable utilité, et le bien qu'on en pourrait dire aujourd'hui semblerait en superfluité après les éloges unanimes de la presse judiciaire.

Par une méthode saisissante, l'auteur enseigne d'abord la marche des procédures et donne à la suite la formule et l'état des frais comme développement naturel de l'enseignement; de sorte que l'on voit, sous trois formes successives, la marche de la procédure : 1° par son exposé; 2° par ses formules; 3° par l'état des frais.

L'ouvrage se divise en *quatre parties.*

La *première partie* contient la procédure générale et les formules des instances devant les juridictions successives, depuis la justice de paix jusqu'à la Cour de cassation.

L'instance devant chaque tribunal est ainsi conduite jusqu'après le jugement; il est procédé à la levée et à la signification du jugement contre lequel les voies et formes de recours sont ensuite indiquées *spécialement* pour chaque juridiction.

Dans la *deuxième partie* sont exposées les procédures d'exécution et autres, connexes ou dérivées : saisies mobilières, saisie-immobilière, ventes judiciaires de meubles et et immeubles, purges des hypothèques, ordres et contributions, *avec formules.*

La *troisième partie* comprend des procédures diverses qui ne sont pas des instances proprement dites et ressortissent de tous les codes ou de lois spéciales : successions, expropriations pour cause d'utilité publique, arbitrages, réception de cautions offres réelles, actions redhibitoires, hypothèques, nantissement, désaveu de paternité, puissance paternelle. mariage, nationalité, délivrance d'actes, délaissement, bénéfice de discussion, contentieux des contributions directes et indirectes, timbre et enregistrement, assistance judiciaire, baux et vente sous seings privés, *avec formules.*

La *quatrième partie* contient un formulaire d'états de frais précédé de l'explication du tarif civil : ce formulaire, reproduction exacte des états de frais dressés dans les études, permet d'en établir facilement de pareils et de prévoir, au moyen des totaux, le coût approximatif des affaires.

—— **De l'annulation du mariage catholique.** 1893, broch. in-18 1 fr. 25

—— **Frais de justice. Manuel formulaire de la taxe.** 1re partie : comprenant commentaire de la réforme des frais de justice, suivi d'un dictionnaire des droits actuels d'enregistrement; 2e partie : les tarifs annotés, précédés d'une instruction sur ces tarifs; 3° partie : les tarifs appliqués, ou formulaire d'états de frais en trois colonnes. 1893. 1 vol. gr. in-8 . . . . 5 fr.

On a déjà beaucoup écrit sur les nouveaux frais de justice et chacun a donné le compte rendu des longs débats parlementaires, comme si, en matière d'impôts — pour lesquels les nécessités budgétaires sont, presque dans tous les cas, les seules raisons de décider le législateur, — lesdits débats pouvaient apporter beaucoup de lumière dans l'interprétation des textes.

M. Isaure-Toulouse n'a pas suivi ces errements. Il lui a semblé que le complément nécessaire du commentaire de la réforme était un manuel de la taxe nouvelle, et il a fait à l'occasion de la réforme des frais de justice, un livre embrassant la réforme et ses conséquences pratiques.

Après avoir simplement commenté la loi nouvelle en s'appuyant sur l'expérience déjà faite de ses dispositions depuis la promulgation et aussi sur les instructions de l'administration, il donne, sous forme dictionnairique, les nouveaux droits d'enregistrement avec le compte fait des décimes, ce qui permet d'être immédiatement fixé sur un droit cherché, et il a soin d'indiquer pour chaque tarif les articles de loi qui s'y appliquent. C'est pratique et d'une réelle utilité.

Dans la seconde partie de son livre qui a pour titre : *Les Tarifs civils annotés*, on lit d'abord une instruction fort précise sur cette matière assez confuse.

Enfin M. Isaure-Toulouse, toujours pratique dans ses livres, a dressé, dans la troisieme partie, un formulaire d'états de frais en trois colonnes, conformément à la loi nouvelle, pour les tribunaux civil et de commerce, la Cour d'Appel, la Cour de Cassation et même le Conseil d'État.

Ce nouveau livre de M. Isaure-Toulouse évitera aux intéressés bien du travail et des recherches.

— **Traité pratique des droits de timbre, d'enregistrement et d'hypothèque** à l'usage du monde judiciaire, comprenant :

1re partie : Timbre.

2e partie : Enregistrement ;

3e partie : La réforme des frais de justice, suivie d'un dictionnaire des droits d'enregistrement ;

4e partie : Droits d'hypothèque.

1894. 1 vol. gr. in-8. . . . . 5 fr.

Il a paru de nombreuses monographies sur la réforme des frais de justice, mais le livre de M. Isaure-Toulouse *est le seul publié depuis cette réforme qui ait fondu ensemble la nouvelle législation avec l'ancienne*, c'est-à-dire qu'il arrive bien à son heure.

M. Isaure-Toulouse, dont l'esprit pratique est bien connu, a voulu être utile au monde judiciaire en publiant un traité tout nouveau qui présente : 1° l'ensemble de la législation ; 2° un corps de doctrine à jour ; 3° un dictionnaire des droits actuels d'enregistrement avec le compte fait des décimes et l'indication des articles de lois afférents à chaque droit.

Telle est l'économie de l'ouvrage ; elle suffit à démontrer l'utilité pour le monde judiciaire.

Ajoutons que le travail de M. Isaure-Toulouse est bien ordonné, ce qui, dans ces matières complexes, est la condition essentielle de la clarté.

Spécialement, la procédure des instances relatives à l'enregistrement est nettement exposée et contient des détails d'audience qui seront appréciés par MM. les avoués.

Cet auteur qui ne fait jamais de livre sans formulaire — et il a raison — donne les formules contentieuses pour les réclamations et instances, et aussi les formules relatives aux déclarations de successions.

— **Manuel formulaire de l'expropriation pour cause d'utilité publique.**

1re partie : Législation ;

2e partie : Exposé méthodique ;

3e partie : Formules. — Frais et dépens.

1894. 1 vol. in-18. 2 fr.

— **Manuel pratique du Mariage** (Contrat de mariage, mariage civil et religieux), du **Divorce**, de la **Séparation de corps** et de la **Séparation de biens** avec détail et total des frais de chaque matière. 2e *édition*.1894. 1 vol. in-18 . . . . 3 fr. »

« Dans cet ouvrage destiné au public, M. Isaure–Toulouse, qui connaît les arcanes
« de la procédure, a su mettre à la portée de tous, dans un style anecdotique, les
« règles à suivre et les nombreuses et embarrassantes formalités du mariage, du di-
« vorce, de la séparation de corps et de la séparation de biens ». (*Gazette du Palais*.)

—— **Manuel formulaire de la faillite et de la liquidation judiciaire**, contenant : 1° Le texte de la loi de 1838 sur la faillite et de la
loi du 4 mars 1889 sur la liquidation judiciaire. 2° Le commentaire pratique de chacune de ces lois. 3° La procédure de la liquidation judiciaire officieuse des sociétés. 4° Les formules relatives à ces diverses
matières avec les états de frais de la faillite et de la liquidation judiciaire. 1890. 1 vol. gr. in-8 . . . . 4 fr. »

—— **Manuel formulaire de procédure administrative** : 1° Conseil de
préfecture. 2° Conseil d'État. 3° Tribunal des conflits. 4° Expropriation
pour cause d'utilité publique (avec formules et dépens). 1890. 1 vol.
in-12 . . . . 3 fr. 50

IVANOUEL (Emile). — **De la vie simple**. Etude sociale. 1893. In-8.
1 fr. »

J

JACQUELIN (R.), *docteur en droit, avocat à la Cour d'appel*. — La
Juridiction administrative dans le droit constitutionnel. Etude
d'histoire, de législation comparée et de critique. *Les grandes puissances* : la France, l'Angleterre et les Etats-Unis, l'Allemagne et
l'Autriche. *Les puissances de second ordre* : l'Espagne, l'Italie, la
Suisse, la Belgique. Appréciations théoriques et pratiques sur l'institution d'une juridiction administrative en France. 1891. 1 vol. in-8. 10 fr. »

« — L'étude très complète sur la *Juridiction administrative dans le droit consti-
« tutionnel* que vient de publier M. René Jacquelin, lauréat de la faculté de droit de
« Paris, ne renferme pas seulement un excellent résumé des arguments des défen-
« seurs de la juridiction administrative et de ceux de leurs adversaires. C'est une
« œuvre personnelle, pleine de recherches approfondies sur l'histoire de notre droit
« et sur les législations étrangères, dont on peut discuter les conclusions, mais dont
« on ne saurait méconnaître l'inspiration élevée et indépendante. L'auteur n'est
« partisan ni du maintien de la juridiction administrative, telle qu'elle existe
« aujourd'hui, ni de sa suppression. Il estime qu'il convient de maintenir des
« tribunaux administratifs à côté des tribunaux ordinaires, mais il veut que ces
« tribunaux spéciaux soient aussi des tribunaux judiciaires, et soient soumis comme
« les autres au contrôle de la Cour de Cassation, et il refuse au pouvoir exécutif le
« droit d'élever le conflit. Le pouvoir judiciaire se trouverait ainsi souverain vis-à-
« vis du pouvoir exécutif ; l'auteur souhaiterait que la même souveraineté pût, en
« France comme aux Etats-Unis, être attribuée au pouvoir judiciaire vis-à-vis du
« pouvoir législatif ; mais il reconnaît que, dans l'état de notre droit constitutionel,
« on ne pourrait confier au pouvoir judiciaire l'examen de la constitutionnalité des
« lois sans risquer de le voir s'arroger le pouvoir constituant. » (Recueil *Dalloz*.)

— **De la Fiducie.** — I. La Fiducie envisagée en elle-même : Origine historique. Nature et forme. Caractères juridiques. Effets. Influence sur l'ensemble du droit : Origine des actions de bonne foi : Origine des contrats réels. — II. La Fiducie envisagée dans ses applications. — A. Application dans le droit des personnes : Modification de l'état des personnes. Acquisition de la capacité. — B. Applications dans le droit des choses : Fiducia cum creditore. Fiducia cum amico. Mancipatio familiæ cum fiducia. 1891. 1 vol. gr. in-8 . . . . 10 fr. »

JANLET (V.). — **De la protection des œuvres de la pensée.** Première partie : Dessin et conception d'architecture. 1887. 1 vol. gr. in-8 . . . . 10 fr. »

JANSON-DURVILLE (E.), *sous-chef au ministère des finances.* — **Cours de mathématiques appliquées aux opérations financières.** Conférences faites à l'École des sciences politiques. 1887. 1 vol. grand in-8 . . . . 10 fr. »

JÈZE (G.), *avocat, docteur en droit.* — **Étude théorique et pratique sur l'occupation** comme mode d'acquérir les territoires en droit international. 1896. 1 vol. in-8 . . . . 8 fr. »
Ouvrage couronné par la Faculté de droit de Toulouse et par l'Académie de législation.
(Prix du Ministre de l'Instruction publique, 1893.)

« La rivalité des nations modernes dans l'acquisition de possessions lointaines n'a jamais été plus vive. Par suite, à aucune époque, ne s'est fait plus impérieusement sentir la nécessité de fixer dans des règles précises les droits et les devoirs de chacun, les limites que le droit apporte à l'ambition des puissances et la protection dont il couvre les peuples barbares envahis.

Tel est le problème d'un intérêt tout actuel que M. Gaston Jèze s'est proposé de résoudre dans son Étude théorique et pratique sur l'occupation comme mode d'acquérir les territoires en droit international. Hâtons-nous de le dire, les efforts de l'auteur ont été couronnés d'un brillant succès. La Faculté de droit de Toulouse lui accordait, en 1893, la première médaille d'or, et l'Académie de législation, en 1895, confirmait cette récompense en lui décernant le prix du Ministère de l'Instruction publique.

L'ouvrage débute par une introduction dans laquelle M. Gaston Jèze rappelle comment, aux diverses périodes de l'histoire, les conflits coloniaux ont été réglés. A la juridiction des papes, les jurisconsultes substituent les principes du droit naturel, introduisant en cette matière la règle de droit. Les résultats de cette longue élaboration sont enfin consignés par les diplomates et les publicistes dans l'acte général de la Conférence de Berlin, du 25 février 1885, et dans le projet de déclaration de l'Institut du droit international (session de Lausanne, septembre 1888).

On pourrait peut-être reprocher à M. Gaston Jèze la vaste érudition dont il fait preuve, mais comme il le dit lui-même (p. 39), l'opinion des auteurs, les précédents, voilà les sources mêmes du droit international public. Quant au style simple et élégant, il est celui d'un jurisconsulte que préoccupe plus la clarté de l'exposition que la sonorité de la phrase. D'une lecture facile, le livre de M. Gaston Jèze sera lu avec fruit, non seulement par les juristes et les diplomates de profession, mais encore par les profanes qu'intéressent les délicats problèmes que soulève à l'heure actuelle la politique internationale. »

JÈZE (G.) et **MAX BOUCARD.** — Éléments de la science des finances. Voy. Boucard.

JOSAT et **ROUSSAN.** — **Contributions indirectes.** Voy. Roussan.

JOSAT (J.), *sous-chef de bureau au ministère des finances.* — **Le Ministère des finances.** Son fonctionnement, suivi d'une étude sur l'organisation générale des autres ministères. 2ᵉ *édition.* 1883. 1 vol. gr. in-8 . . . . 15 fr.

JOSSIER (S.). — **Dictionnaire des ouvriers du bâtiment.** 1881. 1 vol. gr. in-8 . . . . 7 fr. 50

JOUET (A.), *docteur en droit.* — **Les Clubs,** leur histoire et leur rôle depuis 1789. 1891. 1 vol. in-8. . . . . 5 fr.

> « Cette partie du droit constitutionnel contient des enseignements intéressants non
> « seulement au point de vue historique, mais encore au point de vue de la vie des
> « sociétés actuelles, qui sont toutes travaillées par les clubs à un degré plus ou moins
> « grand.
> « Dans son excellente monographie, M. Jouet étudie les différentes dispositions
> « législatives qui, en France, ont successivement régi les clubs, raconte les événe-
> « ments qui leur ont donné naissance et montre les conséquences qui en ont résulté.
> « C'est un travail qui, sans avoir l'aridité d'une thèse de droit, en a cependant la
> « méthode et la précision et qui se recommande à tous les hommes politiques, à tous
> « les jurisconsultes, à tous les savants pour lesquels il est intéressant de chercher
> « dans le passé, des leçons pour l'avenir ». (*Gazette du Palais.*)

JOURDAN, *professeur et doyen de la Faculté d'Aix.* — **L'hypothèque en droit romain.** 1 vol. in-8 . . . . 9 fr. »

JUILLET-SAINT-LAGER (M.), *sous-chef de bureau du ministère de l'intérieur.* — **Élections municipales.** Jurisprudence du conseil d'État. 4ᵉ *édition.* 1896. 1 vol. in-8. . . . . 5 fr. »

JUSTIN (J.), *d'Haïti.* — **La Question du môle Saint-Nicolas.** 1891. 1 vol. in-8 . . . . 1 fr. »

K

KELLER (de), *professeur à l'Université de Berlin.* — **De la procédure civile et des actions possessoires,** chez les Romains, traduit de l'allemand par Capmas. 1870. 1 vol. in-8 . . . . 9 fr. »

KIATIBIAN (S.), *docteur en droit, ancien élève de l'École des sciences politiques.* — **Conséquences juridiques des transformations territoriales des États sur les traités.** 1892. 1 vol. in-8. 4 fr. »

> « L'auteur de cette savante monographie examine le sort des conventions interna-
> « tionales dans les hypothèses suivantes : mort d'un État, protectorat, démembrement
> « d'un État, naissance d'un État, associations d'États. Ensuite il parle de l'extension
> « des conventions internationales d'un État aux territoires qu'il a annexés. Enfin,
> « dans un long appendice, il étudie le sort des capitulations dans les pays musulmans
> « passés sous la souveraineté ou sous l'administration d'une puissance chrétienne. »
> (*Loi.*)

KOVALEWSKY (M.), *ancien professeur à l'Université de Moscou.* — **L'avènement du régime économique** moderne au sein des campagnes. 1896. Une brochure gr. in-8. . . . . 2 fr. »

— **Coup d'œil sur l'évolution du régime économique** et sa division en périodes. 1896. Une brochure gr. in-8 . . . . 1 fr. »

— **Les Questions sociales au moyen âge.** 1 vol. in-8. (*Bibliothèque sociologique internationale.*) (Sous presse.)

I

LABOULAYE et **DARESTE.** — **Le grand coutumier de France.** 1 vol. in-8 . . . . 10 fr. »

LABRIOLA (A.) **Essai sar la conception matérialiste de l'histoire** (1ʳᵉ *série*). 1897. 1 vol. in-18. . . . . 3 fr. 50

☞ Cet ouvrage fait partie de la *Bibliothèque socialiste internationale.*

LAFERRIÈRE (E.), *vice-président du Conseil d'Etat.* — **Traité de la juridiction administrative et des recours au contentieux.** — 2ᵉ *édition.* 1896. 2 vol. gr. in-8 . . . . 25 fr. »

LAGET (L.), *avocat à la Cour d'appel de Nîmes. Docteur en droit.* — **Essai sur la condition juridique des Français en Egypte,** 1890. Un vol. in-8 . . . . 6 fr. »

— « C'est un travail d'école », dit en parlant de son œuvre M. Louis Laget, auteur « d'un *Essai sur la condition juridique des Français en Egypte*. Travail d'école, « soit : mais en tout cas travail sérieux, estimable et puisé aux b nnes sources, « notamment à la bibliothèque du comité de législation étrangère, qui est installée « au ministère de la justice et qui s'ouvre libéralement aux travailleurs. Nous ne « voulons pas affirmer que tout y soit nouveau et original ni même que M. Laget « ait épuisé son sujet. Les nombreuses transformations qu'a subies l'Egypte depuis « une vingtaine d'années laissent encore place à de grandes difficultés juridiques, et « le dernier mot des réformes n'est pas encore dit. Beaucoup de projets attendent « leur réalisation et les tribunaux mixtes n'ont pu donner jusqu'à ce jour, malgré « l'activité et l'indépendance de leurs membres, tout ce qu'il fut un instant permis « d'espérer d'eux. Mais on ne saurait demander à un jurisconsulte qui se borne à « enregistrer l'état de la doctrine et de la jurisprudence de faire œuvre de législateur. « Ce qu'il suffit de constater, c'est que dans l'ouvrage de M. Laget les chapitres relatifs « à l'organisation et à la compétence des tribunaux mixtes sont solides et nourris, que « l'histoir des négociations qui ont précédé leur création est pleine d'intérêt et « que l'auteur a su justifier, par des exemples bien choisis, la bonne impression qu'il « a conçue de la nouvelle jurisprudence égyptienne à l'égard de nos compatriotes « établis sur les bords du Nil » (Recueil *Dalloz*.)

LA GRASSERIE (R. de), *docteur en droit, juge au tribunal civil de Rennes.* — **Code civil Mexicain.** Etude des législations étrangères. Résumés analytiques des principaux codes civils de l'Europe et de l'Amérique. 1896. 1 volume in-8 . . . . 6 fr. »

« Ce volume est le premier d'une série de publications dans lesquelles le savant magistrat, déjà bien connu pour ses nombreux et remarquables travaux de droit, de législation comparée et de sociologie, se propose d'exposer en France toutes les législations civiles codifiées des pays civilisés. Les codes du Pérou, du Chili, de la République

Argentine, du Guatélama et de l'Uruguay, doivent suivre rapidement la publication de celui du Mexique. Dans ces conditions, un intérêt tout particulier s'attache à cette entreprise qui, si elle continue sans interruption, peut être un des instruments de travail les plus utiles au législateur, au jurisconsulte et au praticien.

« La méthode suivie dans le volume que nous avons sous les yeux, nous semble excellente. Elle consiste à ne pas donner une traduction complète, ce qui serait inutile et impossible dans une œuvre synthétique aussi étendue. D'ailleurs cette analyse est complète, et le livre contient, non pas la seule mention des points les plus remarquables ou de ceux qui s'écoulent de notre propre législation, mais toutes les dispositions que porte le texte, de sorte qu'une traduction littérale devient superflue. Cependant, lorsqu'une disposition se rencontre qui contredit nettement un des principes du droit français, l'auteur ne manque pas de le noter et de lui donner le relief qui lui convient, ce qui le signale à l'attention du législateur et du sociologue : ainsi les sommets théoriques se trouvent conservés dans une œuvre restée pratique dans son ensemble. »

— Code civil péruvien, études des législations étrangères. Résumés analytiques des principaux codes civils de l'Europe et de l'Amérique. 1896; un vol. in-8 . . . . 6 fr. »

Le code civil péruvien a été promulgué en 1851. Il comprend 2,301 articles et se divise, outre le titre préliminaire, en trois livres. Le premier traite des personnes ; le second, des choses, des moyens de les acquérir et des droits que les personnes peuvent avoir sur elles ; le troisième, des obligations et des contrats. Il est complété, d'une part, par certaines lois particulières, notamment par une loi de 1888 sur le registre de la propriété et une loi de 1889 sur les banques hypothécaires, et, d'autre part, par des Traités conclus en 1889 par le gouvernement péruvien avec les gouvernements voisins et qui, au point de vue des conflits de législations, embrassent le droit civil, la procédure civile, le droit pénal et le droit commercial.

Quant au plan du travail de M. de la Grasserie, nos lecteurs le connaissent par ce que nous avons dit de son *Résumé du code mexicain*. Cependant les Traités dont nous parlons ont paru à notre auteur présenter un intérêt si particulier, qu'au lieu d'une simple analyse, c'est une traduction complète qu'il en donne. Dans son ensemble, ce travail met à notre portée une législation, originale en plus d'un point, et intéressante en tous.

— Études de sociologie. **De la forme graphique de l'Evolution,** 1895 ; une brochure grand in-8 . . . . 2 fr. »

— **Du Passif des successions.** (Obligation aux dettes, bénéfice d'inventaire, séparation des patrimoines). Une brochure gr. in-8. . 3 fr. »

— Code civil Chilien, précédé d'une introduction. Etude des législations étrangères. Résumés analytiques des principaux codes civils de l'Europe et de l'Amérique. 1896. 1 vol. in-8. . . . . . 6 fr. »

Le code civil chilien, promulgué le 14 déc. 1855, et adopté par la Colombie et l'Equateur, est peut-être le code le plus complet et, dit M. de la Grasserie, le plus original des codes civils hispano-américains de la seconde moitié du XIXᵉ siècle. Il a, en effet, des théories très particulières sur la dévolution successorale, sur les donations entre vifs, sur la réserve, sur le contrat de mariage pour lequel la communauté réduite aux acquêts est le régime de droit commun, sur la constitution de cens, assez fréquente au Chili, sur les droits de famille, etc. Comme les codes mexicain et péruvien, il unit au génie des races latines les qualités analytiques des législations germaniques, tout en procédant surtout du droit romain et en cherchant à l'accommoder au climat des contrées qu'il est destiné à régir. Des lois postérieures de 1859, 1861 et 1884 l'ont d'ailleurs complété en ce qui concerne l'état civil, le régime hypothécaire et la sécularisation du mariage. L'introduction développée dont M. de la Grasserie a fait précéder l'analyse de ce code relève avec soin tous les points sur lesquels il diffère soit du nôtre, soit des législations voisines du Chili, qui se sont inspirées comme lui du droit espagnol. Le lecteur regrettera peut-être cependant

que ce résumé très correct n'indique point les articles mêmes du code, ce qui permettrait de se rapporter plus facilement au texte original. (Recueil *Dalloz*).

— De la transformation du suffrage universel amorphe en suffrage
universel organique. 1896. Une brochure gr. in-8. . . . . . 1 fr. 50

LAGRANGE (R.), *docteur en droit, auditeur au Conseil d'Etat.*
— **Les Enfants assistés en France,** enfants maltraités ou moralement
abandonnés (Commentaire de la loi du 24 juillet 1889). 1892. Un vol.
in-8. . . . . 4 fr. »

« Ce n'est pas seulement un commentaire de la loi du 24 juillet 1889, c'est une étude
« complète de l'assistance publique de l'enfance, que vient de faire paraître
« M. Lagrange. Il divise son travail en cinq parties. Dans la première il examine les
« institutions en France en faveur des enfants malheureux ou abandonnés, depuis le
« VIme siècle jusqu'à la Révolution. Abordant ensuite la législation actuelle, il con-
« sacre la seconde partie aux enfants assistés proprement dits, c'est-à-dire aux enfants
« trouvés, abandonnés ou orphelins dont parle le décret du 19 janvier 1811. A cette
« occasion, il examine la question des tours ; on sait que trois systèmes d'admission
« des enfants assistés ont été pratiqués : le tour libre, le tour surveillé et l'admission
« à bureau ouvert ; après avoir réfuté les arguments invoqués par les partisans des
« tours, il se prononce en faveur du bureau ouvert, tel qu'il fonctionne à Paris.
« Dans la troisième partie, l'auteur s'occupe des enfants secourus temporairement ;
« dans la quatrième, des dispositions de la loi de 1889 ; enfin dans la cinquième, de
« l'assistance publique prodiguée aux enfants en Angleterre, Etats-Unis, Belgique,
« Allemagne, Suisse, Italie, Autriche, Russie et Espagne.
   « Le travail de M. Lagrange est fort soigné, et savamment écrit ; mais nous croyons
« qu'il considère trop l'organisation théorique de l'assistance de l'enfance, et qu'il ne
« tient pas assez compte de ses défectuosités de mise en pratique. S'il s'occupait de
« ce côté de la question il jugerait sans doute plus sévèrement une institution qui
« donne prise à plus d'une critique » (*La Loi.*)

LAIR (A. E.). — **Des hautes Cours politiques** en France et à l'é-
tranger, et de la mise en accusation du président de la République et
des ministres. Étude de droit constitutionnel et d'histoire politique.
1889. 1 vol. gr. in-8. . . . . 10 fr. »

(*Ouvrage couronné par la Faculté de droit de Paris.*)

LALLIER (J.-A.), *docteur en droit.* — **De la propriété des noms
et des titres.** Origine des noms et des titres. Procédure des changements de noms. Protection de la propriété des noms et des titres. Du
nom commercial. 1890. 1 vol. in-8. . . . . 8 fr. »

(*Ouvrage couronné par la Faculté de droit de Paris et l'Académie de législation de Toulouse.*)

— C'est un sujet aux aspects multiples que celui de la propriété des noms et des
« titres. En effet, bien que d'une moins grande importance aujourd'hui qu'autrefois,
« la théorie du nom et des titres soulève encore, à l'heure présente, une foule de
« questions dans le droit civil, dans le droit criminel, dans le droit administratif,
« dans le droit commercial et industriel. Il n'est donc pas étonnant que la Faculté de
« droit de Paris ait l'idée de proposer comme sujet d'un de ses premiers concours de
« doctorat la question *de la propriété des noms et des titres.* Pour ce concours, celui
« de 1888–1889, un seul mémoire a été présenté à la Faculté, mais son auteur
« M. J.-A. Lallier, a été jugé digne de recevoir la médaille d'or.
   « Après avoir défini l'expression · propriété des noms et des titres, et avoir montré
« les différences qui séparent cette propriété de la propriété ordinaire, M. Lallier a
« passé en revue et discuté à fond toutes les questions relatives : à l'acquisition
« et à la transmission des noms et des titres, aux changements de noms et aux usurpa

« tions de titres, à la preuve des noms et des titres, à la protection de la propriété
« du nom patronymique et du nom commercial.
« M. Larnaude, professeur agrégé à la Faculté de droit de Paris, chargé du rapport
« sur les concours du doctorat pour l'année 1888-1889, déclare que M. Laffier, dans son
« travail, *a montré des qualités qu'on apprécie particulièrement, à la Faculté de droit:*
« *la netteté du plan, l'ampleur des discussions, l'indépendance et la fermeté du*
« *jugement, qui font le bon jurisconsulte.*
« La Faculté a ratifié l'opinion du savant et jeune professeur. Le public, nous en
« sommes convaincus, fera comme la Faculté. » (Recueil *Dalloz*.)

LAMBERT (Edouard), *avocat à la Cour d'appel, docteur en droit.* —
Du contrat en faveur de tiers. Son fonctionnement, ses applications
actuelles, cession de dettes (délégation, cession de portefeuille, cession
de bail). Assurance-vie. Assurance-accident. Contrats d'utilité publique.
Fondation. 1893, 1 vol. in-8. . . . . 10 fr. »

M. Edouard Lambert nous montre, dans la stipulation pour autrui, un de ces
instruments mis par le législateur lui-même à la disposition de la jurisprudence
pour élaborer le droit coutumier. La vieille théorie de cette stipulation, longtemps
négligée, au moins depuis le code civil, reparaît avec éclat dans les assurances sur la
vie, contre les accidents, dans les cessions de dettes et de bail, dans les contrats d'utilité
publique, tels que les conventions de villes au profit de particuliers ou réciproquement, les syndicats professionnels, les legs avec charge au profit d'un établissement
public, les fondations, etc. De l'article 112. c. civ. est née toute une législation
subsidiaire, pleine de vitalité, et qui se prête à une foule de besoins nouveaux. En
le choisissant comme le sujet de son étude, M. Lambert n'a pas visé à l'originalité, il
a fait preuve de clairvoyance, il a comblé une véritable lacune dans nos commen-
tateurs, il a surtout rendu à cet article toute son importance, méconnue par
M. Laurent qui le supprime sous prétexte de l'interpréter.

— **De l'exhérédation** et des legs au profit d'héritiers présomptifs. Le
droit de succession en France. Son fondement, sa nature, 1895 ; un
fort vol. in-8. 12 fr. »

*Ouvrage couronné par la Faculté de droit de Paris (première médaille
d'or), et par l'Académie de législation de Toulouse.*

« Un volume de 818 pages compactes, nourri de textes, de citations d'anciens
auteurs, d'arrêts de la jurisprudence ancienne et moderne, qu'anime un style vif,
alerte, pressant, que relèvent et précisent des conclusions nettes, ingénieuses, telle
est l'œuvre d'un jeune docteur en droit qui a obtenu la première médaille d'or au
concours ouvert à la Faculté de Paris sur l'exhérédation. Est-ce à la science dépensée
aux documents classés et discutés, aux traditions nationales mises harmonieusement
en lumière, ou aux déductions hardies, à l'individualité, à l'originalité du système
développé par l'auteur que les juges du concours ont décerné le prix ? On hésiterait
peut-être à répondre, s'il ne semblait juste de reconnaître en dehors même de leur
opinion exprimée, qu'à chacun de ces points de vue la récompense était méritée.
« Après avoir examiné les deux traditions qui s'étaient partagé l'ancienne France
au point de vue successoral : la tradition romaine et la tradition coutumière, la
première ayant pour base unique la volonté du défunt, la seconde tenant que le
patrimoine appartenait à la famille avant d'être à son détenteur actuel, M. Edouard
Lambert expose l'esprit de la législation du code civil qui a proclamé la liberté de la
propriété individuelle et en a assuré le respect même par delà le tombeau. »
(Extrait de *Dalloz*.)

LANJALLEY (A.), *sous-directeur au ministère des finances* et
G. RENAUX, *attaché au ministère des finances.* — **Recueil des
modifications** au décret du 31 mai 1862, portant règlement général
sur la comptabilité publique. 1re partie, notes explicatives ; 2e partie,
texte du décret, avec addition des articles modifiés, suivie d'une table
analytique des matières. Préface par M. Alfred Blanche, ancien con-

seiller d'Etat, avocat à la Cour d'appel de Paris. 3º édition ; 1 vol. gr. in-8. . . . . 12 fr. 50

LAPLAICHE (A.), *inspecteur particulier de l'exploitation commerciale des chemins de fer.* — **Manuel du candidat à l'emploi de commissaire de surveillance administrative des chemins de fer.** *Cinquième édition.*

1ʳᵉ partie : Etude des matières du programme, 1893. 2ᵉ partie : Solution des questions posées dans les différents concours depuis 1878 jusqu'en 1893. 2 vol. in-12. . . . . , 15 fr. »

— **Manuel du candidat à l'emploi d'inspecteur particulier de l'exploitation commerciale des chemins de fer.** Ouvrage rédigé conformément aux programmes officiels. 3ᵉ *édition,* 1892; 1 vol. in-12, relié en percaline. . . . . 15 fr. »

LA RUELLE (Julien), *ingénieur civil des mines.* — **Exploitation et législation des carrières,** 1887, 1 vol. in-12, relié en percaline.
3 fr. 50

LAURIN et CRESP. — **Droit maritime.** Voyez: CRESP.

LAVENAS. — **Nouveau Manuel des vices rédhibitoires** des animaux domestiques avec leur dénomination et les délais de garantie dans lesquels l'action doit être intentée en France. 2ᵉ édition, revue, augmentée et corrigée, 1838, 1 vol. in-12. . . . . 3 fr. 50

LAVROFF (P.), Le Progrès. — Théorie et pratique, 1893 ; une brochure gr. in-8. . . . . 2 fr. »

— **Quelques survivances dans les temps modernes.** 1897, une brochure, gr. in-8. . . . . 3 fr. 50

LAWRENCE (W B.). — **Commentaire sur les éléments du droit international et sur l'histoire des progrès du droit des gens de M. Wheaton,** précédé d'une notice sur la carrière diplomatique de M. Wheaton, 1868-80, 4 vol. in-8 . . . . 31 fr. 50

LAZARE (B.), Histoire des doctrines révolutionnaires. — Leçon d'ouverture faite le 16 décembre 1895 au collège libre des sciences sociales. 1896, une brochure gr. in-8. . . . . 0 fr. 50

LE BALLEUR (A), *sous-chef de bureau au ministère des finances.* — **Dictionnaire de la perception des amendes** et des condamnations pécuniaires, à l'usage des préfets, sous-préfets, maires, trésoriers généraux, receveurs des finances et percepteurs, etc. 1889. 1 vol. gr. in-8 . . . . 10 fr »

LE CERF (Z.), *sous-chef de bureau à la Préfecture de la Seine.* — **Code manuel des contraventions de grande voirie** et de domaine public. 1888. 1 vol. in-8. . . . . 6 fr. »

LECOUFFE (G.), *avocat à Saint-Omer.* — **L'Avocat du pêcheur.**

2

V. GIARD & E. BRIÈRE, LIBRAIRES-ÉDITEURS

Texte et commentaire des lois et décrets sur la pêche fluviale. 1891. 1 vol. in-16 . . . . 0 fr. 75

« Dans ce livre peu volumineux et d'un format très commode, les amateurs de pêche « trouveront un résumé clair et concis de toutes les dispositions de notre législation « sur la pêche fluviale » (Recueil *Dalloz*.)

— **L'Avocat du chasseur.** Petit traité pratique du droit de chasse. 1889. 1 vol. in-16 . . . . 0 fr. 75

« *L'Avocat du chasseur* est un petit traité pratique du droit de chasser par le « même auteur.
« Les questions de chasse, écrit-il malheureusement avec trop de raison, sont des « questions brûlantes où de petits différends, qu'on devrait toujours terminer par « une transaction, sont souvent envenimés par un esprit de jalousie et de discorde « qu'il n'est pas rare de rencontrer dans l'honorable corporation de saint Hubert. » (*La Défense.*)

— **Chasses réservées.** Étude de droit usuel sur les locations de chasse dans les propriétés de l'État, des communes et des particuliers. Le garde-chasse, ses droits et ses devoirs, la constatation, la poursuite et la répression des délits de chasse. La responsabilité des propriétaires de chasses pour dégâts commis par le gibier. 1891. 1 vol. in-16. 0 fr. 75

« M. Lecouffe vient de faire paraître une intéressante étude de droit usuel, sur « les locations de chasse dans les propriétés de l'État, des communes ou des par- « ticuliers, traitant du garde-chasse, de ses droits et de ses devoirs, de la constata- « tion, de la poursuite et de la répression des délits de chasse, établissant enfin la « responsabilité des propriétaires de chasses pour dégâts commis par le gibier. » (*Bul. agricole.*)

LEFEBVRE (A.), *ministre plénipotentiaire, conseiller d'État, membre de l'Institut*. — **Histoire des cabinets de l'Europe pendant le** Consulat et l'Empire, 1870-75, précédée d'une notice par M. Sainte-Beuve et complétée par E. Lefebvre de Brehaine, 2ᵉ *édition*, 1866-1869. 5 vol. in-8. . . . . 37 fr. 50

LEFEBVRE DE BELLEFEUILLE (E.). — **Code civil annoté** du Canada, tel qu'il a été amendé jusqu'au 21 mars 1889, auquel on a ajouté les autorités citées par les codificateurs et un grand nombre d'autres références aux sources du droit, la jurisprudence des arrêts, diverses annotations et une table alphabétique et anal. des matières. 1889. 1 fort vol. gr. in-8. 1/2 reliure. . . . . 50 fr. »

LÉGISLATION SUR LES ALIÉNÉS. — Tome I : Recueil des lois, décrets et circulaires ministérielles (1790-1879). — Tomes II et III : Discussion de la loi sur les aliénés à la Chambre des députés et à la Chambre des pairs (1837-1838). 1884. 3 vol. gr. in-8. . . . 18 fr. »

LELIGEOIS (A.), *avocat*. — **Répertoire de la science des justices** de paix. Actions possessoires. 1874. 1 vol. in-8 . . . . 10 fr. »

LELONG (A.), *juge de paix du canton de Clères*. — **Commentaire** de la loi du **27 décembre 1892** sur la conciliation et l'arbitrage facultatifs en matière de différends collectifs entre patrons, ouvriers ou employés. Manuel pratique avec formules à l'usage de MM. les juges

de paix, greffiers, patrons, ouvriers ou employés, et syndicats. 1894.
1 vol. in-18. . . . . 1 fr. 50

La loi récente qui a pour but de faciliter aux patrons et aux ouvriers en
litige la constitution d'un comité de conciliation et d'un bureau d'arbitres, n'est
point, quoi qu'on ait dit, condamnée à demeurer stérile ; il était utile d'en
présenter, aux juges de paix chargés de l'appliquer, et aux patrons et ouvriers
qui auront à y recourir, un commentaire simple, pratique, sans prétentions, aisé
à comprendre et à suivre. C'est ce commentaire que vient d'écrire M. A. Lelong,
juge de paix à Clères.

Il ne contient pas de théories juridiques, mais seulement des vues claires et
judicieuses sur la mise en œuvre de la loi, sur la manière de constituer le comité
de conciliation et le bureau des arbitres, sur les moyens de les faire réussir dans
leur œuvre. Ce qui concerne le rôle du juge est particulièrement mis en lumière.
L'ouvrage se termine par des formules que magistrats et parties pourront
employer dans leurs actes, ce qui évitera les lenteurs, les difficultés et les vices
de rédaction. En somme, c'est un service que M. Lelong rend à la cause de la
conciliation et de l'arbitrage, — c'est-à-dire de la pacification sociale, — et il y
a lieu de l'en féliciter.

LEMERCIER (J.), *chef d'escadron de gendarmerie à Amiens*. —
Chasse. Guide pratique du garde particulier, du chasseur et du propriétaire, suivi d'un formulaire de procès verbaux. 3ᵉ *édition*, revue
et augmentée. 1891. 1 vol. in-18. . . . . 1 fr. »

LEMIRE (Ch.). — **Le Peuplement de nos colonies**. 1896. Une
brochure in-18. . . . . 0 fr. 50

LEMOINE (A.), *capitaine de frégate, licencié en droit*. —**Précis de
droit maritime international et de diplomatie**, d'après les documents les plus récents. 1888. 1 vol. in-8 . . . . 6 fr. »

LEMOINE (J.). — **L'Irlande qu'on ne voit pas**. Les fenians et le
fenianisme aux États-Unis. 1893. Une brochure gr. in-8 . . 1 fr. 50

LE PELLETIER (E.), *avocat, juge de paix suppléant du VIIᵉ arrondissement*. — **Code pratique des usages de Paris** ayant force
obligatoire de loi dans les contestations les plus fréquentes entre les
habitants de Paris. *Deuxième édition*. 1891. 1 vol. in-12 .   3 fr. 50

(*Ouvrage honoré des souscriptions du Conseil municipal, de la Préfecture de police, etc.*)

— **Manuel des vices rédhibitoires** des animaux domestiques.
Commentaire théorique et pratique de la loi du 2 août 1884 avec un
formulaire de tous actes et formalités. *Deuxième édition* mise au
courant de la jurisprudence. 1891. 1 vol. in-12. . . . . . 3 fr. 50

(*Ouvrage adopté par le Ministre de la guerre pour les dépôts de
remonte et honoré d'un grand nombre de souscriptions.*)

LE PICAUT (L.), *avocat, docteur en droit*. — **De la Saisie-arrêt**
ou opposition et spécialement en ce qui concerne les appointements,
gages ou salaires. 1 vol. gr. in-8. . . . . 5 fr. »

LERAY (V.), *docteur en droit, répétiteur de droit*. — Exposé
élémentaire des principes du **Code civil**. T. I, gr. in-8.   3 fr. »

— Exposé élémentaire des principes du **Code civil**. T. II. 1 vol. gr. in-8. . . . . 3 fr. »

— Exposé élémentaire des principes du **Code civil**. T. III. 1 vol. gr. in-8. . . . . 3 fr. »

— Exposé élémentaire des principes **de la prescription**. 1 vol. gr. in-8. . . . . 1 fr. »

— Exposé élémentaire des principes du **droit international public**. 1 vol. gr. in-8. . . . . 2 fr. »

— **La loi du 26 juin 1889** et la condition des étrangers. 1 vol. gr. in-8. . . . . 1 fr. 25

— Etude historique sur les **principes de la publicité des hypothèques**. 1 vol. gr. in-8. . . . . 5 fr. »

— Exposé élémentaire des principes du **droit constitutionnel**. 1 vol. gr. in-8 . . . . 2 fr. 50

— Exposé élémentaire de l'**histoire du droit**. 1 vol. gr. in-8. 2 fr. 50

— Exposé élémentaire des **voies d'exécution**. 1 vol. gr. in-8. 2 fr. 50

— Exposé élémentaire des principes du **droit pénal**. 1 vol. gr. in-8. 2 fr. 50

— Exposé élémentaire des principes du **droit commercial**. 1 vol. gr. in-8. . . . . 3 fr. »

— Exposé élémentaire des principes du **Code civil** contenant le développement des trois années de licence. 1 vol. gr. in-8. 6 fr. »

— Examens de doctorat. **Interrogations**. Droit romain. Broch. gr. in-8. 1 fr. 25

— Examens de doctorat. **Interrogations**. Droit français. Broch. gr. in-8. . . . . 1 fr. 25

LESCUYER (P.), *vice-président du Conseil de préfecture de l'Aude*. — **Manuel pratique d'administration communale** ou commentaire de la loi du 5 avril 1884 avec le texte des lois, décrets et ordonnances demeurés en vigueur. *2e édition*, contenant un recueil alphabétique des documents législatifs et administratifs parus de 1884 à 1891 et de nature à intéresser les maires, adjoints, conseillers municipaux et secrétaires de mairie, par E. COSSON, avocat à la Cour d'appel de Paris. 1891. 1 vol. gr. in-8. . . . . 8 fr. »

Ce commentaire de la loi du 5 avril 1884 est l'un des plus complets qui aient été publiés sur la nouvelle organisation municipale.

Il s'ouvre par une introduction historique, après est reproduit le texte de la loi du 5 avril 1884. Puis l'auteur, entrant dans le cœur du sujet, étudie successivement la commune, les conseils municipaux, les maires, les adjoints et leurs attributions, la comptabilité municipale. Cette première partie, très substantielle, se termine par la reproduction des lois, décrets et ordonnances restés en vigueur, et par les circulaires ministérielles relatives à l'application de ladite loi de 1884.

Ce travail est l'œuvre de M. Lescuyer. Par l'analyse sommaire que nous faisons des matières diverses par lui passées en revue, on devine de quelle utilité il ser tout d'abord pour les maires, les conseillers municipaux, les secrétaires de mairie. Les juges de paix pourront, eux aussi, le consulter avec fruit ; la loi de 1884 les intéresse, en effet, dans une foule de cas ; et, ce *Manuel pratique* sera pour eux l'un des meilleurs guides auquel ils devront avoir recours.

La seconde partie de ce volumineux ouvrage est due à M. Cosson ; elle a pour rubrique : *Recueil alphabétique des documents législatifs et administratifs parus de 1884 à 1891.* Là, depuis le mot *abattoir* jusqu'au mot *voies ferrées* se trouvent groupés tous les documents publiés de la promulgation de la loi à nos jours.

Grâce à cette heureuse collaboration, rien n'a été omis de ce qui touche à l'administration communale et les lecteurs trouveront la solution de toutes les difficultés. Aussi, un succès très mérité paraît-il assuré à l'œuvre commune de MM. Lescuyer et Cosson.

LE SENNE, *avocat, docteur en droit*. — **Code des brevets d'invention**. Dessins et marques de fabrique ou de commerce en France et à l'Étranger renfermant le commentaire de la loi française sur les brevets ; le texte de cette loi avec les instructions ministérielles ; le texte avec un sommaire de la législation sur les dessins de fabrique ; le texte avec un sommaire de la nouvelle loi française sur les marques de fabrique ou de commerce ; le texte avec sommaire de toutes les lois étrangères connues sur les brevets et les marques. 1869. 1 vol. in-8. . . . . 5 fr. »

LE SENNE (N.). — **Répertoire de la science des justices de paix**. Conseil de famille. 1880. 1 vol. in-8. . . . . . . 10 fr. »

LEVAREY et HAUTMONT. — Transports maritimes. Voy. Hautmont.

LEVASSEUR (É.), *de l'Institut*. — **Un essai d'économie sociale**, par un Américain. 1896. Brochure gr. in-8. . . . . 1 fr. »

LIESSE (A.), *Rédacteur au Journal des Économistes, Professeur à l'école spéciale d'Architecture*. — **Leçons d'Économie politique**, avec une préface de M. Courcelle-Seneuil de l'Institut, 1892. Un vol. in-8. . . . . 3 fr. »

« Dans ce petit volume on trouvera, très condensés, les principes de la science économique, nettement séparés de leur application. Des formules qui simplifient la démonstration sans la remplacer, sont pour la mémoire et l'intelligence d'un puissant secours. Les développements donnés à l'administration des entreprises, au crédit et aux Banques, rendent ce livre précieux pour les élèves des écoles professionnelles, des écoles d'architecture, d'arts et métiers, etc., etc., et en général pour tous ceux qui veulent embrasser des carrières commerciales et industrielles. Les leçons consacrées à la participation aux bénéfices et au problème de la délimitation des attributions de l'État et de celles des particuliers ont un véritable caractère d'actualité. » (*Bull. du baccalauréat*, janvier 1892.)

LILIENFELD (P. de), *Vice-président de l'Institut international de Sociologie*. — **La Pathologie sociale**, 1896. Un vol. in-8, reliure souple spéciale. . . . . 8 fr. »

— **Le même ouvrage broché**. . . . . 6 fr. »

☞ *Cet ouvrage fait partie de la Bibliothèque sociologique internationale.*

M. P. de Lilienfeld vient de donner un complément à son grand traité « Pensées sur la science de l'avenir » en composant un nouveau volume sur la *Pathologie sociale*, et le public français doit lui être reconnaissant d'avoir écrit en notre langue, qu'il manie parfaitement, cette étude sur l'un des plus passionnants problèmes de l'heure présente.

La méthode de M. Paul de Lilienfeld est celle dont a fait usage, dans son dernier livre, M. René Worms, lequel a, du reste, mis une préface à l'ouvrage du savant russe. Cette méthode voit dans les sociétés des Organismes vivants, soumis aux lois de la biologie générale comme tous les autres, susceptibles par conséquent d'éprouver des maladies analogues à celle des êtres individuels et d'être guéris par des remèdes comparables à ceux qui sont employés pour ceux-ci.

Après avoir posé les principes de son système, M. de Lilienfeld cherche les causes générales des maladies sociales. Il les trouve dans les altérations des deux tissus sociaux et fondamentaux, qu'il nomme le système nerveux social et la substance sociale intercellulaire. Puis il suit ces maladies dans les diverses sphères de l'existence collective, en décrivant par le menu celles qui atteignent la vie économique, la vie politique et la vie juridique des êtres sociaux.

Dans une partie ultérieure de son livre, intitulée: « *Thérapeutique sociale* », il s'efforce d'indiquer les remèdes à employer contre les dangers qui menacent les sociétés. Sa comparaison de l'art de l'homme d'Etat avec l'art du médecin est, à cet égard, des plus instructives. Il y a lieu de signaler aussi les pages qu'il a consacrées à la possibilité d'une réconciliation entre la religion et la science, pages qui ne laisseront pas indifférents ceux mêmes qui n'en partageraient pas les tendances ou les conclusions.

Cet important ouvrage n'est pas seulement de ceux qui feront avancer la *science* sociale. Il contribuera aussi, par son caractère pratique, à montrer les *applications* dont elle pourrait faire l'objet pour la réforme et le progrès des sociétés contemporaines.

LIOUVILLE, *Avocat*. — **Abrégé des règles de la profession d'avocat**, 1883, un vol. in-12 . . . . 5 fr. 50

LOI sur le recrutement de l'armée avec les annexes (15 juillet 1889), un vol. in-32 . . . . 0 fr. 50

LORIA (A.), *Professeur d'Economie politique à l'Université de Padoue*. — **Darwinisme social**. 1896. Une brochure gr. in-8. 1 fr. »

LOUIS et **MANUEL**. — **Frais de justice**. Voy. MANUEL.

LOUPIAC (P.). — **La Criminalité et le Criminel**, 1891. Un vol. in-12 . . . . 2 fr. »

LOUTCHISKY (G.), *Professeur d'histoire à l'Université de Kiew*. — **Etudes sur la propriété communale dans la petite Russie. I. La copropriété de famille**, 1895; une brochure gr. in-8. . . . 1 fr. 50

LYALL (Sir. A.-C.) — **Etudes sur les mœurs religieuses et sociales de l'Extrême-Orient**, traduit de l'anglais, 1885. Un vol. in-8 12 fr. »

LYON-CAEN (Ch.) et **RENAULT** (L.), *professeurs à la Faculté de droit de Paris et à l'Ecole des sciences politiques*. — **Manuel de droit commercial**. *Quatrième édition*. 1896. 1 vol. in-8. 12 fr. »

━ **Traité de droit commercial**. L'ouvrage formera 8 volumes in-8. Ont paru : Tome I. Des actes de commerce, 1889. — Tome II. Des sociétés, 1890. — Tome III. Règles générales sur les contrats commer-ciaux, 1891. — Tome IV. Des lettres de change. Des billets à ordre. Des chèques. Des opérations de banque. Du compte courant. Des bourses et des opérations de bourse, 1893. — Tome V. Des navires. Des proprié-taires de navires et de leur responsabilité. Des gens de mer. Du capitaine. De l'affrètement, 1894. — Tome VI. Des avaries et de leur règlement. Des abordages. Des assurances maritimes. Du prêt à la grosse. De l'hypothèque maritime. Des privilèges sur les navires, 1896. 6 vol. in-8. . . . . 60 fr. »

L'ouvrage complet aura environ 8 volumes qui paraîtront très rapidement.

La première édition de cet ouvrage, publiée sous le titre de *Précis de droit commercial*, a été couronnée par l'Académie des sciences morales et politiques (Prix Wolowski). Les auteurs se sont proposé de le mettre au courant de la législation et de la jurisprudence, en même temps que de le compléter sur certains points, spécia-lement en ce qui concerne le droit étranger et le droit international privé. Ils ont fait, en outre, rentrer dans leur cadre, des matières qui, bien que n'étant pas réglées en France par le Code de commerce ou même par une loi quelconque, ont un intérêt de plus en plus grand pour les commerçants et les industriels.

Les volumes comprendront les matières suivantes:

I. Des actes de commerce et des commerçants. De la juridiction commerciale.— II. Des sociétés commerciales.— III et IV. Des contrats commerciaux (vente, gage, com-mission, transport, effets de commerce, opérations de banque et de bourse).— V. Du commerce maritime. — VI. Des assurances non maritimes, spécialement des assurances contre l'incendie et des assurances sur la vie.— VII. Des faillites et banqueroutes.— VIII. De la propriété industrielle (brevets d'invention, dessins et modèles indus-triels, des marques de fabrique et de commerce, du nom commercial). Chaque vo-lume sera suivi d'une table analytique détaillée.

M

MALAPERT (F.), *docteur en droit, avocat*. — **Histoire de la législation des travaux publics.** 1880. 1 vol. gr. in-8. 10 fr. »

MALON (B.). — **L'Internationale, son histoire et ses principes.** 1895. Une brochure in-18. . . . . 0 fr. 30

« L'Internationale, son histoire et ses principes est une réédition d'une brochure extrêmement intéressante parue en janvier 1872 et dans laquelle, après l'historique des faits qui marquèrent la vie de l'Internationale, Malon résume et définit avec la plus grande lucidité la politique socialiste de l' « *Internationale* ».

—— **La Morale sociale**, avec préface de J. Jaurès et bibliographie de L. Cladel. 1895. 1 vol. in-18. . . . . 3 fr. 50

Selon sa méthode ordinaire de consultation historique, Malon s'est efforcé de saisir, aussi bien dans les conceptions sociologiques modernes et contemporaines que chez les penseurs des grandes religions et des grandes philosophies du passé, les divina-tions du caractère social de la morale, les traces d'appel à la sociabilité, à l'altruisme, au dévouement social, à la conscience des droits de l'espèce. ·

Cette réédition de la *Morale sociale* est précédée d'un portrait très ressemblant de l'auteur, d'une magnifique introduction de Jaurès, et de quelques pages de Léon Cladel, qui sont parmi les dernières qu'ait écrites le grand écrivain qui avait voulu se constituer le Plutarque de Malon.

**MANDELLO (J.). Essai sur la méthode des recherches sociolo-
giques,** 1 vol. in-8. (*Bibliothèque sociologique internationale.*) Sous
presse.

— **Le Mouvement social en Hongrie.** 1894. br. gr. in-8 . . 1 fr. »

MANOLESCO (M.). — De la subrogation légale résultant de
l'art. 1251-3°. 1882. 1 vol. gr. in-8. . . . . 2 fr. 50

MANOUVRIER, *Professeur à l'école d'anthropologie.* — **L'Anthro-**
pologie et le droit. 1894. Une brochure, gr. in-8 . . . . . 2 fr. »

MANUEL DE PRÉPARATION AUX ÉCOLES SUPÉ-
RIEURES DE COMMERCE, contenant le développement des programmes officiels des concours d'entrée (arithmétique, algèbre, géo-
métrie, physique, chimie, géographie, histoire, comptabilité), 2 vol.
in-8, reliés en percaline gaufrée . . . . 10 fr. »

MANUEL DE PRÉPARATION POUR L'EXAMEN DES
DOUANES, par un employé de la direction générale des Douanes.
1892. 1 vol. in-8 . . . . 2 fr. »

MANUEL (E.) et LOUIS (R.), *Docteurs en droit, Avocats.* — **La**
Réforme des frais de justice. Commentaire théorique et pratique
des articles 4 à 25 de la loi des finances du 26 janvier 1892, 2 *édition,*
augmentée de la circulaire de la chambre des avoués du 17 juin 1892
(Règlement d'administration publique), des tableaux comparatifs des
frais entre l'ancienne et la nouvelle législation. 1892. 1 vol. in-18. 3 fr.

« Voici déjà un commentaire très étudié des articles 4 à 25 de la loi de finances
« du 26 janvier 1892 portant réforme des frais de justice.
« Après des prolégomènes très complets sur les origines et la portée de la
« réforme à laquelle l'éminent député de Paris, M. Brisson, a attaché son nom,
« MM. Manuel et Louis examinent les dégrèvements apportés par la loi des finances
« dans le coût des procédures, c'est-à-dire la suppression des droits de greffe et des
« dispositions indépendantes ; ils passent en revue, les actes complètement affranchis
« de tous droits perçus au profit du Trésor public, ceux qui sont entièrement affranchis
« du droit de timbre et partiellement dégrevés des droits d'enregistrement, ceux qui
« sont partiellement dégrevés du droit d'enregistrement et enfin ceux qui sont partiel-
« lement dégrevés des droits de timbre ; le commentaire se termine par l'étude appro-
« fondie des taxes compensatrices des dégrèvements. »

MARCILLAC (Ch. de), *caissier-payeur central du Trésor.* — **La**
Caisse centrale du Trésor public, avec la collaboration de Henri
GUFRNAUT, sous-chef de bureau à l'administration centrale. 1890. 1 vol.
gr. in-8, de 682 pages, ... 12 fr. »

. . (*Ouvrage publié avec l'autorisation du ministre des finances.*)

MARIE (J.), *avocat, professeur à la Faculté de droit de Caen.* —
Éléments de droit pénal et d'instruction criminelle. 1896.
1 vol. in-18 . . . . 6 fr. »

En un volume de moins de cinq cents pages de petit format, M. Marie a condensé
l'exposé clair et méthodique des principes de droit pénal et de l'instruction criminelle.
L'ouvrage comporte une introduction et quatre parties.
L'introduction est consacrée à une esquisse historique et à une étude rapide sur le

droit de punir, son fondement rationnel et sa légitimité. L'auteur, qui pense qu'en matière pénale « il faut se garder des utopies décevantes, des théories hasardées et des résultats que la pratique n'a point éprouvés », en reste, en ce qui concerne le fondement du droit de punir, à ce principe, démodé au gré de quelques-uns, que la société n'a droit sur le délinquant qu'autant qu'il y a faute morale et dans la proportion du trouble résultant de cette faute.

La première partie du livre traite des personnes punissables et des éléments de l'incrimination ; — c'est-à-dire des principes généraux du droit pénal : classification des infractions, tentative, éléments constitutifs des infractions, causes de justification et d'excuse, coopération et complicité.

La deuxième partie est consacrée à l'étude des peines, des circonstances qui les aggravent et celles qui les atténuent.

La troisième partie s'occupe de la procédure pénale, tant la procédure préparatoire que la procédure devant les diverses juridictions.

La quatrième partie s'occupe de l'exécution des peines, et du régime pénitentiaire.

C'est donc un traité complet quoique succinct de droit pénal que ce livre modestement intitulé *Éléments du droit pénal et d'instruction criminelle.* C'est aussi un traité exactement au courant de la jurisprudence la plus récente. Ouvrage d'enseignement, il s'adresse à tous ceux qui ont besoin d'apprendre ou de se remémorer les principes du droit pénal et de l'instruction criminelle.

MARNIER (A.-J.), *avocat et bibliothécaire de l'ordre des avocats.* — **Le Conseil de Pierre de Fontaines** ou traité de l'ancienne jurisprudence française. Nouvelle édition publiée d'après un manuscrit du xiiie siècle avec notes explicatives du texte et des variantes. 1846. 1 vol. in-8. . . . . 5 fr. »

MARTENS (baron Ch. de). — **Le Guide diplomatique.** Précis des droits et des fonctions des agents diplomatiques et consulaires, suivi d'un traité des actes et offices divers qui sont du ressort de la diplomatie, accompagné de pièces et documents proposés comme exemples. *Cinquième édition* entièrement refondue par M. H. Geffcken, ministre résident des villes hanséatiques près la cour de Prusse. 1866. 2 tomes en 3 vol. in-8 . . . . 17 fr. »

— **Causes célèbres du droit des gens,** 2e *édition*, revue, corrigée et augmentée, 1858-61, 5 vol. in-8. . . . . 52 fr. »

MARTENS (Ch. de) et **de Cussy.** Recueil manuel et pratique des traités, conventions et autres actes diplomatiques sur lesquels sont établies les relations entre les divers États du globe depuis 1760 jusqu'à l'époque actuelle. 1846-87, 1re série 7 vol. et 2e série 3 vol. ensemble 10 vol. in-8. . . . . 130 fr. »

La deuxième série seule :

Tomes 1, 2 et 3. 1887, in-8 . . . . 50 fr. »

MARTIN (J.), *notaire.* — **Guide** théorique et pratique général et complet des **Clercs de Notaire** et des aspirants au notariat. 1895. 1 vol. in-18. . . . . 3 fr. »

Indiquer aux clercs de notaire les règles et les conditions de la cléricature, les devoirs qu'elle impose, la discipline à laquelle la loi les soumet, les écoles dont les cours leur sont utiles et les ouvrages de droit dans lesquels ils pourront puiser l'instruction juridique qui leur est nécessaire ; puis décrire les formalités à remplir pour l'obtention du titre de notaire, les pièces exigées dans ce but par les parquets et la chancellerie, les conditions spéciales du notariat aux colonies, tel a été le double objectif de M. Martin, notaire à Persac, et auteur de ce *Guide.* On y trouve des renseignements intéressants sur les diverses écoles libres de notariat qui existent en France et sur l'association de « la Basoche » fondée à Paris, en 1884, pour venir en aide aux clercs de notaire.

Cet ouvrage est le *vade-mecum* de tous les clercs de notaire : il leur est indispensable, et nous ne doutons pas qu'eu égard à son prix indiqué, il ne soit bientôt entre les mains de toute la cléricature. (Extrait du *Dalloz*.)

MARTIN (Louis), *avocat, professeur libre de droit.* — **Précis élémentaire de droit constitutionnel**, suivi du texte des constitutions et déclarations des droits de l'homme de 1791 et 1793, du projet de déclaration de Condorcet, de la constitution des Etats-Unis et de la constitution Suisse. 1891. 1 vol. in-8. . . . . 6 fr. »

(Ouvrage honoré de la souscription du ministère de l'instruction publique et du Conseil municipal de Paris.)

MARTINET (Antony), *sous-préfet de Cherbourg.* — **Les différentes formes de l'impôt sur le revenu.** 1888. 1 vol. gr. in-8. 3 fr. 50

— **Les Sociétés de secours mutuels et les assurances ouvrières.** 1891. 1 vol. gr. in-8. 5 fr. »

MARX (Karl). — **Critique de la philosophie du droit de Hegel.** 1895. Une broch. gr. in-8. . . . . 1 fr. »

— **Misère de la philosophie.** Réponse à la Philosophie de la misère de Proud'hon. 1897. 1 vol. in-18 . . . . 3 fr. 50

☞ Ce volume fait partie de la *Bibliothèque socialiste internationale.*

MASSELIN (O.), *entrepreneur de travaux publics.* — Nouvelle jurisprudence et traité pratique sur les **murs mitoyens.** Livre principal, in-8. . . . . 10 fr. »
Supplément n° 1. . . . . 2 fr. »
     »   nos 2, 3, 4. . . . . 6 fr. »
     »   nos 5, 6, 7. . . . . 6 fr. »
     »   nos 8, 9, 10 . . . . 6 fr. »
Album explicatif. . . . . 4 fr. »
Répertoire alphabétique. . . . . 1 fr. »

— Nouvelle jurisprudence sur les **devis dépassés** et travaux supplémentaires. 1 vol. in-8. . . . . 6 fr. »

— Nouvelle jurisprudence et traité pratique sur les **honoraires des architectes,** experts, ingénieurs, etc., en matière de travaux publics et particuliers. Livre principal, 1 vol. in-8. . . . . 12 fr. »
Supplément nos 1 et 2, un vol. in-8. . . . . 4 fr. »

— Nouvelle jurisprudence et traité pratique sur les **locations mobilières et immobilières.** Premier volume. *Obligations des propriétaires.* In-8, 10 fr. Deuxième volume. *Obligations des locataires,* concierges, voisins, domestiques, etc. Réparations locatives. In-8. 20 fr. »

— Nouvelle jurisprudence et traité pratique de la **prescription décennale** en matière de responsabilité des architectes, entrepreneurs, ingénieurs, experts, arbitres, etc. 1 vol. in-8. . . . 8 fr. »

— Législation et jurisprudence sur le **privilège de constructeur** au profit des architectes, entrepreneurs, ouvriers et du privilège au profit des communes, employés, agents, etc. 1 vol. in-8. . . 6 fr. »

— Nouvelle jurisprudence et traité pratique sur les **responsabilités des architectes**, ingénieurs, entrepreneurs, arbitres, etc., en matière de travaux publics et particuliers. Livre principal, gr. in-8. 12 fr.
Supplément, nos 1, 2, 3. . . . . 6 fr. »
» nos 4, 5, 6, gr. in-8. . . . . 6 fr. »

— **Dictionnaire juridique des banquiers**, agents de change, coulissiers, 2 vol. in-8. 24 fr. »

— **Dictionnaire juridique** de la législation et de jurisprudence sur le **mariage**, le **divorce**, la séparation de corps et de biens, le conseil judiciaire, l'interdiction et les aliénés, 2 vol. in-8. . . . . . 20 fr. »

— **Dictionnaire du Métré**. *Terrasse et maçonnerie*. In-8. 10 fr. »
Charpentes en bois, texte. In-8 . . . . 10 fr. »
» » album. . . . . 2 fr. »
Serrurerie et quincaillerie, in-8. . . . . 10 fr. »

— **Dictionnaire juridique** de législation et de jurisprudence sur la vente, l'échange, le louage, le dépôt, la mise en gage des animaux domestiques destinés au travail et à la consommation. Vices rédhibitoires et autres, etc. 1 vol. in-8. . . . . 12 fr. »

— Dictionnaire juridique sur le **contentieux pratique et usuel des architectes**, entrepreneurs et vérificateurs, 2 vol. in-8. . . 24 fr. »

— **Formulaire d'actes** pour constitution de sociétés et prix de revient de construction d'immeubles. Livre principal. In-8. . . . . 6 fr. »

— **Formules de statuts**, pour Sociétés anonymes. In-8. . . 4 fr. »

— **Formules** pour Sociétés en commandite. . . . . 4 fr. »

MASSONIÉ (G.), *docteur en droit, avocat à la Cour d'appel d'Alger.*
— **De la reconnaissance des enfants illégitimes** (naturels, adultérins et incestueux). Ouvrage contenant, avec l'étude des principes, un tableau complet de la doctrine et de la jurisprudence, ainsi que des législations étrangères. 1890. 1 vol. in-8. . . . . 6 fr. »

« Le livre de M. Massonié est divisé en deux parties.
« Dans la première, il traite de la reconnaissance des enfants naturels simples,
« et dans la seconde de la reconnaissance d'enfants adultérins ou incestueux. Il
« termine par l'exposé très curieux de la législation comparée et par un examen
« critique de la loi.
« Nous signalons particulièrement l'exposé méthodique de la théorie de la nul-
« lité absolue de la reconnaissance d'enfants adultérins ou incestueux et le déve-

« loppement de l'opinion de M. Massonié consistant à accorder certains effets à
« cette reconnaissance.

« M. Massonié sera certainement récompensé de son labeur par l'intérêt immense
« qui s'attache à son ouvrage. Nous recommandons celui-ci, non seulement à tous
« ceux qui s'occupent de droit, mais encore à toutes les personnes qui s'intéres-
« sent à une des questions sociales les plus piquantes. »

MATHIEU, *juge à la Cour supérieure de Montréal, professeur à la
Faculté de droit de Montréal.* — **Rapports judiciaires revisés
de la province de Québec.**

> *Cet ouvrage formera 25 volumes gr. in-8, reliés, paraissant succes-
> sivement tous les trois mois.* Conditions de la souscription :
> chaque volume relié . . . . 32 fr. »
> Ont paru les tomes 1 à 17.

MAUGRAS (A.), *avocat publiciste.* — **Code manuel des électeurs
et des éligibles.** Guide pratique à l'usage des officiers municipaux
et indispensable à quiconque veut faire valoir ses droits électoraux ou
solliciter un mandat électif, comprenant : les élections municipales,
départementales, législatives, les élections consulaires, les élections
des conseils de prud'hommes, des chambres de commerce et des
chambres consultatives des arts et manufactures, *avec formules. Ouvrage mis au courant de la jurisprudence la plus récente concernant
cette matière.* 1893, 1 vol. in-18. . . . . 3 fr. »

De tous les ouvrages de ce genre, celui de M. Maugras est certainement le plus
complet et le plus pratique. C'est le plus complet, car il embrasse toute la législation
électorale relative au Sénat et à la Chambre des députés, aux conseils généraux,
aux conseils d'arrondissement, aux conseils municipaux, aux tribunaux de commerce,
conseils de prud'hommes, chambres de commerce et chambres consultatives des arts
et manufactures. C'est aussi le plus pratique, parce qu'il ne se borne pas à fournir
pour tous les cas la règle juridique : il y ajoute le moyen de la mettre en action, la
formule qu'il convient d'employer dans chaque hypothèse. Ce petit livre est ainsi de
nature à rendre service à bien des électeurs.

— **L'Avocat des communes et des administrés des communes,**
Guide pratique traitant de la législation et de l'administration commu-
nales, du rôle de tous les agents, employés, fonctionnaires municipaux.
Des attributions du maire, comme officier de l'état-civil, comme agent
du gouvernement, comme officier de police judiciaire, *Ouvrage tenu
au courant des lois et arrêts les plus récents, et suivi d'un répertoire
alphabétique des questions usuelles d'administration et de police municipales.* 1895. Un vol. in-12, broché . . . . 4 fr. »

— **Le même, relié, cartonnage anglais,** . . . . 4 fr 50

— **L'Avocat de la famille.** Guide pratique traitant des droits et des
obligations légales de la famille, des formalités judiciaires qu'ils com-
portent, des frais de toute nature auxquels ils donnent lieu, contenant
l'indication de toutes les pièces qu'ils nécessitent, des modèles de tous
les actes qui s'y rapportent. *Ouvrage tenu au courant des lois et arrêtés
les plus récents, et suivi d'un Index-Vocabulaire des termes de droit
usités dans les affaires de famille,* 1894. Un vol. in-12 . . . 4 fr. »

— **Le même, relié, cartonnage anglais** . . . . 4 fr. 50

MAZIMANN (Auguste). — **Le Socialisme de l'avenir ou la Mutualité par l'Etat.** 1884. Une brochure in-8 . . . . 0 fr. 15

MENEAU (A.). — **Les Contes d'un toqué.** Souvenir de basoche 1894. 1 vol. in-18. . . . . 3 fr.

Très agréable causeur et très fin de siècle, M. Meneau nous fait passer d'excellents moments; ses récits sont un reflet de cette vie du Palais où l'on voit s'asseoir sur le même banc, successivement ou pêle-mêle, les malfaiteurs sinistres et les joyeux pervertis, les criminels et les victimes du sort, les filles perdues et les financiers illustres. Les contes d'un « toqué » sont un écho de ces contrastes et l'on ne peut que remercier M. Meneau de les avoir écrits et de les avoir puisés à Paris et à Alger.

MÉTÉRIÉ-LARREY. — **Les Emplois publics.** Guide des aspirants aux carrières administratives, composition et recrutement des diverses administrations françaises, effectif, hiérarchie et traitement du personnel; programmes d'admission à tous emplois, aux divers surnuméroriats, aux écoles préparatoires, aux bourses, etc. *Deuxième édition.* 1888; 1 vol. in-12. . . . . 4 fr.

MILHAUD (L.), *docteur en droit, juge suppléant au tribunal de Nancy.* **De la protection des enfants sans famille** (Enfants assistés et enfants moralement abandonnés). 1896. 1 vol. in-8 . . . . . 6 fr.

Parmi les problèmes qui occupent actuellement les hommes soucieux de l'avenir, il n'en est point d'aussi digne d'intérêt que la question de la protection de l'enfance. A la suite des publicistes de toutes les opinions, M. Léon Milhaud dénonce le double péril qui menace la société française : le défaut d'augmentation de la population en France et la progression constante des crimes et délits commis par des enfants mineurs.

Son livre sera certainement lu avec un vif intérêt par les hommes politiques qui savent que le vote du projet de loi relatif aux Enfants assistés constituerait une des réformes les plus salutaires et les plus bienfaisantes de la République.

Ce livre sera surtout précieux pour les inspecteurs des Enfants assistés, qui y trouveront la solution de toutes les questions délicates relatives à leurs fonctions. M. Léon Milhaud a, en effet, réuni tous les textes épars qui régissent la matière. Nous signalons spécialement aux inspecteurs des Enfants assistés le chapitre consacré aux questions financières et de la comptabilité du service. Nous leur recommandons également la lecture de la troisième partie, consacrée aux Enfants moralement abandonnés, et dans laquelle l'auteur critique le peu d'empressement de la part de l'Administration à faire usage de cette loi.

Ce livre appelle également l'attention des magistrats, des avocats, des jurisconsultes, par sa forme juridique. Nous leur indiquons notamment le soin minutieux avec lequel M. Léon Milhaud a indiqué les difficultés de procédure soulevées par la loi de 1889, et les reproches que l'auteur adresse à la magistrature de province de ne pas imiter la magistrature de Paris et de ne se soucier, en présence de jeunes délinquants, que de la répression du délit, au lieu de songer, par une entente avec l'Administration, à préserver les mineurs de seize ans des dangers de la récidive par l'envoi en correction ou l'application de la loi de 1889.

Intéressant pour les hommes politiques, nécessaire pour les inspecteurs des Enfants assistés, utile pour les magistrats, ce livre rendra service aux nombreuses sociétés qui se préoccupent de la protection de l'enfance, et grâce à la clarté du style cet ouvrage est accessible aux esprits les plus étrangers à la science juridique, qui trouveront à le consulter plaisir et profit.

— **Les Questions ouvrières.** Les réformes possibles et pratiques dans les questions ouvrières. 1894. 1 vol. in-18 . . . . . . 2 fr. 50

Comme le dit l'auteur, « la nécessité de faire des lois et d'accomplir des réformes en faveur des travailleurs de toutes catégories est plus que jamais rappelée, à l'heure actuelle, soit dans la presse, soit au Parlement ». Le but de M. Léon Milhaud est d'exposer les réformes possibles et pratiques, sans s'inféoder ni à l'école libérale, qui enseigne l'abstention de l'État au nom de la liberté, ni à l'école socialiste, qui réclame son intervention au nom d'une prétendue justice sociale.

(Gazette des Tribunaux.)

— **La Question des courses de taureaux**, devant la cour de cassation. 1895. Une brochure in-8 . . . . 1 fr. »

« Cette brochure fera plaisir aux Méridionaux et aux afficionados. L'auteur critique le récent arrêt de la Cour de cassation, son système est sûrement ingénieux, il est peut-être vrai.

« Elle est digne de l'attention des juristes, car l'auteur invoque uniquement en faveur de sa thèse des arguments de Droit, et le raisonnement sur cette question fantaisiste est toujours juridique et sérieux ».

MIGNAULT (P.-B.), *avocat à Montréal*. — **Manuel de droit parlementaire** ou Cours élémentaire de droit constitutionnel, précédé d'une esquisse historique parlementaire en France et au Canada. 1889. 1 vol. in-12. Cartonnage anglais . . . . 15 fr. »

MILLET (D.), *contrôleur principal des contributions directes*. — **Conférences écrites sur les contributions directes** pour la préparation aux examens des surnuméraires-contrôleurs. *Deuxième édition*, 1879. 1 vol. in-12. 4 fr. »

MILLION (L.). — **Répertoire de la science des justices de paix. Greffes et greffiers des justices de paix et des tribunaux de simple police**. 1873. 1 vol. in-8 . . . . 10 fr. »

— **Aide-mémoire à l'usage des justices de paix et des greffiers de justice de paix**. 1879. 1 vol. in-18 . . . . 3 fr. »

MILLION et BEAUME. — **Dictionnaire général de la compétence des juges de paix**, *quatrième édition*, 8 vol. in-8 . 88 fr. »

MONIN (H.). *docteur ès lettres, professeur au collège Rollin et à l'Hôtel de Ville*. — **Une épidémie anarchiste sous la Restauration**. Étude sur le *Système d'incendie* de 1830. Une brochure grand in-8. . . . . 2 fr. »

MONTEIL (G.). *docteur en droit, avocat à la Cour d'appel*. — **Essai sur la force probante des registres et papiers domestiques**. 1890. 1 vol. gr. in-8 . . . . 2 fr. 50

MOREUIL (L.-J.-A. de). — **Dictionnaire des chancelleries diplomatiques et consulaires** à l'usage des agents politiques français et étrangers et du commerce maritime, rédigé d'après les lois, ordonnances, instructions et circulaires ministérielles, et complété au moyen de documents officiels. 1859. 2 vol. in-8 . . . . 16 fr. »

MORGAND (L.), *chef de bureau au ministère de l'intérieur*. — La

Loi municipale. Commentaire de la loi du 5 avril 1884 sur l'organisation et les attributions des conseils municipaux. — Tome Ier : *Organisation*. — Tome II : *Attributions et comptabilité*. *Cinquième édition*. 1896. 2 vol. in-8. . . . . 15 fr. »

MORLOT (E.), *docteur en droit, auditeur au Conseil d'Etat*. — **Précis des Institutions politiques de Rome**, depuis les origines jusqu'à la mort de Théodose. 1886. 1 vol. in-8. . . . . . . 3 fr. 50

MOURLON (F.). — **Répétitions écrites sur l'organisation judiciaire, la compétence et la procédure** en matière civile et commerciale, contenant l'exposé des principes généraux, leurs motifs, la solution des principes théoriques, suivies d'un formulaire. *Cinquième édition* entièrement refondue, complétée et mise au courant par M. E. Naquet. 1885. 1 fort vol. in-8. . . . . 12 fr. 50

N

NICOLAS (Ch.), *ingénieur en chef des ponts et chaussées en retraite*. — **Les Budgets de la France**, depuis le commencement du XIXe siècle. Tableaux budgétaires. 1883. 1 vol. in-4 . . . . . . 30 fr. »

NITTI (Fr.-S.), *professeur à l'Université de Naples, directeur de la Riforma sociale*. — **La Population et le Système social.** 1897. 1 vol. in-8. Reliure souple spéciale. . . . . 7 fr. »

⚊ **Le même ouvrage,** broché. . . . . 5 fr. »

☞ Ce volume fait partie de la *Bibliothèque sociologique internationale*.

Le problème de la population est, pour la France, d'une pressante actualité. D'un côté, le taux de notre natalité décroît, ce qui constitue pour nos armées une cause d'infériorité des plus sérieuses. De l'autre, l'immigration étrangère vient faire à nos nationaux, sur notre propre sol, une redoutable concurrence. La force et la prospérité d'un Etat paraissent découler, de plus en plus, du chiffre et de la nature de sa population. Dans ces circonstances, l'édition française du remarquable volume du professeur Nitti, qui a obtenu en Italie un grand succès, vient tout à fait à son heure.

Dans une première partie, l'auteur expose et discute les principales doctrines émises avant lui sur le sujet : les fameuses progressions de Malthus, les hypothèses biologiques de Darwin et de Spencer, les vues de Karl Marx, la théorie de la capillarité de M. Arsène Dumont, etc...

Dans la seconde, il édifie son système propre. Il analyse les divers facteurs — économiques, moraux, politiques, etc... — qui agissent sur la natalité. Il écarte le chimérique danger qu'elle soit jamais trop forte et montre, dans des réformes de divers ordres, le moyen de la relever à un niveau normal si elle se trouve parfois trop faible.

⚊ **Le Travail humain et ses lois.** 1895. Une brochure gr. in-8. 2 fr. »

NOEL (O.), *professeur à l'Ecole des hautes études commerciales*. — **Les Chemins de fer en France et à l'Etranger.** Etude financière et statistique. 1887. 1 vol. in-12. . . . . 5 fr »

— **Les Banques d'émission en Europe.** Tome Ier : Grande-Bretagne, France, Allemagne, Autriche-Hongrie, Belgique. 1888. 1 vol. gr. in-8 . . . . 18 fr. »

— **La Banque de France.** Historique et organisation administrative. (Extrait de l'ouvrage : *Les Banques d'émission en Europe.*) 1888. 1 vol. gr. in-8. . . . . 3 fr. 50

NOVICOW (J.), *membre et ancien vice-président de l'Institut international de sociologie.* — **Essai de notation sociologique.** 1895. Une brochure gr. in-8. . . . . 1 fr. 50

— **Conscience et volonté sociales.** 1897. 1 vol. in-8. Reliure souple spéciale. . . . . 8 fr. »

— **Le même ouvrage,** broché . . . . 6 fr. »

☞ Cet ouvrage fait partie de la *Bibliothèque sociologique internationale.*

NYPELS, *professeur à l'Université de Liège.* — **Code pénal prussien** du 14 avril 1851, avec la loi sur la mise en vigueur de ce code et les lois rendues jusqu'à ce jour. 1362. 1 vol. in-16. . . . . . . 3 fr. »

O

OLANESCO (Gr.), *député.* Mémoire sur les progrès de la statistique en Roumanie et sur la création du service d'anthropométrie. Une brochure gr. in-8. . . . . 1 fr. »

P

PAQUIER (J.-B.). — **Histoire de l'unité politique et territoriale de la France.** 1879. 3 vol. in-8. . . . . 6 fr. »

PARIEU (E. de), *membre de l'Institut, ancien ministre.* — **Principes de la science politique.** *Deuxième édition* augmentée des considérations sur l'histoire du second empire et sur la situation actuelle de la France. 1875. 1 vol. in-8. . . . . 7 fr. 50

PATURET (G.), *élève diplômé de l'Ecole du Louvre, avocat à la Cour d'appel.* — **La Condition juridique de la femme dans l'ancienne Egypte.** Avec une lettre à l'auteur, par M. REVILLOUT, professeur à l'Ecole du Louvre. 1886. 1 vol. gr. in-8. . . . . 6 fr. »

PAULET (Georges), *chef de bureau au ministère du commerce.* — Code annoté du commerce et de l'industrie. Recueil contenant.

les lois, décrets, règlements relatifs au commerce et à l'industrie Avec un Commentaire tiré des circulaires ministérielles, de la jurisprudence du Conseil d'Etat et de la Cour de cassation. 1892. 1 vol. gr. in-8 . . . . 15 fr. »

— **L'Enseignement primaire professionnel.** Etude sur la législation en vigueur et sur les attributions respectives du Ministre de l'instruction publique et du Ministère du commerce et de l'industrie, suivie des textes législatifs et réglementaires. 1889. 1 vol. in-8. . . . 3 fr. »

PAULME, *fondé de pouvoir du Trésorier général de l'Eure.* — **Devoirs des maires** vis-à-vis des titulaires de rentes sur l'Etat, de rentes viagères pour la vieillesse ou de pensions civiles ou militaires. 1891. Brochure in-8. . . . . 1 fr. 25

PAYENNEVILLE (A.), *juge de paix.* — **Essai sur la réforme des justices de paix en France.** 1882. 1 vol. in-8. . . . 3 fr. »

PELLETIER (**M.**), *avocat à la Cour d'appel de Paris, professeur de législation industrielle à l'Ecole centrale des Arts et Manufactures.* — **Manuel pratique de droit commercial industriel et maritime.** Contenant sous la forme alphabétique un résumé complet des documents les plus récents de législation et jurisprudence. 1895. 2 forts vol. gr. in-8 . . . . 24 fr. »

Un *Manuel* de ce genre doit éviter avec soin les subtilités juridiques et n'indiquer que les grandes lignes du droit. Ses tendances doivent être essentiellement pratiques, répondre aux nécessités des affaires courantes et offrir la solution des difficultés journalières que l'on y rencontre. C'est dans cet esprit que les rédacteurs du Manuel ont conçu leur œuvre ; pour éviter toute confusion de la part de ceux qui consulteront leur ouvrage, ils ont cru prudent d'écarter systématiquement toutes les décisions judiciaires qui n'ont pas nettement résolu les points de droit en litige et de retenir seulement celles qui sont de nature à éclairer les justiciables.

Ils auraient pu, en suivant l'exemple d'autres publications similaires, multiplier les renvois aux nombreuses décisions judiciaires rendues sur chaque matière et indiquer aussi les opinions multiples des jurisconsultes les plus autorisés. Ils ont préféré se montrer sobres de citations et se contenter de mentionner les arrêts notables, dans lesquels ils ont puisé d'ailleurs directement les solutions données aux questions qui prêtent encore aux controverses. Enfin la forme alphabétique a été adoptée pour rendre les recherches plus faciles et plus rapides.

Ainsi compris, le *Manuel pratique de droit commercial, industriel et maritime* est bien le guide le plus sûr auquel les juges de commerce, les commerçants et les industriels peuvent se confier, pour résoudre d'eux-mêmes les questions contentieuses qui naissent chaque jour de leurs relations d'affaires. (Extrait.)

PENEL-BEAUFIN, *Commis principal au ministère des finances, ancien collaborateur au Dictionnaire des Lois.* — **Législation générale du culte israélite en France,** en Algérie et dans les colonies *à la portée de tous.* (Organisation, fonctionnement et régime financier). Lois, ordonnances, décrets, arrêtés, circulaires, avis, décisions, avant et depuis 1789 jusqu'à nos jours, avec des notes explicatives, une table chronologique et une table analytique très complètes. 1894. 1 vol. in-18 . . . . 3 fr. »

Pour fixer tous les points et élucider toutes les questions que soulève la vie de

nos Communautés et de nos Consistoires, un Manuel était nécessaire, clair, raisonné
et complet, vrai fil d'Ariane guidant intelligemment les intéressés au milieu des
méandres et surtout des contradictions de la législation israélite en France. Cet
outil indispensable aux administrations juives, M. Penel–Beaufin, commis principal
au ministère des finances, vient de nous le donner. Son livre intitulé : *Législation
générale du culte israélite en France, Algérie et les colonies, à la portée de tous*, est
un excellent *vade-mecum* qui complète fort ingénieusement les recueils existant
déjà sur la matière et cités plus haut.

Voici l'économie générale de ce volume, divisé suivant une méthode bien raisonnée et d'un format très commode.

Il peut être ramené à cinq parties: 1º la première sur les Israélites avant 1844:
les douze réponses et le règlement de 1806, les décrets de 1808 et la première organisation du culte, les logements et les traitements, le séminaire; 2º l'organisation
générale du culte en France, depuis la réorganisation de 1844, et les ministres du
culte; 3º les sépultures et le régime financier; 4º le culte aux colonies; 5º l'histoire
et le culte en Algérie.

Des renseignements de toutes sortes, les définitions de termes peu connus ou peu
employés, les décisions des tribunaux et des notes diverses complètent les articles.

De plus, deux tables générales, l'une chronologique, l'autre analytique, permettent
de faire les recherches instantanément et de saisir l'ensemble de l'ouvrage, qui a été
revu par M. le grand rabbin Zadoc Kahn (voir p. 245).

Le décret du 27 mars 1893, commenté, peut être consulté par tous avec fruit.

La modicité du prix rend l'ouvrage accessible à tous.

(Extrait des *Archives israélites*, 1er février 1894.)

━━ **Législation générale des cultes protestants en France**, en
Algérie et dans les colonies *à la portée de tous*. (Organisation, fonctionnement et régime financier.) Lois, ordonnances, décrets, arrêtés,
circulaires, avis, décisions avant et depuis 1789 jusqu'à nos jours. Avec
des notes explicatives, une table chronologique et une table analytique
très complète. 1864, un vol. in-18 . . . . 3 fr. »

— L'auteur décrit l'organisation, le fonctionnement et le régime financier des cultes
protestants depuis leur origine jusqu'à nos jours. Des quatorze ou quinze cultes
protestants ayant des prosélytes en France, deux sont officiellement reconnus et
protégés par le gouvernement: ce sont les cultes luthérien et calviniste; le premier
compte environ 360.000 adhérents, le second 50.000. C'est de leur législation que
s'occupe plus spécialement M. PENEL–BEAUFIN.

Il a tiré ces renseignements du *Journal officiel*, du *Bulletin des lois*, des arrêts des
tribunaux, des revues spéciales, etc. Deux tables, l'une chronologique, l'autre analytique, résument le livre et facilitent les recherches.

PERRIAUD (Jean), *ancien professeur d'assurance-grêle à l'Institut
des assurances, officier d'Académie*. — **Le Crédit et les Assurances agricoles**. Etude des propositions de lois ayant pour objet la
création de caisses d'assurances agricoles présentées à la Chambre
des Députés par MM. Quintaa, Rivet, Chollet, Daynaud, Jonnart, Rey et
Lachièze, Philippon et Pochon. 1893, brochure gr. in-8 . . 2 fr. »

M. Perriaud, ancien professeur à l'*Institut des Assurances*, auteur de nombreuses
monographies sur le sujet tout spécial des assurances, était bien placé pour analyser
et commenter les différentes propositions de lois portées devant les Chambres, sur la
création de caisses d'assurances contre les sinistres atmosphériques.

Les syndicats ont déjà rendu des services immenses, mais il leur manque une force
le crédit. Tous les projets de lois tendent à l'organisation de ce crédit, à la garantie
de l'assurance pour la conservation du gage. Leur but est de permettre à l'agriculteur
de se procurer des engrais, les semences et les instruments indispensables pour la
mise en application des nouvelles méthodes de culture. M. Perriaud explique très
clairement pourquoi et comment l'assurance seule peut apporter au cultivateur la
sécurité du lendemain, la force et la vitalité.

PETIT (Eugène). — **Les Sociétés de secours mutuels en France,** 1892. 1 vol. in-12 . . . . 2 fr. »

PEYRONNY (De) et **DELAMARRE.** — **Commentaire théorique et pratique des lois d'expropriation** pour cause d'utilité publique. 1860. 1 vol. in-8 . . . . 12 fr. »

PIERMÉ et **FRÉMONT.** — **Lois françaises.** Voyez FRÉMONT.

PIOGER (Dr G.). — **La Question sanitaire,** dans ses rapports avec les intérêts et les droits de l'individu et de la société, 1895. 1 vol. in-18 . . . . 3 fr. »

« Tout le monde reconnaît l'importance de la santé. Mais ce que l'on méconnaît encore beaucoup trop, c'est le caractère *social* de tout ce qui a trait à la défense, à la protection et au perfectionnement de la santé. Aussi, engageons-nous vivement ceux que cette question intéresse à lire l'ouvrage que M. le Dr Pioger vient de publier; il leur suffira de parcourir les chapitres consacrés au rôle sanitaire de l'alimentation, de l'habitat, du mariage, du travail et de la salubrité générale pour se convaincre, avec l'auteur et tous les hommes compétents, de l'insuffisance de notre législation sanitaire actuelle. »

— **Pierre Leroux,** socialiste. Une brochure in-18 . . . . . 0 fr. 15

— **Les Revendications ouvrières en hygiène,** 1896. Une brochure in-18 . . . . 0 fr. 20

PLATON (G.). — **Le Socialisme en Grèce,** 1895. Une brochure gr. in-8 . . . . 3 fr. 50

POINSARD (L.), *secrétaire général des bureaux internationaux de la propriété industrielle et littéraire.* — **La Question monétaire,** considérée dans ses rapports avec la condition sociale des divers pays et avec les crises économiques. Ouvrage suivi d'un avant-projet de convention internationale monétaire, 1895. Un vol. in-18. . 3 fr. »

« M. Léon Poinsard, à qui l'on est déjà redevable d'excellentes études sur le libre echange et la protection, ainsi que sur le droit international conventionnel, nous indique avec beaucoup de précision, dans la nouvelle monographie qu'il vient de faire paraître, les causes de la crise monétaire actuelle et aussi ses effets sur les diverses branches de l'activité économique. D'après l'auteur, la vérité est que la crise monétaire constitue l'une des causes essentielles du malaise extraordinaire que subissent les affaires depuis de trop longues années déjà, et il établit le bien fondé de son assertion, preuves en main.

« Ce petit volume, rempli d'idées originales et neuves, de faits clairs et précis, est conçu suivant un plan dont la régularité et la méthode retiennent l'attention sans la fatiguer; et il est écrit dans un style dont la lucidité frappe et attire. A ces différents titres, il ne peut qu'ajouter à la réputation scientifique que M. Poinsard a déjà su se conquérir par ses travaux antérieurs. »

(Extrait des *Pandectes françaises*.)

POLITIS (Nicolas-E.). — **La Conférence de Berlin,** de 1890-1894. brochure gr. in-8 . . . . 2 fr. »

— **Mouvement social en Grèce.** 1896. Une brochure gr. in 8. 1 fr. »

PORTET (René), *avocat, docteur en droit.* — **De la condition juridique des étrangers en France et de la naturalisation,** 1882. Un vol. gr. in-8 . . . . 3 fr. »

POSADA (Ad.), *professeur de droit politique à l'Université d'Oviedo.*
— **Théories modernes sur les origines de la famille, de la société et de l'Etat,** traduit de l'espagnol par Frantz de Zeltner, et précédé d'une préface de René Worms, 1897. 1 vol. in-8, reliure souple spéciale . . . . 6 fr. »

— **Le même ouvrage,** broché. . . . . 4 fr. »

☞ Cet ouvrage fait partie de la *Bibliothèque sociologique internationale.*

— **L'Evolution sociale en Espagne** (1894 et 1895), 1896. Une brochure gr. in-8. 1 fr. 50

PRALY (P.), *ingénieur-consultant, ancien vice-président de la Société des conducteurs des ponts-et-chaussées et des garde-mines.* — **De la Jurisprudence en matière de travaux publics, de 1869 à 1874,** Recueil de Jurisprudence du Conseil d'Etat et de la Cour de cassation et Répertoire des lois, décrets, ordonnances, règlements et circulaires en matière de travaux publics. 1 vol. gr. in-8 . . . . . . 10 fr. »

Publications de l'office du travail (Ministère du commerce, de l'industrie et des colonies) :

— **De la conciliation et de l'arbitrage** en matière de conflits collectifs entre patrons et ouvriers en France et à l'étranger. 1893. 1 vol. gr. in-8 . . . . 6 fr. »

— **La Petite Industrie** (salaire et durée du *travail*). Tome Ier. L'alimentation à Paris. 1893. Vol. in-8, de 300 pages . . . . . 2 fr. 50

— **Le Placement des employés, ouvriers et domestiques en France.** Son histoire, son état actuel. Avec un appendice relatif au placement dans les pays étrangers. 1893. 1 vol. gr. in-8 . . . 8 fr. »

— **Salaires et durée du travail dans l'industrie française.** Tome Ier: Département de la Seine. 1893. 1 vol. in-8 . . . . 7 fr. 50

Q

QUIMPER (J.-M.). — Derecho politico general. Obra dedicada al Congreso del Peru. 1887. 2 vol. in-4 . . . . 25 fr. »

R

RABANY (Ch.), *chef de bureau au ministère de l'intérieur.* — **La Loi sur le recrutement.** Commentaire de la loi du 15 juillet 1889. Dispositions générales. Des appels. Corps spéciaux. Tirage au sort. Revision. Taxe militaire. Service dans l'armée active et dans les réserves. Organisation. Cadres. Mobilisation. Non disponibles. Engagements volontaires. Rengagements. Dispositions pénales. *Deuxième édition*: 1891. 2 vol. in-8 . . . . 12 fr. »

Recueil de rapports sur les conditions du travail dans les pays étrangers, adressés au ministre des affaires étrangères par les représentants de la République française à l'étranger. 1890-1891. 12 volumes grand in-8, brochés :

— **Allemagne**. 1 volume . . . . 6 fr. »

— **Autriche-Hongrie**. I. Autriche. — II. Hongrie. 1 vol . 2 fr. 50

— **Belgique**. 1 volume . . . . 2 fr. »

— **Danemarck**. 1 volume . . . . 2 fr. »

— **Espagne et Portugal**. I. Espagne. — II. Portugal. 1 vol. 2 fr. »

— **États-Unis**. I. Etats-Unis. — II. Etat de New-York. — III. Etats compris France à Chicago, 1 vol . . . . 2 fr. 50

— **Grande-Bretagne et Irlande**, 1 vol. . . . . 3 fr. »

— **Italie**. 1 volume . . . . 1 fr. 50

— **Pays-Bas et grand-duché de Luxembourg**, 1 vol. . 3 fr. 50

— **Russie**. I. Empire russe. — II. Circonscription du Consulat général de France à Moscou. — III. Pologne. — IV. Finlande. 1 vol. 3 fr. »

— **Suède et Norwège**, 1 vol. . . . . 3 fr. 50

— **Suisse**, 1 volume. . . . . 2 fr. »

Reinach (Théodore). — L'Invention de la monnaie. Brochure gr. in-8 . . . . 1 fr. »

Regnaud (G.), *avocat, docteur en droit*. — **Des abordages maritimes**. Droit français. Législation comparée. Conflits des lois. 1892. 1 vol. in-8 . . . . 5 fr. »

« Le développement considérable de la marine à vapeur, la perfection des instruments nautiques qui permettent aux navires de suivre avec précision une même route, sont autant de causes qui ont rendu de nos jours les abordages maritimes aussi fréquents que dangereux. Aussi ces sinistres donnent-ils naissance à de nombreux procès qui préoccupent à la fois le jurisconsulte et le praticien. Examiner et résoudre les problèmes multiples et complexes dont les abordages maritimes sont l'objet dans le domaine juridique, tel est le but que s'est proposé M. Georges Regnaud, dont l'ouvrage, bien composé et bien écrit, est à la fois le commentaire de la loi actuelle et l'exposé des réformes qui peuvent réaliser d'inappréciables avantages. A tous ces titres il est appelé à rendre de précieux services à ceux qui le consulteront. » (*Gazette des tribunaux.*)

REMY (V.). — **Traité de la comptabilité publique** étudiée au point de vue des dépenses et principalement des dépenses du département de la guerre, 1894. 1 vol. gr. in-8 . . . . 10 fr. »

RENARD (G.). — **Critique de combat.** Deuxième série. 1895. 1 vol.
in-18 . . . . 3 fr. 50
Première série. 1894. 1 vol. in-18. . . . . 3 fr. 50

M. Georges Renard ne veut plus être seulement juge : il est avocat. Il lutte ; ses
articles sont principalement ses plaidoyers ; ils soutiennent une thèse et l'étayent
généralement de toutes les raisons solides qui peuvent la fortifier. Ce système, Georges
Renard ne se contente pas de l'avouer : il le proclame. Son titre l'affiche loyalement
et presque chaque ligne du livre en est l'application.

Penseur et penseur très élevé, l'œuvre qu'il rencontre et qu'il examine est pour lui
une occasion d'exposer sa propre pensée ; mais il est trop attentif et trop consciencieux pour ne pas rendre justice même à ses adversaires. Spirituel et railleur il sait
rester courtois dans le métier. Ceux qu'il a le plus attaqués peuvent le coudoyer dans
un salon et lui serrer la main ; sans épargner qui que ce soit, sans molle concession
aux gens arrivés, si ses articles creusent des abîmes infranchissables entre les idées
ils n'en mettent point entre les personnes. Visible est sa tendresse pour les ouvrages
sympathiques aux humbles, aux déshérités ; mais je ne saurais lui en vouloir s'il les
traite parfois un peu mieux que ne le comporterait leur mérite littéraire. C'est qu'il
place le fond au-dessus de la forme et qu'il s'exprime en moraliste, non en dilettante.
D'ailleurs trouve-t-il en chemin un écrivain de valeur dont la philosophie lui déplaît,
mais dont le style a de la saveur, il est doué lui-même d'un sens artistique trop affiné
pour ne pas louer sincèrement la beauté qu'il admire.

C'est ainsi que tout en développant ses principes socialistes, Georges Renard sait
pénétrer et analyser les esprits les plus variés : Taine, Anatole France, Séverine, Zola,
Yves Guyot, Theuriet, Edouard Rod et tant d'autres. Que l'on soit ou non persuadé
après l'avoir lu, il faut convenir que nul ne fait jaillir la lumière plus profondément.
(Extrait.)

— **Lettre aux membres du corps enseignant,** suivie d'une réponse
aux journaux : *la Paix, le Temps, les Débats,* publiée dans la *Revue
Socialiste.* 1895. br. in-18 . . . . 0 fr. 20

— **Socialisme libertaire et anarchie.** 1895. Br. in-18. . 0 fr. 20

— **Lettre aux paysans.** 1896. Brochure in-18. . . . . . 0 fr. 20

— **Lettre aux femmes.** 1896. Brochure in-18. . . . . . . 0 fr. 20

— **Lettre aux militaires.** 1896. Brochure in-18 . . . . . 0 fr. 20

— **Socialisme intégral et marxisme.** 1896. Br. in-18 . . 0 fr. 20

RENAULT et **LYON-CAEN.** — **Droit commercial.** Voy. LYON-
CAEN.

RENDU (A.), *docteur en droit, avocat à la Cour d'appel de Paris* et
P. BÉNARD, *avocat.* — **Répertoire alphabétique de Droit usuel.**
Recueil de décisions pratiques du droit civil, du droit commercial, du
droit administratif, du droit pénal et de la procédure. *Jurisprudence
de douze années.* 1895-1896. 2 forts vol. in-8 . . . . . . 20 fr. »

« MM. Ambroise Rendu et Paul Bénard viennent de réunir en un ouvrage, que
tout le monde pourra consulter sans être un juriste, les solutions données depuis une
douzaine d'années par la justice aux difficultés innombrables que soulèvent chaque
jour et pour tout le monde les situations diverses de la vie. L'ouvrage s'adresse à ceux
qui, à un moment quelconque, sentent le besoin d'être renseignés sur leurs intérêts et
sur la façon dont la justice réglerait, le cas échéant, leurs affaires et déterminerait
leurs droits.

« *Le Répertoire alphabétique de droit usuel* a fait, parmi l'effrayante et redoutable quantité de décisions rendues par les cours et tribunaux de tous ordres, un choix de celles qui traitent des questions soulevées le plus souvent et pour chacun, et les ont, par un classement soigneux, mises à la portée de tous.

« Sous chaque mot, se trouvent une indication sommaire et précise de son sens juridique et un renvoi à la législation qui le concerne. Viennent ensuite les décisions pratiques de jurisprudence, se rapportant à l'ordre d'idées que le sujet comporte. Ainsi, presque sans exceptions, chacun pourra se faire une impression nette de ses droits dans des circonstances où il agissait presque au hasard, quand il ne se faisait pas guider par des conducteurs plus aveugles que lui-même, et moins scrupuleux.

« Il y a là une tentative, qui sera certainement heureuse, d'esprits désireux de développer chez tous le sens des droits et des devoirs, dans des circonstances parfois difficiles, et de mettre aux mains de chacun de nous, un guide commode à travers les maintes difficultés de rapports, qui croissent chaque jour avec la complication des intérêts. »

RENDU (**A.**), *docteur en droit, avocat à la Cour d'appel*. — **Les Obligations à lots du Crédit foncier** (plaidoirie). Conclusion et jugement du tribunal de la Seine. 1893, brochure gr. in-8 . . . . . 3 fr. »

RÉVILLE (**A.**), *professeur agrégé d'histoire à l'Hôtel de ville*. — **Les Populations agricoles de la France**, par H. Baudrillart. Compte rendu critique, 1894, brochure gr. in-8 . . . . . 1 fr. »

— **Les Paysans au moyen âge** (XIIIe et XIVe siècles). Études économiques et sociales. 1896, brochure grand in-8 . . . . . . 2 fr. 50

Tous ceux qu'intéresse l'histoire encore si peu avancée du travail agricole et des travailleurs des champs nous sauront gré de leur signaler ces quatre études posthumes de M. André Réville, prématurément enlevé à sa famille, à ses amis et à une science toute nouvelle où il s'était immédiatement conquis des titres exceptionnels.

On trouvera dans une brochure plus de substance que dans maints gros volumes. Les tableaux de mœurs, sur lesquels il y aurait pourtant quelques réserves à faire, alternent avec les renseignements techniques sur les semences et les récoltes. On voit en quoi ce paysan du moyen âge différait du travailleur antique et du cultivateur moderne; on le suit dans son travail de tous les jours et dans sa vie publique ou privée; on apprend ce qu'il pouvait gagner, comment il se nourrissait à l'ordinaire, quelles étaient ses distractions et ses fêtes, ce qu'il pensait et croyait à l'égard des autres classes sociales du monde.

REVILLOUT (**E.**), *professeur à l'école du Louvre*. — **Les Obligations en droit égyptien** comparé aux autres droits de l'antiquité. Leçons professées à l'école du Louvre. Suivies d'un appendice sur le droit de la Chaldée au IIIe siècle et au VIe siècle avant J.-C., par MM. V. et E. Revillout. 1886. 1 vol. gr. in-8 . . . . . . 10 fr. »

RICHARD-MAISONNEUVE (**Th.**), *docteur en droit*. — **Répétitions écrites sur le droit pénal** et l'instruction criminelle conformes au programme de l'enseignement officiel à l'usage des étudiants. *Troisième édition*, augmentée des lois les plus récentes, de notices de législation comparée, et suivie d'un questionnaire. 1875-76. 1 vol. in-8 5 fr. »

Revue bibliographique des ouvrages de droit, de jurisprudence, d'Économie politique, de science financière et de sociologie.

Troisième année (1896) . . . . 1 fr. »

Deuxième année (1895) . . . . (*épuisé*) 2 fr. 50

La première année (1894). . . . . (épuisé)   2 fr. 50.

La *Revue bibliographique* paraît tous les mois en une feuille de 4 pages (format des journaux politiques).

Prix de l'abonnement annuel : France, 1 fr., Union postale, 1 fr. 50

Revue des Colonies et des pays de protectorat. — Annales encyclopédiques et illustrées de la politique, de la littérature, des sciences, des arts, de la jurisprudence, de la finance, de l'industrie, du commerce, de la marine et des colonies, publiée tous les mois sous la direction de Paul Vivien.

Première année (avril à décembre 1895), un très fort vol. gr. in-8
       15 fr. »

La deuxième année, 1896. 1 très fort volume gr. in-8. .   20 fr. »

La *Revue des Colonies* paraît tous les mois en un fasc. de 96 pages, gr. in-8 à deux colonnes.

Prix de l'abonnement annuel : France, 20 fr., Colonies et Union postale, 25 fr. Le numéro . . . . 2 fr. 50

Revue de droit usuel. — Bulletin pratique de la législation et de la jurisprudence civile, administrative, commerciale, industrielle et pénale, dirigée par Paul BÉNARD, *avocat* et L. DUVAL-ARNOULD, *docteur en droit, avocat à la Cour d'appel de Paris.*

La 1re année (novembre 1892-octobre 1893), 1 vol. in-8 .   6 fr. »

La 2e année (novembre 1893-octobre 1894), 1 vol. in-8. .   6 fr. »

La 3e année (novembre 1894-octobre 1895), 1 vol. in-8. .   6 fr. »

Revue féministe, publiée deux fois par mois, sous la direction de Mme Clotilde DISSARD.

La 1re année (1895), 1 vol. gr. in-8 . . . . 5 fr. »

La 2e année (1896), 1 fort vol. gr. in-8. . . . . 14 fr. »

La *Revue féministe* paraît deux fois par mois en un fascicule gr. in-8 de 64 pages.

Prix de l'abonnement annuel : France, 14 fr., Union postale, 18 fr. Le numéro. . . . . 0 fr. 60

Revue internationale de sociologie, publiée tous les mois sous la direction de René WORMS, *secrétaire général de l'Institut international de Sociologie.*

Quatrième année (1896), 1 très fort vol. gr. in-8 . . . . 18 fr. »

Troisième année (1895), 1 très fort vol. gr. in-8 . . . . 18 fr. »

Deuxième année (1894), 1 très fort vol. gr. in-8 . . . . . 18 fr. »

Première année (1893), 1 fort vol. gr. in-8 . . . . 10 fr. »

La *Revue internationale de Sociologie* paraît tous les mois en un fascicule grand in-8 de 80 pages.

Prix de l'abonnement annuel : France, 18 fr., Union postale, 20 fr.
Le numéro . . . .   2 fr. »

RICHET (Ch.), *directeur de la Revue internationale de Sociologie.* —
L'idée de l'arbitrage national est-elle une chimère? 1896. Une
brochure gr. in-8 . . . .   1 fr. »

RIÉMAIN (**Fr.**), *rédacteur à la Préfecture de la Seine.* — **La
Question des deux Chambres.** Etude théorique et pratique sur la
nécessité d'une chambre haute dans un régime parlementaire. 1892.
1 vol. in-8 . . . .   2 fr. 50

> « Est-il préférable qu'un Etat démocratique soit régi par une ou par deux
> « Chambres ? Telle est la question étudiée par M. Riémain dans une brochure inté-
> « ressante. « Il est convenu à peu près universellement aujourd'hui, dit-il, qu'en
> « politique, il faut tenir compte des circonstances de fait, et que telle mesure, excel-
> « lente en ce milieu, pourrait être désastreuse en cet autre. » Fidèle à cette règle de
> « discussion, l'auteur donne la première place à l'étude des faits, et examine attentive-
> « ment le rôle joué par les Chambres hautes à l'étranger et en France. Il distingue
> « quatre types principaux d'organisation. Les Chambres hautes sont ou électives,
> « comme en France, ou héréditaires comme en Angleterre, ou à la nomination du
> « souverain comme en Italie. Quelquefois elles participent à la fois de tous ou de
> « quelques-uns de ces types. » *(Loi.)*

ROLLERO (**R.**) *docteur en droit.* — **De la cession, délégation ou
subrogation des loyers à échoir.** 1895. 1 vol. gr. in-8.   4 fr. 50

ROSENTHAL (**L.**), *ancien élève de l'Ecole normale supérieure.* —
Les Destinées de l'art social, d'après P.-J. Proudhon. 1894.
Brochure gr. in-8 . . . .   1 fr. »

ROUGET-MARSEILLE (**C.**). — **Guide manuel des receveurs
particuliers des finances.** 1888. 1 vol. in-4. . . . . . .   3 fr. 50

ROUGON (**F.**), *consul général de France à Smyrne.* — **Smyrne.**
Situation commerciale et économique des pays compris dans la
circonscription du consulat général de France (vilayets d'Aïdin, de
Konieh et des îles). 1892. 1 v. in-8 avec une carte en couleurs. 12 fr. »

ROUSSAN et **J. JOSAT**, *chef et sous-chef de bureau à l'administration centrale des contributions indirectes au ministère des finances.*
**Administration des contributions indirectes. Guide pratique
des surnuméraires,** avant et après le concours. 1893. 1 vol. gr. in-8.
3 fr. 50

ROUX (**J.**), *docteur en droit.* — **La loi de 1881 et les délits de
presse.** 1882. 1 vol. in-8. . . . .   5 fr. »

ROY (**H.**), *percepteur en retraite.* — **Etude du règlement sur les
poursuites.** 1887. 1 vol. in-12. . . . .   2 fr. 50

S

SACRÉ (**A**). — **Manuel des élections consulaires.** Commentaire
de la loi du 8 décembre 1883 à l'usage des électeurs, éligibles, maires,
greffiers, juges de paix, etc. 1884. 1 vol. gr. in-8. . . . .   3 fr. »

SAILLARD et **CHABRILLAT**. — Carrières administratives. Voy. Chabrillat.

SALIVAS et **BELLAN**, *docteurs en droit*. — **Eléments de droit romain**. Contenant : 1° l'exposé des matières comprises dans les programmes officiels du baccalauréat, de la licence et du doctorat en droit ; 2° l'étude développée des questions controversées qui font plus spécialement l'objet d'interrogation au premier examen de doctorat. 1884-87. 2 vol. in-8. . . . . 18 fr. »
Chaque volume se vend séparément. . . . . 9 fr. »

« Malgré ce titre modeste, l'ouvrage de MM. Salivas et Bellan ne ressemble en rien
« aux nombreux traités parus jusqu'à ce jour. Les théories générales sont exposées
« clairement et brièvement, trop brièvement même pour ceux qui n'auraient pas
« déjà quelques notions de droit romain ; mais ce qu'il y a d'absolument original
« dans cette œuvre, c'est le soin avec lequel sont dégagées et développées toutes les
« questions controversées. Les questions discutées sont imprimées en caractères
« différents, l'énoncé en lettres grasses qui saisissent l'attention, la discussion en
« petits caractères, et cette disposition typographique, assez heureuse, a, entre autres
« avantages, celui de faire ressortir aux yeux des lecteurs la marche à suivre. Sur
« chaque question, les différentes opinions qui se sont produites sont minutieuse-
« ment examinées, avec les arguments qu'elles invoquent et les réponses qui ont été
« faites ou qui peuvent être faites à chacun de ces arguments.
   « Il est certain que cet ouvrage rendra de très sérieux services aux étudiants en
« doctorat et à tous ceux qui voudront creuser les questions de droit romain. Sous
« un petit volume, il renferme la quintessence d'un grand nombre de gros traités.
« Aucun n'apprendra mieux à invoquer les textes et à discuter des arguments. »
(Moniteur bibliographique.)

SALOMON (C.), *docteur en droit, avocat à la Cour d'appel.* — **De l'occupation des territoires sans maître**. Etude de droit international. — La conférence de Berlin. — La question africaine. — Compagnies de commerce et sociétés de colonisation. — Chartes coloniales et lettres de protection. — Droits des indigènes et droits de la civilisation. — Traités passés avec les indigènes. — Colonies et protectorats. 1889. 1 vol. in-8. . . . . 8 fr. »

« On peut constater, de nos jours, dans un grand nombre d'États européens, l'éveil
« du désir d'avoir des colonies et le besoin insatiable d'étendre leurs possessions. Ils
« envoient partout des explorateurs qui ont pour mission, pour mandat, de mettre la
« main, au nom de l'État qu'ils représentent, sur les terres inconnues qu'ils prétendent
« avoir découvertes ; mais cette occupation soulève souvent des conflits très graves
« entre les diverses puissances qui ne s'entendent pas sur la question de savoir à qui
« appartient l'avantage de la priorité de l'occupation, quelles en sont les limites, si elle
« a véritablement le caractère affectif, etc.
   « Toutes ces difficultés pourront être facilement aplanies si on consulte le traité que
« M. Salomon offre aujourd'hui au public et dans lequel il expose nettement la théorie
« de l'occupation des territoires sans maître. Après avoir indiqué dans la première
« partie de son travail la façon dont on a conçu l'occupation dans les siècles qui ont
« précédé le nôtre, l'auteur se demande dans la deuxième qui peut occuper, et dans la
« troisième ce que l'on entend, en droit international public, par la *res nullius*. Enfin,
« dans la quatrième partie il examine à quelles conditions il faut qu'une occupation se
« conforme pour être considérée comme effective et quels sont les effets produits par
« l'occupation. A l'appui de sa théorie M. Salomon donne l'historique et l'analyse de la
« conférence de Berlin, de la question africaine, des colonies et protectorats, des droits
« des indigènes et des droits de la civilisation, des traités passés avec les indigènes, des
« chartes coloniales, des lettres de protection, des compagnies de commerce et des socié-
« tés de colonisation. Cette étude de droit international public arrive donc à son heure
« et présente à ce point de vue un intérêt actuel et pratique. » *(Gazette du Palais.)*

SALVIOLI. — **La Nationalisation du sol en Allemagne.** 1897. Une brochure gr. in-8. . . . . 1 fr. »

SAVIGNY (de), *professeur à l'Université de Berlin.* — **Le Droit des obligations,** traduit par C. Girardin et P. Gozon. 1875. 2 vol. in-8. 15 fr. »

SAY (Léon). **Dictionnaire des finances** publié sous la direction de M. Léon Say, *membre de l'Institut, sénateur, ancien ministre des finances,* par MM. Louis Foyot, *chef de bureau,* A. Lanjalley, *directeur général de la comptabilité publique au ministère des finances,* avec la collaboration des écrivains les plus compétents et des principaux fonctionnaires des administrations publiques, 2 vol. gr. in-8. 90 fr. »

SCLOPIS (Fr.), *juge au tribunal de Lectoure.* — **Histoire de la législation italienne.** Traduit en français par Ch. Sclopis (de Petreto). 1860-65. 3 vol. in-8 . . . . 12 fr. »

SEEBER (Fr.). — **Importance économique et financière de la République Argentine,** 1888. 1 vol. in-8. . . . . 6 fr. »

SIMONIN (A.) et **P. BIDOIRE.** — **Les Budgets français.** Voy. BIDOIRE.

SIMMEL (Georges). — **La Différenciation sociale.** 1894. Une brochure gr. in-8 . . . . 1 fr. »

SIMONET (J.-B.). *chef de bureau à la Préfecture de la Seine.* — **Traité élémentaire de droit public et administratif,** rédigé conformément aux programmes pour le concours à l'auditorat du conseil d'État et de la Cour des comptes des ministères de l'intérieur, des travaux publics, des finances, de l'instruction publique, etc., de la Préfecture de la Seine, de l'administration de l'enregistrement. 1890. 1 vol. gr. in-8. . . . . 32 fr. 50

SIMONET (C.). — **Commentaire théorique et pratique de la loi sur la liberté de réunion,** du 30 juin 1881. 1 vol. gr. in-8. 1 fr. 50

— **Loi du 28 mars 1882 sur l'enseignement primaire,** obligatoire et laïque. 1 vol. gr. in-8 . . . . 1 fr. »

— **Loi du 20 mars 1883, Titre II. Obligation de construire des maisons d'école,** dans les chefs-lieux de commune et dans les hameaux. 1 vol. in-8. . . . . 1 fr. 25

— **La Réforme de l'organisation judiciaire.** Loi du 30 août 1883. 1 vol. gr. in-8 . . . . 2 fr. »

— **Commentaire de la loi relative à la création de syndicats professionnels** du 21 mars 1883. 1 vol. in-8. . . . . . . 2 fr. 50

STAHL (F.-J.), *professeur à l'Université de Berlin.* — **Histoire de la philosophie du droit,** traduit de l'allemand par Chauffard. 1880. 1 vol. in-8 . . . . 12 fr. »

68   V. GIARD & E. BRIÈRE, LIBRAIRES-ÉDITEURS

STOLLON et **HENRICET**. — **Le Droit fiscal mis à la portée de tous. Les Victimes des lois d'enregistrement.** 1892. 1 vol. in-18.   3 fr. »

« MM. Stollon et Henricet viennent de publier un ouvrage que nous désirerions
« vivement voir chez beaucoup de lecteurs, La question de la diminution des droits
« fiscaux en ce qui touche les actes judiciaires mérite d'être enfin réso'ue. M. Brisson
« vient de la poser dans une proposition pratique quoique trop timide à notre gré.
« MM. Stollon et Henricet pensent qu'elle finira par aboutir. Pour assurer ce résultat, il
« faudrait que leur ouvrage circulât en beaucoup de mains. La question des droits
« d'enregistrement y est traitée avec une très grande compétence, je crois même que ces
« messieurs sont de la partie. Ce ne sont pas de simples théories qu'ils apportent, mais
« des faits, et, ce qui est concluant, des états de frais.

« Les victimes des lois d'enregistrement ne sont pas uniquement les malheureux
« contribuables, mais encore les collecteurs d'impôts, aussi désireux que les contri-
« buables de voir mettre un terme à tant d'abus. Voilà une réforme que chacun sou-
« haite : et depuis vingt ans nous en sommes toujours au même point.

« On peut dire que les auteurs de cet ouvrage ont examiné la question posée sur
« toutes ses faces, ajoutant à leur propre expérience l'opinion de la presse. A lire
« notamment les chapitres relatifs aux congrégations, à la proposition Brisson, et l'ex-
« trait du *Journal du Havre* sur la proposition Maujean. »

STOURM (René), *professeur à l'Ecole des sciences politiques.* — **L'Impôt sur l'alcool dans les principaux pays.** 1886. 1 volume. in-12. . . . .   3 fr. »

SWARTE (Victor de), *trésorier-payeur général.* — **Manuel du candidat à l'emploi de percepteur surnuméraire,** rédigé conformément au programme officiel réglé par l'arrêté ministériel du 3 octobre 1873, 8e *édition.* 1894, 1 vol. in-12. . . . .   4 fr. »

—— **Traité de la comptabilité occulte,** et des gestions extra-réglementaires. Législation, réglementation, procédure, jurisprudence. 1893. 2 vol. gr. in-8 .   . . . 24 fr. »

T

TAILLANDIER (A. de), *juge d'instruction.* — **Manuel formulaire de la revision de la liste électorale** à l'usage des préfets, sous-préfets, maires, juges de paix, des commissions de revision de la liste électorale et des électeurs. 1893. 1 vol. in-18 . . . . . .   4 fr. »

TARBOURIECH (E.), *docteur en droit, professeur au Collège libre des Sciences sociales.* — **La Responsabilité des accidents dont les ouvriers sont victimes dans leur travail.** Histoire, jurisprudence et doctrine, bibliographie, travaux parlementaires jusqu'à la date du 20 mars 1896. 1 vol. in-8. . . . . 10 fr. »

Sous ce titre, M. Tarbouriech publie les leçons qu'il a faites au Collège social, sur
la question des accidents du travail. Il retrace le tableau fidèle et complet des discussions consacrées depuis seize ans, tant dans le congrès qu'au Parlement, à la préparation d'une réforme législative qui, bien que demandée de tous les intéressés, n'a pu
encore malheureusement aboutir. Il défend le nouveau principe du « Risque professionnel », d'après lequel les accidents, risque inévitable de l'industrie, doivent être

supportés par elle, c'est-à-dire rentrer dans les frais généraux de l'usine, au même titre que l'achat et l'amortissement du matériel. Ils donneront droit, au profit de la victime, à une idemnité tarifée par la loi.

L'assurance interviendra pour garantir le paiement de cette indemnité, mais il convient de laisser aux industriels toute liberté dans le choix de l'assureur. Telles sont les idées principales, développées avec compétence et conviction dans cet ouvrage, le plus important de tous ceux qui ont traité de cette matière. Il se termine par la reproduction du texte des six projets votés de 1884 à 1896, par une bibliographie très complète, un index des noms d'auteurs, députés, sénateurs, membres des congrès cités et une table analytique des matières. L'auteur se propose, lorsque la loi aura été définitivement votée, d'en faire paraître un commentaire pratique.

—— De la cause dans les libéralités. Contribution à la théorie de la cause. 1894. Une brochure in-8 . . . .   1 fr. 50

D'après l'auteur de cette brochure, la cause dans les actes de libéralité a un caractère absolument positif et concret comme dans les actes à titre onéreux. Cette cause n'est pas la volonté de se dépouiller sans compensation, mais l'intention de faire du bien, de témoigner son affection ou sa reconnaissance. Si l'un de ces trois sentiments prend sa source dans des faits illicites ou se heurte à des lois positives, la donation devient nulle par application de l'art. 1133 c. civ. Il suffit de constater qu'il a été le mobile direct, immédiat de l'obligation, pour que celle-ci soit viciée, il est inutile de rechercher le mobile éloigné, le motif. M. Tarbouriech ne combat donc pas la théorie de la jurisprudence sur la cause impulsive et déterminante, il ne reproche aux arrêts que de chercher exclusivement la preuve dans les énonciations de l'acte incriminé. (Extrait du *Dalloz*.)

TAVARES DE MEDEIROS (J.-J.), *avocat, membre de l'Institut de Coimbre et de l'Académie royale des sciences de Lisbonne.* — **Le Mouvement social en Portugal.** 1893. Brochure gr. in-8.   1 fr. 50

—— Le Mouvement social en Portugal (1894). 1895. Une brochure gr. in-8 . . . .   2 fr. »

TESSIER (Honoré), *ancien bâtonnier.* — **Traité de la société d'acquêts,** 2ᵉ *édition,* annotée et complétée par P. Deloynes, professeur de droit civil à la Faculté de droit de Bordeaux. 1881. 1 v. in-8. 10 fr. »

TEXTE OFFICIEL de la nouvelle loi municipale du 5 avril 1884, accompagné de notes et commentaires, suivi de l'indication des textes de lois et décrets en vigueur. 1890. 1 vol. gr. in-8. .   2 fr. »

THÉZARD (L.), *professeur de code civil à la Faculté de droit de Poitiers.* — **Du nantissement des privilèges et hypothèques,** et de l'expropriation forcée (Code civil, Livre III, titres XVII-XIX). 1880. 1 vol. in-8 . . . .   9 fr. »

THIBAULT (F.), *docteur en droit, sous-chef à la direction générale des douanes.* — **Les Douanes chez les Romains.** 1888. 1v. in-8. 5 fr. »

—— Traité du contentieux de l'administration des douanes. 1 vol. in-8. 1891 . . . .   7 fr. »

(*Ouvrage couronné par la Faculté de droit de Caen.*)

THIÉNARD (A.), *juge à Nevers, ancien juge d'instruction à Saint-Amand (Cher).* — **L'Assassinat** considéré au point de vue de l'information dont ce crime peut être l'objet et des éléments de toute nature qui peuvent servir à la recherche de son auteur et à la preuve de sa culpabilité. 1 vol. in-18. . . . . 3 fr. 50

(Ouvrage à l'usage des officiers de police judiciaire, procureurs de la République, juges d'instruction, juges de paix, commissaires de police, agissant ou non flagrante delicto.)

« Les conseils pratiques abondent dans l'intéressant travail de M. Thiénard, résul-« tat de l'expérience de tous les jours. C'est un livre que tous les officiers de police « judiciaire devraient avoir sous la main, pour le lire et le relire suivant le besoin « de leurs affaires. Pour en tirer même plus de fruits, il nous a paru que le moyen « était de faire intercaler dans le volume des pages blanches, sur lesquelles nous « noterons à l'occasion nos réflexions et nos remarques personnelles. C'est un procédé « que nous recommandons à nos collègues. Le lecteur annotant l'auteur, refaisant sui-« vant les événements un travail de même nature, mais peut-être différent dans les « observations, chacun tirera un meilleur parti de l'ouvrage et y trouvera en plus « grande abondance les moyens d'instruction propres à la découverte de la vérité. » *(La Loi.)*

THIRIAT (N.). — L'Officier de police judiciaire. Devoirs des maires, adjoints de maire, commissaires de police, officiers de police judiciaire, attributions des officiers du ministère public près des tribunaux de police. Tableau des contraventions de police prévues par le Code pénal et les lois spéciales. 1893. 1 vol. in-8 . . . . . . 3 fr. »

L'Officier de police judiciaire est un petit volume de 200 pages, qui se recommande spécialement à l'usage de MM. les commissaires de police.

Sous forme de dictionnaire se trouvent rangées par ordre alphabétique, les principales dispositions du Code d'instruction criminelle et du Code pénal, ainsi que des instructions ministérielles, qui concernent les devoirs et les attributions des officiers de police judiciaire, maires, adjoints, commissaires de police, officiers du ministère public.

L'auteur n'a pas la prétention de produire du nouveau ni de donner un volume complet sur les multiples attributions des officiers de police judiciaire. Il n'hésite même pas à sacrifier des détails intéressants. Mais l'ouvrage contient de nombreux renvois auxquels le lecteur n'a qu'à se reporter pour compléter tous les renseignements qui peuvent lui être utiles. L'ouvrage de M. Thiriat, sans prétention scientifique aucune, peut être considéré comme un excellent guide destiné à éviter à ceux qui le consulteront de très longues recherches dans nos Codes embrouillés.

THORLET (Léon), *chef de bureau à la Préfecture de la Seine.* — **Traité des travaux communaux** à l'usage des maires. 1893. 1 vol. in-8. . . . . 7 fr. 50

—— Régime financier et Comptabilité des communes. Traité pratique destiné aux maires, conseillers municipaux, secrétaires et employés de mairies, préfectures et sous-préfectures. 1887. 1 vol. in-8 . 5 fr. »

—— Administration et Comptabilité des bureaux de bienfaisance. Traité pratique destiné aux membres des commissions administratives des bureaux de bienfaisance, aux comptables chargés de la gestion financière de ces bureaux, aux maires, aux employés de préfectures et de sous-préfectures. 1889. 1 vol. in-8 . . . . 5 fr. »

—— Traité de police administrative et de police judiciaire, à l'usage des maires. 1891. 1 vol. in-8 br. . . . . 10 fr. »

TŒNNIES (F.), *professeur à l'Université de Kiel.* — **L'Évolution sociale en Allemagne,** trad. de l'allemand, par C. de Krauz. 1896. Une brochure gr. in-8. . . . . 2 fr. »

TRATCHEVSKI (A.), *professeur d'histoire à l'Université de Saint-Pétersbourg*. — **L'Évolution sociale en Russie.** 1895. Une brochure gr. in-8. . . . . 1 fr. 50

TRAVERS (Maurice), *docteur en droit, avocat à la Cour d'appel*. — **La Faillite et la Liquidation judiciaire** dans les rapports internationaux. 1894. 1 vol. in-8 . . . . 7 fr. »

Selon M. Travers il est de nécessité absolue qu'une loi unique régisse la faillite partout où le commerçant a des droits à faire valoir, partout où il possède des capitaux et des terres. C'est là, suivant l'auteur, une solution imposée par la nature même de l'institution et par son but, c'est celle dont il recommande l'adoption au législateur comme l'ont fait à peu près tous les jurisconsultes, quelle que soit leur opinion en droit positif. Ces jurisconsultes, M. Travers nous les cite intégralement tous, ce qui fait honneur à son érudition et à son impartialité; cet ouvrage est avant tout l'œuvre d'un praticien, convaincu du rôle important que jouent sur la formation du droit les décisions judiciaires : aussi l'exposé de la jurisprudence a-t-il une place considérable sous forme d'une coordination très nette et très claire. C'est une tendance très intéressante à noter chez les jurisconsultes contemporains que les efforts qu'ils font — efforts ici couronnés de succès, — pour dégager des multiples arrêts et jugements le droit coutumier, le précisant ou le modifiant sous l'empire des besoins nouveaux, des idées nouvelles qui ont apparu au cours du XIXe siècle.

L'ouvrage est enrichi de nombreuses notes qui renvoient à tout ce qui a paru sur la matière en France et à l'étranger; une table analytique et une table alphabétique rendent les recherches faciles.

Questions ouvrières anglaises. L'échelle mobile des salaires. 1893. Br. gr. in-8 . . . . 1 fr. 50

Les Corporations d'avocats sous l'empire romain, 1894. 1 vol. in-8. . . . . 3 fr. 50

TREMEREL (G.), *docteur en droit, officier d'administration des subsistances, professeur à l'école d'administration militaire de Vincennes*. — **Des sociétés coopératives de consommation à l'étranger et en France.** Historique, application, régime légal, but et avenir de la coopération, 1894. 1 vol. in-8. . . . . 5 fr. »

Le premier et très important chapitre du livre de M. Trémerel est consacré à l'exposé du mouvement coopératif et de son état actuel dans les principaux pays d'Europe et aux Etats-Unis. Pleine de renseignements précis et de chiffres empruntés aux statistiques, cette première partie de l'ouvrage nous donne un tableau d'ensemble très intéressant de la coopération de consommation; la place d'honneur y revient à l'Angleterre; des développements importants sont consacrés à la France; il me semble que, parmi les pays étrangers, l'auteur a été un peu bref en ce qui concerne l'Italie, où le progrès coopératif est plus considérable que M. Trémerel ne le suppose et a donné lieu à une riche littérature économique.

Dans un second chapitre, nous voyons les applications du principe coopératif par les armées françaises et étrangères.

Après avoir, dans un troisième chapitre, exposé la législation française actuellement en vigueur sur les sociétés coopératives — travail très complet, où l'auteur fait preuve d'une science juridique solide — en indiquant les solutions de la jurisprudence et en examinant au passage les projets ou propositions de loi sur la matière, l'auteur, dans un quatrième et dernier chapitre, nous dit quel est, selon lui, le but et l'avenir de la coopération, but double: d'une part, assurer au consommateur des marchandises de bonne qualité à un prix modéré : d'autre part, ramener l'harmonie entre les classes sociales, entre le capital et le travail.

C'est un des meilleurs livres qui a paru pendant ces dernières années sur la coopération. (*Extrait.*)

TRIANTAPHYLLIDÈS (Gr.-J.), *avocat à la Cour d'appel de Paris*.
— **Une banque pour sauver la Grèce**, 1883. Broch. gr. in-8. 1 fr. »

TRIGANT-GENESTE (J.), *conseiller de préfecture.* — **Examen critique des théories sur le revenu foncier.** Grande et petite propriété, école physiocratique, théorie de Ricardo et de Proudhon, la propriété foncière et l'école française, 1889. Un vol. gr. in-8.   4 fr. »

TRIPIER (L.), *docteur en droit.* — **Les Codes français** collationnés sur les textes officiels. Les seuls où sont rapportés les textes du droit ancien et intermédiaire nécessaires à l'intelligence des articles. Edition revue et mise au courant par H. Monnier, professeur agrégé à la Faculté de droit de Bordeaux. 1 vol. gr. in-8. . . . .   20 fr. »

   Le même, relié, demi-chagrin . . . .   23 fr. »
   Trois bons sont placés en regard du titre de chaque exemplaire et permettent de retirer gratuitement, pendant trois ans, les suppléments qui sont publiés annuellement.

— Edition in-32. 1 vol. . . . .   6 fr. »

   Le même, relié, demi-chagrin. . . . .   7 fr. 50
   Se vendent séparément, éd. in-32. Code civil broché. . . .   1 fr. 50
   Code de procédure. . . . .   1 fr. 50
   Code de commerce. . . . .   1 fr. 50
   Code pénal et instruction criminelle . . . .   1 fr. 50
   Code forestier . . . .   0 fr. 75
   Chaque code séparé, cartonné, en percaline, est augmenté
      de . . . .   0 fr. 50

   L'édition des *Codes français*, par Louis Tripier, remplit complètement le but qu'un tel livre doit se proposer. En effet, tous les textes législatifs nécessaires à l'intelligence de nos Codes, tous, depuis les plus anciens édits, ordonnances ou lettres patentes de nos rois, jusqu'aux travaux du droit intermédiaire et du droit nouveau, se trouvent rapportés dans l'édition Tripier. Le magistrat sur son siège, l'avocat à la barre, le professeur dans sa chaire, l'élève sur les bancs de l'école, tous auront avec les Codes et dans les Codes eux-mêmes, l'ensemble complet de tous les documents législatifs qui les modifient, les complètent ou les expliquent.
   La valeur scientifique de ces Codes a été constatée par d'éminents jurisconsultes.
   Les *Lois constitutionnelles* précèdent les six Codes, qui sont complétés par les *Lois usuelles*. Afin de simplifier et de faciliter les recherches, la table de ces dernières est refondue tous les ans à mesure que chaque session législative apporte de nouveaux documents à insérer.

V

VALLET (M.). — **Des obligations du locataire d'immeubles** en cas d'incendie. 1889, 1 vol. gr. in-8. . . . .   5 fr. »

VAQUETTE (T.), *docteur en droit.* — **Cours résumé de droit**

romain avec le texte des Institutes de Justinien et la traduction en regard. 1891. 2 vol. in-18 . . . . 6 fr. »

— Cours résumé d'histoire générale du droit. *Troisième édition.* 1 vol. in-18 . . . . 6 fr. »

— Et **F. MARIN.** — **Cours résumé de droit civil.** 3 v. in-18. 18 fr. » Chaque volume se vend séparément. . . . . 6 fr. »

— Cours résumé de droit criminel. 1 vol. in-18 . . . . 6 fr. »

— Et **A. LE BALLEUR.** — Cours résumé de droit administratif. 1 vol. in-18 . . . . 6 fr. »

— Et **Ch. BORNOT.** — Cours résumé de droit commercial. 1 vol. in-18. . . . . 6 fr. »

— Et **A. LE BALLEUR.** — Cours résumé de procédure civile. 1 vol. in-18 . . . . 6 fr. »

— Institutes de Justinien. Texte et traduction. 2 v. in-18. 3 fr. »

— Et **F. MARIN.** — Traité de la **Prescription.** 1 vol. in-18. 1 fr. 5)

— — — Commentaire des successions. 1 v. in-8. 6 fr. »

— Mémentos, Droit romain. Format gr. in-18. 2 vol. . . 3 fr. »

— — Histoire du droit . . . . 2 fr. 50

— — Droit constitutionnel . . . . 2 fr. 50

— — Code civil (1re année) . . . . 2 fr. 50

— — Economie politique. . . . . 3 fr. »

— — Code civil (2e année). . . . . 3 fr. »

— — Droit criminel . . . . 2 fr. 50

— — Droit romain (2e année). . . . . 3 fr. »

— — Droit administratif . . . . 3 fr. »

— — Droit international privé . . . . 2 fr. 50

— — Droit civil (3e année). . . . . 3 fr. »

— — Droit commercial. . . . . 3 fr. »

— — Procédure civile . . . . 2 fr. 50

— — — (Voies d'exécution) . . . . 2 fr. 50

— — Droit international public . . . . 2 fr. 50

— — Droit commercial maritime . . . . 2 fr. 50

VERWAEST (**P**), *docteur en droit.* — Le Secret professionnel. Etude médico-légale. 1892. 1 vol. in-8, cartonné. . . . . . 4 fr. »

« Comme l'indique le titre de cet ouvrage, ce n'est pas une étude d'ensemble sur

« le secret professionnel, mais seulement sur le secret médical, que vient de rédiger
« M. Verwaest. Bien que ce sujet ait été abordé bien des fois déjà, entre autres par
« M. le conseiller Muteau, on peut toujours en dire quelque chose de neuf et
« d'intéressant ; c'est, d'ailleurs, un sujet d'actualité, puisque les Chambres discutent
« en ce moment la loi sur l'exercice de la médecine et la question de savoir si les
« médecins seront astreints à la déclaration des maladies contagieuses.

« On admet généralement que le secret médical repose sur un intérêt d'ordre
« public : si le médecin, confident nécessaire, divulgue ce qu'il a appris dans
« l'exercice de sa profession, n'est-il pas à craindre que le malade préfère se passer
« de soins que de s'exposer à des indiscrétions? Dès lors, le secret médical est absolu,
« c'est le silence, quand même et toujours. Pour M. Verwaest, c'est dans l'espèce de
« contrat passé entre le médecin et son client qu'est la base de l'obligation au secret.
« Dans ce système, original et nouveau, l'intérêt public n'est plus en jeu, mais
« seulement l'intérêt particulier du client : d'où cette conséquence très importante
« que le malade peut délier le médecin de sa discrétion, suivant les circonstances,
« dont il est l'unique juge. » (*La Loi.*)

VIGNES (M.), *docteur en droit*. — **La Science sociale** d'après LE
PLAY et ses successeurs. 1897. 1 v. in-8, reliure souple spéciale. 8 fr. »

— **Le même ouvrage**, broché. . . . . 6 fr. »

Cet ouvrage fait partie de la *Bibliothèque sociologique
internationale.*

W

WHEATON (H.). — **Eléments de droit international.** *Cinquième
édition.* 1874. 2 vol. in-8. . . . . 2 fr. »

WHILHELM (A.). — **Les Codes français.** Edition portative dispo-
sée spécialement pour la serviette. 1892. Un cahier in-4., rel. souple
en toile anglaise . . . . 5 fr. »

— **Tableaux synoptiques**, format gr. in-8

— — **Droit romain**, 1ʳᵉ année . . . . 2 fr. »

— — **Droit romain**, 2ᵉ année. . . . . 2 fr. »

— — **Droit civil**   1ʳᵉ — . . . . 1 fr. 50

— — » » 2ᵉ — . . . . 1 fr. 50

— — » » 3ᵉ — . . . . 1 fr. 50

— — **Droit criminel.** . . . . 1 fr. 50

— — **Procédure civile** . . . . 1 fr. 50

— — **Droit commercial** . . . . 2 fr. »

— — **Histoire du droit** . . . . 1 fr. 50

— Droit international . . . . 2 fr. »

— Droit administratif . . . . 2 fr. »

— Economie politique . . . . 1 fr. 50

WILLEMS (P.), *professeur à l'Université de Louvain.* — **Le Droit public romain**, ou les institutions politiques de Rome depuis l'origine de la ville jusqu'à Justinien. *Sixième édition*, 1888. 1 v. g. in-8. 14 fr.

WISNIEWSKI (P.) et **DUBOIS** (Ch.), *rédacteurs au cabinet du ministre de la guerre.* — **Emplois civils.** Guide pratique des sous-officiers candidats à des emplois civils (Loi du 18 mars 1889). 1893. 1 vol. in-8. . . . . 3 fr. 50

WORMS (E.), *professeur d'économie politique à la Faculté de Rennes, correspondant de l'Institut.* — **Essai de législation financière.** Le budget de la France dans le passé et dans le présent. *Deuxième édition* augmentée et mise au courant. 1894. 1 vol. in-8. . 10 fr. »

Au moment où la loi française inscrit au programme de l'enseignement la science des finances, M. Worms introduit en cette matière, réputée par la délicatesse et l'obscurité des problèmes qu'elle soulève, une méthode rigoureuse, une analyse irréprochablement sévère, une clarté et un ordre absolus. Grâce à sa compétence dans le domaine de l'économie politique, démontrée par des ouvrages justement appréciés, le savant professeur s'est gardé avec talent d'une trop grande sécheresse dogmatique, et, par de nombreux rapprochements de la législation comparée, il a su rendre attrayant le développement des principes en leur donnant toute l'ampleur que chacun d'eux comporte. Par là même, l'auteur ne s'est pas adressé seulement aux étudiants, mais à toute cette innombrable catégorie de citoyens auxquels l'Etat, sous forme d'emprunt ou d'impôts, demande son entretien ou qui, a un titre quelconque, votent, perçoivent ou contrôlent les impôts. Les arcanes tortueuses de l'administration, ses rouages enchevêtrés à l'infini, font disparaître dans un obscur lointain la personnalité de l'Etat, aux yeux de certaines classes du peuple, qui ne trouvent plus en face d'elles que des contributions d'une opportunité douteuse aux modes de perception vexatoires sans contre-prestations tangibles d'une valeur au moins équivalente. De là l'étude de la notion de l'existence et du but des institutions sociales.

— Doctrine, Histoire pratique et réforme financière ou **Exposé élémentaire et critique de la science des finances**. 1891. 1 vol. in-8 . . . . 7 fr. »

« En publiant le petit volume qu'il a intitulé *Exposé élémentaire et critique de la « science des finances,* M. Emile Worms, professeur à la Faculté de droit de Rennes « et correspondant de l'Institut, s'est proposé, comme il le dit dans sa préface, d'éclair- « cir pour le plus grand nombre des citoyens et, par conséquent, sans aucun appareil « scientifique, ce problème de l'impôt envisagé en lui-même et abstraction faite de ses « modes d'organisation possibles, d'en rechercher les fondements rationnels, d'en en- « treprendre la justification. C'est une très louable entreprise, et M. Worms a accompli « avec beaucoup de science et de méthode la tâche qu'il s'était tracée. » (*Dalloz*, mars 1891.)

— **Les Condamnations conditionnelles**, suivant la loi française et les lois étrangères, avec appendice contenant la loi du 26 mars 1891, relative à l'atténuation et à l'aggravation des peines. 1891. 1 vol. gr. in-8 . . . . 2 fr. »

« Dès que la loi Bérenger, comme on appelle familièrement la loi du 26 mars 1891 « a été promulguée, les tribunaux correctionnels se sont empressés de l'appliquer,

«au moins dans sa partie relative à l'atténuation des peines. Quelques personnes, un
« peu pressées peut-être, affirment que les inconvénients et les dangers de la nouvelle
« législation ont aussitôt éclaté et qu'il est dès aujourd'hui évident que les généreuses
« illusions de ceux qui l'ont imaginée seront vite détruites. Tel n'est pas l'avis de
« M. Emile Worms, professeur à la Faculté de droit de Rennes, correspondant de l'Ins-
« titut. Dans une étude qui a d'abord paru dans le *Bulletin de la société générale des*
« *prisons* et qu'il publie aujourd'hui en brochure, l'honorable professeur déclare, en
« effet, qu'il applaudit sans réserve, comme à un progrès marqué, à la loi du 26 mars
« 1891 et qu'il ne peut se défendre d'une très grande confiance dans le succès de cette
« loi ; et il expose les motifs de son opinion en quelques pages d'une grande élévation
« de pensées. M. Emile Worms ne s'est pas d'ailleurs borné là. Il a, en outre, rappelé
« les expériences faites au sujet des condamnations conditionnelles en Hongrie, en
« Belgique, en Amérique, en Angleterre et en Australie. » (Recueil *Dalloz*.)

WORMS (R.), *licencié ès sciences naturelles, agrégé de philosophie,
docteur, lauréat de l'Institut de France.* — **Organisme et société.**
1895. Reliure souple spéciale. 1 vol. in-8 . . . . 8 fr. »

— **Le même ouvrage**, broché . . . . 6 fr. »

   Cet ouvrage fait partie de la *Bibliothèque sociologique internationale.*

— **Le 1er Congrès de l'Institut international de sociologie.** 1895.
Une brochure in-8. . . . . 0 fr. 50

— **Le 2e Congrès de l'Institut international de sociologie.** 1896.
Une brochure in-8. . . . . 0 fr. 50

— **Un laboratoire de sociologie.** 1895. Une br. gr. in-8 . 1 fr. »

— **La Sociologie et le droit.** 1895. Une broch. gr. in-8. . 1 fr. 50

— **Essai de classification des sciences sociales.** 1893. Br. gr. in-8,
1 fr. »

— **L'Organisation scientifique de l'histoire.** Br. gr. in-8 . 1 fr. »

— **La Sociologie et l'Économie politique.** 1894. Brochure gr. in-8.
1 fr. »

— **Une Faculté des sciences sociales.** 1895. Br. gr. in-8 . 1 fr. »

— **La Science et l'Art** en économie politique. 1896. 1 v. in-18. 2 fr. »

   Ce volume fait partie de la petite *Encyclopédie sociale, économique et financière.*

Le nouveau volume de M. René Worms a une portée toute particulière au milieu
des luttes qui se poursuivent en ce moment entre économistes et socialistes. Il établit
en effet de la façon la plus complète, que l'économie politique se doit diviser en
d ux parties dont le but et les procédés sont très distincts : une science chargée
d'observer et de synthétiser le réel ; un art, chargé de définir l'idéal et, dans la mesure
du possible, de le réaliser. L'auteur rectifie les fausses notions qui ont cours, quant
à cette division des deux domaines, et montre comment, malgré leur séparation, ils
sont reliés l'un à l'autre par la nécessité où est l'art d'employer les données de la
science. Si les socialistes se sont trop souvent forgé un idéal chimérique sans tenir
compte des réalités, si les économistes se sont enfermés dans les faits existants sans
vouloir admettre la possibilité d'un avenir tout différent, c'est faute d'avoir attribué,

es premiers à la science, les seconds à l'art, les rôles qui leur reviennent légitime—ment. L'union de la science et de l'art ferait l'accord des deux grandes écoles rivales.

WUARIN (**L.**), *professeur à l'Université de Genève.* — **La Politique aux Etats-Unis.** 1896. Une brochure gr. in-8 . . . . . . 2 fr. »

Z

ZÉZAS (**G.**), *docteur en droit.* — **Essai historique sur la législation d'Angleterre,** depuis les temps les plus reculés jusqu'au xiie siècle. 1863. 1 vol. in-8. 7 fr. »

— **Etudes sur la législation russe,** ancienne et moderne. 1862. 1 vol. in-8. . . . . 7 fr.

ZOLLA (**M. D.**), *lauréat de l'Institut, professeur d'économie rurale et de législation à l'école nationale d'agriculture de Grignon.* — **Code manuel du propriétaire-agriculteur.** 1894. 1 vol. in-18. 3 fr. 50

L'ouvrage de M. Daniel Zolla renferme deux parties distinctes. La première est consacrée au droit civ l et comprend les divisions suivantes :

1o Les biens et la législation qui les régit. C'est le commentaire du deuxième livre du Code civil ;

2o Les contrats, avec leur théorie générale et l'étude du contrat de la vente, du contrat de louage, du prêt, du nantissement, etc., etc.;

3o L'étude des hypothèques et privilèges.

La seconde partie se rapporte aux matières de droit administratif et à la législation des principaux impôts intéressant le propriétaire ou l'agriculteur.

C'est ainsi que l'on trouve dans cette partie du volume ce qui se rapporte à la grande et à la petite voirie, aux servitudes imposées aux riverains, à l'alignement, à l'entretien des chemins vicinaux on ruraux, à l'expropriation pour cause d'utilité publique, aux contributions directes, aux impôts indirects, à la police sanitaire des animaux domestiques, à la chasse, à la pêche, etc.

Enfin, ajoutons que le volume contient une table alphabétique qui facilite les recherches et les rend très rapides. Il suffit de s'y reporter pour trouver aisément le numéro du paragraphe ou de la page qui intéresse le lecteur.

Cet ouvrage n'est pas seulement destiné à devenir le *vade-mecum* du propriétaire-agriculteur ; il pourra r ndre service aux élèves de nos écoles d'agriculture et faciliter l'étude des matières juridiques qui leur sont enseignées.

LE
DEVENIR SOCIAL

REVUE INTERNATIONALE
D'ÉCONOMIE, D'HISTOIRE ET DE PHILOSOPHIE

> « Le mode de production de la
> « vie matérielle domine en géné-
> « ral le développement de la vie
> « sociale, politique et intellec-
> « tuelle.
>
> « KARL MARX. » *Le Capital.*

Le *Devenir social* paraît depuis le 1er avril 1895 par fascicules mensuels de 96 pages gr. in-8.

La 1re année. 1895. 1 fort vol. gr. in-8 .   13 fr. 50
La 2e année. 1896. 1 fort. vol. gr. in-8.   18 fr.   »

ABONNEMENT ANNUEL :

• FRANCE . . . .   **18** fr. »
UNION POSTALE . . .   **20** fr. »

BIBLIOTHÈQUE SOCIALISTE INTERNATIONALE

PRINCIPES SOCIALISTES

PAR

Gabrielle DEVILLE

Un volume in-18. 1896 . . . . 3 fr. **50**

MISÈRE DE LA PHILOSOPHIE

(Réponse à la « Philosophie de la misère » de Proud'hon)

PAR

Karl MARX

Un volume in-18. 1897. . . . . 3 fr. **50**

PARAITRONT SUCCESSIVEMENT :

LABRIOLA (A.). — **Essais sur la conception matérialiste de l'histoire** (1re série). 1 vol. in-18 . . . . 3 fr. 50

BROCHURES EXTRAITES DU *DEVENIR SOCIAL* :

ENGELS. — **La Force et l'Economie dans le développement social.** 1897. . . . .

LAVROFF (P.). — **Le Progrès.** 1895. . . . . 2 fr. »

LAVROFF (P.). — **Quelques Survivances dans les temps modernes.** 1897. . . . . 3 fr. 50

LAZARE (B.). — **Histoire des doctrines révolutionnaires.** Leçon d'ouverture faite le 16 décembre 1895 au collège des Sciences sociales. 1896 . . . . 0 fr. 50

MARX (Karl). — **Critique de la Philosophie du droit de Hegel.** 1895 . . . . 1 fr. »

PLATON (G.). — **Le Socialisme en Grèce.** 1895 . . . . 3 fr 50

SALVIOLI. — **La Nationalisation du sol en Allemagne.** 1897. 1 fr. »

REVUE INTERNATIONALE
DE
SOCIOLOGIE

PUBLIÉE TOUS LES MOIS, SOUS LA DIRECTION DE
RENÉ WORMS
Secrétaire Général de l'Institut International de Sociologie

AVEC LA COLLABORATION ET LE CONCOURS DE

MM. **Ch. Andler**, Paris. — **A. Asturaro**, Gênes. — **A. Babean**, Troyes. — **M. E. Ballesteros**, Santiago. — **P. Beauregard**, Paris. — **R. Bérenger**, Paris. — **M. Bernès**, Montpellier. — **J. Bertillon**, Paris. — **A. Bertrand**, Lyon. — **L. Brentano**, Munich. — **Ad. Buylla**, Oviedo. — **Ed. Chavannes**, Paris. — **E. Cheysson**, Paris. — **J. Dallemagne**, Bruxelles. — **C. Dobrogeano**, Bucarest — **P. Dorado**, Salamanque. — **M. Dufourmantelle**, Paris. — **L. Duguit**, Bordeaux. — **P. Duproix**, Genève. — **A. Espinas**, Paris. — **Fernand Faure**, Paris. — **Enrico Ferri**, Rome. — **G. Fiamingo**, Rome. — **A. Fouillée**, Paris. — **A. Giard**, Paris. — **Ch. Gide**, Montpellier. — **P. Guiraud**, Paris — **Louis Gumplowicz**, Graz. — **M. Kovalewsky**, Moscou. — **F. Larnaude**, Paris. — **Ch. Letourneau**, Paris. — **E. Levasseur**, Paris. — **P. de Lilienfeld**, Saint-Pétersbourg. — **A. Loria**, Padoue. — **J. Loutchisky**, Kiew. — **John Lubbock**, Londres. — **J. Mandello**, Budapest. — **L. Manouvrier**, Paris. — **P. du Maroussem**, Paris. — **T. Masaryk**, Prague. — **Carl Menger**, Vienne. — **G. Monod**, Paris. — **F.-S. Nitti**, Naples. — **J. Novicow**, Odessa. — **Ed. Perrier**, Paris. — **Ch. Pfister**, Nancy. — **A. Posada**, Oviedo. — **O. Pyfferoen**, Gand. — **A. Raffalovich**, Paris. — **E. van der Rest**, Bruxelles. — **M. Revon**, Tokio. — **Th. Ribot**, Paris. — **Ch. Richet**, Paris. — **V. Rossel**, Berne. — **Th. Roussel**, Paris. — **H. Saint-Marc**, Bordeaux. — **A. Schæffle**, Stuttgart. — **F. Schrader**, Paris. — **G. Simmel**, Berlin. — **C.-N. Starcke**, Copenhague. — **G. Tarde**, Paris. — **J.-J. Tavares de Medeiros**, Lisbonne. — **A. Tratchewsky**, Saint-Pétersbourg. — **Ed.-B. Tylor**, Oxford. — **I. Vanni**, Bologne. — **J.-M. Vincent**, Baltimore. — **P. Vinogradow**, Moscou. — **R. dalla Volta**, Florence. — **E. Westermarck**, Helsingfors. — **Emile Worms**, Rennes. — **L. Wuarin**, Genève.
Secrétaires de la Rédaction : **Ed. Herriot**. — **Al. Lambert**. — **Fr. de Zeltner**.

La *Revue internationale de Sociologie* paraît depuis le 1ᵉʳ janvier 1893 en fascicules mensuels de 80 pages gr. in-8.

La 1ʳᵉ année (1893). 1 fort vol. gr. in-8 . . . . 10 fr. »
La 2ᵉ année (1894). 1 très fort vol. gr. in-8 18   »
La 3ᵉ année (1895). 1 très fort vol. gr. in-8 18   »
La 4ᵉ année (1896). 1 très fort vol. gr. in-8 . . . . . . : 18   »

ABONNEMENT ANNUEL : France, 18 fr.; — Union postale, **20** fr.

LIBRAIRES CORRESPONDANTS :

BENDA (B.),	à Lausanne.	LOESCHER & Cᵉ,	à Rome.
BROCKHAUS (F. A.),	à Leipzig.	MAYOLEZ (O.) & J. AUDIARTE,	à Bruxelles.
FEIKEMA CAARELSEN & Cᵉ,	à Amsterdam.	NUTT (DAVID),	à Londres.
FÉRIN & Cᵉ,	à Lisbonne.	SAMSON & WALLIN,	à Stockholm
GEROLD & Cᵉ,	à Vienne.	STAPELMOHR (H.),	à Genève.
HAIMANN (IG.),	à Bucarest.	STECHERT (G. E.),	à New-York
KILIAN'S (F.),	à Budapest.	VAN FLETEREN (P.),	à Gand.
KRAMERS & FILS,	à Rotterdam.	VAN STOCKUM & FILS,	à La Haye.

BIBLIOTHÈQUE
SOCIOLOGIQUE INTERNATIONALE
PUBLIÉE SOUS LA DIRECTION DE
RENÉ WORMS
Secrétaire Général de l'Institut International de Sociologie

Cette collection se compose de volumes in-8°, reliure souple (1)

Ont paru :

WORMS (René) : **Organisme et Société.** Un vol. in-8, de
410 pages . . . . 8 fr.
LILIENFELD (Paul de), *vice-président de l'Institut international de
Sociologie* : **La Pathologie Sociale.** 1 vol. in-8, de 380 pages.
. . . . 8 fr.
NITTI (Francesco S.), *professeur à l'Université de Naples, membre
de l'Institut international de Sociologie* : **La Population et le
Système social**, édition française. Un vol. in-8, de 292 pages.
. . . . 7 fr.
POSADA (Adolphe) : **Théories modernes sur l'Origine
de la Famille, de la Société et de l'Etat.** Un vol.
in-8 . . . . 6 fr.
BALICKI (Sigismond), *associé de l'Institut international de Sociologie* :
**L'Etat comme organisation coercitive de la So-
ciété politique.** Un vol. in-8. . . . . 6 fr.

Paraîtront successivement :

JACQUES NOVICOW, *membre et ancien vice-président de l'Institut
international de Sociologie* : **Conscience et Volonté so-
ciales.**
LOUIS GUMPLOWICZ, *professeur à l'Université de Graz, membre et
ancien vice-président de l'Institut international de Sociologie* :
Sociologie et Politique, édition française.
FRANKLIN H. GIDDINGS, *professeur de Sociologie à l'Université de
New-York, membre de l'Institut international de Sociologie* :
Principes de Sociologie, édition française.
MAXIME KOVALEWSKY, *ancien professeur à l'Université de Moscou,
membre et ancien vice-président de l'Institut international de Socio-
logie* : **Les Questions sociales au moyen-âge.**
JULES MANDELLO, *chargé de cours à l'Université de Budapest,
membre de l'Institut international de Sociologie* : **Essai sur la
Méthode des recherches sociologiques.**
MAURICE VIGNES, *docteur en droit* : **La Science sociale
d'après Le Play et ses continuateurs.**

(1) **Les ouvrages de cette Collection se vendent aussi brochés**

avec une diminution de 2 francs.

BROCHURES EXTRAITES

DE

LA REVUE INTERNATIONALE DE SOCIOLOGIE

Aftalion. Théories politiques de Taine. 1896.   1 fr. »
Araujo (d'). Mouvement social au Brésil. 1896.   1 fr. »
Balicki. L'organisation spontanée de la société politique. 1895. 2 fr. »
Beaurin-Gressier. Des forces qui déterminent l'évolution du milieu social. 1896.   1 fr. 50
Butel. Les institutions de prévoyance des ouvriers mineurs en France. 1895.   2 fr. »
Cheysson (E.). La lutte des classes. 1893.   1 fr. 50
Dalla-Volta. Philosophie du droit et socialisme. 1894.   1 fr. »
Decugis. De l'influence du progrès des communications sur l'évolution des sociétés. 1894.   1 fr. 50
Dissard (Mme C.) Opinions féministes à propos du Congrès féministe de Paris. 1896.   1 fr. »
Dorado. De la responsabilité en matière de délit et de son extension. 1895.   1 fr. »
Duguit. Des fonctions de l'Etat moderne. 1894.   1 fr. 50
Espinas. Leçon d'ouverture d'un cours d'histoire de l'économie sociale. 1894.   1 fr. 50
Faure (Fernand). La sociologie dans les facultés de droit de France. 1893.   1 fr. »
Fiamingo. Une loi sociologique. 1894.   1 fr. »
Fiamingo. La question sicilienne en Italie. 1895.   2 fr. 50

Fouillée. Les études récentes de sociologie. 1896.   1 fr. »
Frisange. M. Léon Say et la sociologie. 1896.   1 fr. 50
Gide (Ch.). L'idée de solidarité. 1893.   1 fr. »
Golberg. L'immoralité de la science. 1895.   1 fr. »
Gumplowicz. Le mouvement social en Autriche.
— La question polonaise. 1895. 1 fr. »
— La question slovène. 1896. 1 fr. »
Hauser. Une grève d'imprimeurs parisiens au XVIe siècle. 1895. 1 fr. 50
Hauser. Histoire d'une grève au XVIe siècle, les imprimeurs lyonnais. 1895.   1 fr. 50
Kovalewsky (M.). L'avènement du régime économique moderne au sein des campagnes. 1895. 2 fr. »
Kovalewsky (M.). Coup d'œil sur l'évolution du régime économique et sa division en périodes. 1896. 1 fr. »
La Grasserie (De). De la forme graphique de l'évolution. 1895. 2 fr. »
La Grasserie (De). De la transformation du suffrage universel amorphe en suffrage universel organique. 1896.   1 fr. 50
Lemoine (J.). L'Irlande qu'on ne voit pas. Les fénians et le fénianisme aux Etats-Unis. 1893. 1 fr. 50
Levasseur (E.). Un essai d'économie sociale par un Américain. 1896.   1 fr. »
Loria (A.). Darwinisme social. 1896.   1 fr. »

Loutchisky. Étude sur la propriété communale dans la Petite Russie I. La copropriété de famille. 1895.
1 fr. 50

Mandello. Le mouvement social en Hongrie. 1894. 1 fr. »

Manouvrier. L'anthropologie et le droit. 1894. 2 fr. »

Monin. Une épidémie anarchiste sous la Restauration. 1895. 2 fr. »

Nitti. Le travail humain et ses lois. 1895. 2 fr. »

Novicow. Essai de notation sociologique. 1895. 1 fr. 50

Politis. La conférence de Berlin de 1890-94. 2 fr. »

Politis (N.). Mouvement social en Grèce. 1896. 1 fr. »

Posada. L'évolution sociale en Espagne (1894-95). 1896. 1 fr. 50

Reinach (Th.). L'invention de la monnaie. 1895. 1 fr. »

Réville (A.). Les populations agricoles de la France. 1894. 1 fr. »

Réville (A.). Les paysans au moyen âge (xiiie et xive siècles). 1896. 2 fr. 50

Richet (Ch.). L'idée de l'arbitrage international est-elle une chimère. 1896. 1 fr. »

Rosenthal (L.). Les destinées de l'art social. 1894. 1 fr. »

Simmel (G.). La différenciation sociale. 1894. 1 fr. »

Tarde. Fragment d'histoire future. 1896. 2 fr. »

Tavarès de Medeiros. Le mouvement social en Portugal (1893). 1895. 1 fr. »

Tavarès de Medeiros. Le mouvement social en Portugal (1894). 1896. 2 fr. »

Toennies. L'évolution sociale en Allemagne. 1896. 2 fr. »

Tratchewski. L'évolution sociale en Russie. 1895. 1 fr. 50

Travers (M.). Questions ouvrières anglaises. L'échelle des salaires. 1893. 1 fr. 50

Worms (R.). Le 1er congrès de l'institut international de sociologie. 1895. 0 fr. 50

Worms (R.). Le 2e congrès de l'institut international de sociologie. 1896. 0 fr. 50

Worms (R.). Un laboratoire de sociologie. 1895. 1 fr. »

Worms (R.). La sociologie et le droit. 1895. 1 fr. 50

Worms (R.). Essai de classification des sciences sociales. 1893. 1 fr. »

Worms (R.). L'organisation scientifique de l'histoire. 1895. 1 fr. »

Worms (R.). La sociologie et l'économie politique. 1894. 1 fr. »

Worms (R.). Une faculté des sciences sociales. 1895. 1 fr. »

Wuarin. La politique aux Etats-Unis. 1896. 2 fr. »

Revue Bibliographique

DES OUVRAGES DE DROIT, DE JURISPRUDENCE
D'ÉCONOMIE POLITIQUE
DE SCIENCE FINANCIÈRE ET DE SOCIOLOGIE

Paraît tous les mois en une feuille de 4 pages

(FORMAT DES JOURNAUX POLITIQUES)

———

Cette Revue, qui paraît tous les mois en une feuille de quatre pages in-f°, tient au courant des lois nouvelles; donne la liste de tous les ouvrages de Droit, de Jurisprudence, d'Economie politique, de Science financière et de Sociologie parus dans le mois, ainsi qu'une analyse critique des principaux d'entre eux; elle reproduit les sommaires des différentes Revues.

Complétée par une bibliographie classée dans l'ordre alphabétique des noms d'auteurs et par l'annonce d'ouvrages et de collections d'occasion, elle est réellement indispensable à tous ceux qui s'intéressent au mouvement juridique et social.

LA PREMIÈRE ANNÉE. 1894 (ÉPUISÉE) . . . . 2 FR. 50
LA DEUXIÈME ANNÉE. 1895 (ÉPUISÉE) 2   50
LA TROISIÈME ANNÉE. 1896 1   »

———

ABONNEMENT ANNUEL

FRANCE, 1 fr. — UNION POSTALE, 1 fr. 50

REVUE DES COLONIES

ET DES

PAYS DE PROTECTORAT

Annales encyclopédiques et illustrées de la politique
de la Littérature, des Sciences, des Arts
de la Jurisprudence, de la Finance, de l'Industrie
du Commerce, de la Marine et des Colonies

PUBLIÉE SOUS LA DIRECTION

DE

M. Paul VIVIEN

—·+‡❀‡+·—

La *Revue des Colonies* paraît tous les mois par fascicules de 96 pages gr. in-8 à deux colonnes.

La 1ʳᵉ année. 1895. 1 fort vol. gr. in-8 . . . 15 fr.
La 2ᵉ année. 1896. 1 fort vol. gr. in-8 . . . 20 fr.

ABONNEMENT ANNUEL

FRANCE, **20** fr. — UNION POSTALE, **25** fr.

La Revue Féministe

Tous nos Droits, tous nos Devoirs.

PUBLIÉE SOUS LA DIRECTION

DE

Mme Clotilde DISSARD

La *Revue Féministe* paraît deux fois par mois par fascicules de 64 pages gr. in-8.

La première année (1895). 1 vol. gr. in-8 . . . . 5 fr.

La Deuxième année (1896). 1 fort vol. gr. in-8 . 15 »

ABONNEMENT ANNUEL

FRANCE, **14** fr. — UNION POSTALE, **18** fr.

LE NUMÉRO, **0** fr. **60**

EN SOUSCRIPTION

RAPPORTS JUDICIAIRES
REVISÉS DE LA PROVINCE DE QUÉBEC

Comprenant la revision complète et annotée de toutes les causes rapportées dans les différentes revues de droit de cette province, depuis leur origine, en 1726, jusqu'au 1er janvier 1892, date où commence la publication des Rapports officiels du Barreau de la province de Québec, ainsi que des causes jugées par la Cour Suprême et le Conseil Privé sur appel des tribunaux, par l'honorable M. **MATHIEU**, juge de la Cour supérieure de Montréal, professeur à la Faculté de droit de Montréal.

Cet ouvrage formera **25 volumes gr. in-8** qui paraîtront successivement tous les trois mois et dont aucun ne sera vendu séparément.

PRIX DE SOUSCRIPTION :
32 fr. payables à réception de chaque volume relié
ONT PARU LES TOMES 1 A 17

Les Rapports judiciaires revisés de la Province de Québec contiennent dans un seul rapport tous les jugements rendus dans une cause, de sorte qu'on ne sera pas tenu, comme aujourd'hui, d'avoir recours à plusieurs revues de Jurisprudence, pour trouver le rapport complet des différents jugements qui ont été rendus sur une instance, et toutes les causes rapportées depuis 1726 jusqu'au 1er janvier 1892 sont revisées ; des notes et des références aux divers jugements rendus sur la même question complètent le travail. Chaque volume est accompagné d'une table alphabétique très complète et d'une table des matières, rendant ainsi les recherches plus faciles et plus expéditives ; il y a aussi à la fin de chaque volume une liste des différents statuts cités dans ce volume, ainsi qu'une liste des articles du Code civil, C. de proc. et C. municipal cités.

On a ainsi une véritable Encyclopédie du Droit, comprenant l'histoire complète de la jurisprudence et indiquant le développement de nos lois, leurs modifications, leurs applications nouvelles.

Cependant, pour ne pas trop élargir le cadre de l'ouvrage il n'est fait qu'une mention très courte des clauses dans lesquelles se soulèvent des questions de droit qui n'ont plus d'actualité, sans négliger pour cela les points qui peuvent être encore utiles.

C'est une revision et une refonte complète et annotée de vingt principales collections de Jurisprudence publiées dans cette Province.

TABLE

PAR ORDRE DE MATIÈRES

Conciliation et arbitrage. Lelong (publications de l'office du travail.)

Concurrence déloyale. Dufourmantelle.

Condamnations conditionnelles. Worms.

Conditions du travail à l'étranger. Voir recueil de rapports.

Conférence de Berlin. Politis.

Conscience et volonté sociales. Novicow.

Conseil d'Etat. Denis de Lagarde, Godfernaux.

Conseils généraux. Voy. Conseils, Deschamps.

Conseils de préfecture. Dauvert, Dubief.

Constitutions modernes. Dareste.

Constructeur. Masselin.

Contes du Palais. Meneau.

Contrat. Lambert.

Contrat humanitaire. Fierfort.

Contravention (Contributions indirectes). Duplessis.

Contravention (Grande voirie). Le Cerf.

Contribution foncière. Garnier.

Contributions directes. Fournier, Millet.

Contributions indirectes. Hugot, Roussan et Josat.

Coopération des idées (Revue). Voy. Coopération.

Coopératives de consommation. Tremerel.

Costa Rica. Biolley.

Courses de taureaux. Milhaud.

Courtiers maritimes. Capelle.

Coutumes. Laboulaye, Dareste.

Créances. Huc.

Crédit et assurances agricoles. Perriaud.

Crédit foncier. Rendu.

Criminalité. Loupiac.

Critique de combat. Renard.

Culte israélite (Législation). Penel-Beaufin.

Cultes protestants (Législation). Penel-Beaufin.

Darwinisme. Loria.

Demandes reconventionnelles. Gamain.

Démocratie. Hanez.

Dénaturation. Hugot.

Dettes (rapport). Deschamps.

Devenir social (Revue). Voy. Devenir.

Devis. Masselin.

Différenciation sociale. Simmel.

Diplomatie. Cussy, Lefebvre, Martens, Moreuil.

Divorce. Masselin.

Doctrines révolutionnaires. Bernard Lazare.

Dol et fraude. Bédarride.

Douanes. Thibault.

Douanes (Examens). Manuel.

Droit (Cours élémentaire). Chauvin.

Droit administratif. Block, Dareste, Jacquelin, Laferrière, Simonet, Vaquette, Wilhelm.

Droit civil. Vaquette, Wilhelm.

Droit commercial. Bédarride, Leray, Lyon-Caen, Pelletier, Renault, Vaquette, Wilhelm.

Droit constitutionnel. Aumaître, Cherbulier, Dareste, Leray, Martin, Riemain, Vaquette.

Droit criminel. Marie, Vaquette, Wilhelm.

Droit fiscal. Stollon, Henricet.

Droit industriel. Cohendy, Devaux, Dufourmantelle.

Droit naturel. Ahrens.

Droit international privé. Vaquette, Wilhelm.

Droit international public. Heffter, Laurence, Leray, Vaquette, Wilhelm.

Droit maritime. Bédarride, Cresp, Laurin, Lemoine, Vaquette.

Droit pénal. Leray, Marie, Richard-Maisonneuve.

Droit public romain. Willems.

Droit romain. Accarias, Bellan, Salivas, Vaquette, Wilhelm.

Droit usuel. Bénard, Rendu, Carré, Cunisset-Carnot, Maugras, Rendu.

Droit de plaider. Denizot.

Droits de l'homme. Acollas.

Ecoles supérieures de commerce. Manuel.

Economie politique. Batbie, Chevalier, Grimal, Hervé-Bazin, Liesse, Vaquette, Wilhelm, Worms.

Economie sociale. Espinas, Levasseur.

Eglises. Biré.

Egypte (Condition de la femme). Paturet.

Egypte (Français en). Laget.

Egypte (Obligations). Révillout.

Elections. Charbonnier, Constant, Girard, Guerlin de Guer, Juillet-St-Lager, Maugras, Sacré, Taillandier.

Electorat politique. Dorlhac.

Emplois civils Wisniewski.

Emplois publics. Métérié, Larrey.

Employés (Placement). Publications office du travail.

Encyclopédie juridique. Ahrens.

Enfants assistés. Lagrange.

Enfants illégitimes. Massonié.

Mouvement social (Autriche). Gumplowicz.

Mouvement social au Brésil. Araujo.

Mouvement social (Grèce). Politis.

Mouvement social (Hongrie). Mandello.

Mouvement social (Portugal). (Tavarès de Medeiros).

Nantissement Thezard.

Nationalité. Geouffre de Lapradelle.

Naturalisation. Bickart.

Noms et titres. Lallier.

Notariat. Drion, Horion. Martin.

Obligations. Lambert, Savigny.

Occupation des territoires. Jèze, Salomon.

Occupations temporaires. Delanney.

Offices. Collart.

Opérations commerciales. Dany.

Opérations financières. Janson Durville.

Organisation communale. Block, Chabanel, Maugras, Thorlet.

Organisation électorale. Charbonnier.

Organisation de la France. Couturier.

Organisation judiciaire. Simonet.

Organisation municipale. Cosson, Gourgeois, Grelot, Morgand.

Organisme et Société. Worms.

Ouvriers (bâtiment). Jossier.

Ouvriers mineurs. Butel.

Parti libéral. Hedde.

Parti solidariste. Henry.

Patentes. Brusseaux, Guittier.

Pathologie sociale. Lilienfeld.

Pauvres (Droits des). Béchet, Cros-Mayrevielle.

Paysans au moyen âge. Reville.

Pêche. Lecouffe.

Percepteur. Roy.

Percepteur surnuméraire. Swarte.

Pérou (Code civil). La Grasserie.

Pérou (Droit politique. Quimper.

Philosophie. Marx.

Philosophie du droit.. Dalla Volta, Marx, Stahl.

Police administrative. Thorlet.

Politique. Aftalion.

Population. Nitti.

Populations agricoles. Reville.

Poursuites. Roy.

Prescription. Leray, Masselin, Vaquette

Presse (Loi). Roux.

Prête-nom. Coste.

Preuves (papiers domestiques). Monteil.

Procédure. Isaure-Toulouse, Mourlon.

Procédure administrative. Combarieu, Isaure Toulouse.

Procédure anglaise. Bailey.

Procédure civile (Rome). Keller.

Procédure civile. Vaquette, Wilhelm.

Profession d'avocat. Fouchier, Liouville.

Professions accessibles aux femmes. Chauvin.

Progrès. Lavroff.

Propriétaires. Blanchard, Coqueugniot.

Propriété communale (Russie). Loutchisky.

Propriété littéraire. Bastide, Paulet.

Propriété prétorienne. Appleton.

Prusse (Code pénal). Nypels.

Quebec (Rapports judiciaires). Mathieu.

Question monétaire. Chevalier, Poinsard, Reinach.

Questions ouvrières. Barberet, Bouquet, Brunot, Butel, Dufourmantelle, Gandouin, Lelong, Milhaud, Nitti, Petit, Pioger, Publications de l'Office du travail, Salaires, Simonet, Tarbouriech, Tremerel.

Question sanitaire. Pioger.

Question sicilienne. Fiamingo.

Receveurs des finances. Rouget-Marseille.

Recrutement. Rabany. Loi.

Réforme administrative. Avenel.

Réforme sociale. Salvioli.

République Argentine. Codigos.

République Argentine (Situation). Seeber.

Responsabilité criminelle. Dorado.

Revendications ouvrières. Pioger.

Revenu (Impôt). Martinet.

Revenu foncier. Trigant-Ceneste.

Revue bibliographique des ouvrages de droit. Voy. Revue.

Revue des Colonies. Voy. Revue.

Revue de droit usuel. Voy. Revue.

Revue féministe. Voy. Revue.

Revue internationale de Sociologie. Voy. Revue.

Roumanie. Arion, Bley, Djuvara, Olanesco.

Russie (Législation). Zezas.

Saisie-arrêt. Emion, Le Picaut.

Salaires. Publications office du travail.

Savoie (Annexion). Brunet.

Say (M. Léon). Voy. Frisange.

Science (Avenir). Golberg.

Science financière. Bidoire, Boucard, Filippini, Janson Durville, Jeze, Nicolas, Simonin, Worms.

Science politique. Parieu.

Science sociale. Vignes, Worms.
Secours mutuels. Petit.
Secret professionnel. Verwaest.
Secrétaire de mairie. Dubarry.
Séparation de biens. Isaure-Toulouse.
Séparation de corps. Isaure-Toulouse.
Smyrne (Situation comm. et écon.). Rougon.
Socialisme. Berton, Brissac, Deville, Fiamingo, Mazimann, Renard.
Socialisme (Grèce). Platon.
Société. Worms.
Société d'acquêts. Tessier.
Société politique. Balicki.
Sociétés (Formules d'actes). Masselin.
Sociétés. Bédarride.
Sociologie. Annales, Combes de Lestrade, Faure, Fouillée, Giddins, Mandello, Novicow, Worms.
Sol. (Nationalisation Allemagne.) Salvioli.
Solidarité. Gide.
Subrogation légale. Manolesco.
Successions. La Grasserie, Vaquette, Suffrage universel. La Grasserie.
Survivances. Lavroff.
Syndics (Droits du). Delacourtie.

Syndicats professionnels. Brunot, Simonet.
Système social. Nitti.
Taxe. Isaure-Toulouse.
Tentative. Dufrêche.
Testament. Berton.
Timbre. Gouget, Isaure-Toulouse.
Transferts et mutations. Gorges, de Bray.
Transformations territoriales. Kiatibian.
Transportation. Cor.
Transports maritimes. Haumont, Levarey.
Travail. Barberet.
Travail des enfants. Bouquet.
Travail humain. Nitti.
Travaux communaux. Thorlet.
Travaux publics. Malapert, Praly.
Trésor public. Marcillac.
Tribunaux de commerce. Houyvet.
Union de Berne. Bastide.
Usages de Paris. Le Pelletier.
Vaine pâture. Dejamine.
Vente. Bédarride, Blumenthal, Folleville.
Vices redhibitoires. Lavenas, Le Pelletier.
Voies d'exécution. Leray.
Voirie urbaine. Cilleuls (des).

Paris. — Imp. V. Giard et E. Brière, éditeurs, 16, rue Soufflot.